Ehlers / Wolffgang / Schröder (Hrsg.)

Rechtsfragen der Eurasischen Zollunion

Schriften zum Außenwirtschaftsrecht

Herausgegeben von

Prof. Dr. Dirk Ehlers
Prof. Dr. Hans-Michael Wolffgang

Rechtsfragen der Eurasischen Zollunion

Tagungsband zum
15. Münsteraner Außenwirtschaftsrechtstag 2010

Herausgegeben von
Prof. Dr. Dirk Ehlers
Prof. Dr. Hans-Michael Wolffgang
Dr. Ulrich Jan Schröder

Mit Beiträgen von
Prof. Dr. Eike Albrecht, Prof. Dr. Sailaubek Alibekov,
Dr. Hanna Audzei, Prof. Dr. Alexei Avtonomov,
Prof. Dr. Olga Bakaeva, Dr. Gennadiy Brovka, Dmitriy Chemakin,
Prof. Dr. Christoph Herrmann, LL.M., Dr. habil. Sergey Korolev,
Dr. Denis Korovyakovskiy, Prof. Dr. Alexander Kozyrin,
Dr. Natalia Laychenkova, Prof. Dr. Galina Matvienko,
Dr. Vladislav Ponamorenko, Reg.-Dir. Dr. Hasso Rieck, LL.M.,
Dmitriy Savkin, Olga Shishkina, Dr. Grigory Talanov,
Dr. Tatjana Telyatitskaya, Dr. Irina Tkachenko, Dr. Tatiana Troshkina,
Prof. Dr. Danil Vinnitskiy, Alexey Vinogradov, M. Sc.,
Victor Voblikov, Prof. Dr. Andrey Zverev

Verlag Recht und Wirtschaft GmbH
Frankfurt am Main

Bibliografische Information der Deutschen Nationalbibliothek

Die Deutsche Nationalbibliothek verzeichnet diese Publikation in der Deutschen Nationalbibliografie; detaillierte bibliografische Daten sind im Internet über http://dnb.d-nb.de abrufbar.

ISBN 978-3-8005-1545-5

© 2011 Verlag Recht und Wirtschaft GmbH, Frankfurt am Main

Das Werk einschließlich aller seiner Teile ist urheberrechtlich geschützt. Jede Verwertung außerhalb der engen Grenzen des Urheberrechtsgesetzes ist ohne Zustimmung des Verlages unzulässig und strafbar. Das gilt insbesondere für Vervielfältigungen, Bearbeitungen, Übersetzungen, Mikroverfilmungen und die Einspeicherung und Verarbeitung in elektronischen Systemen.

Druckvorstufe: H&S Team für Fotosatz GmbH, 68775 Ketsch

Druck und Verarbeitung: abcdruck GmbH, 69123 Heidelberg

Gedruckt auf alterungsbeständigem Papier nach DIN ISO 9706. Hergestellt aus elementar chlorfrei gebleichtem Zellstoff.

Printed in Germany

Vorwort

Der vorliegende Tagungsband gibt Referate und Diskussionen des 15. Außenwirtschaftsrechtstages 2010 zum Thema „Rechtsfragen der Eurasischen Zollunion" wieder, den das am Institut für öffentliches Wirtschaftsrecht der Westfälischen Wilhelms-Universität angesiedelte Zentrum für Außenwirtschaftsrecht e. V. am 14. und 15. Oktober 2010 im Freiherr von Vincke-Haus der Bezirksregierung Münster veranstaltet hat. Die Veranstaltung ist von ca. 100 Teilnehmern besucht worden. Die Dokumentation der Tagung wird durch weitere Beiträge russischer und weißrussischer Zollrechtsexperten ergänzt, die auf Einladung des Zentrums zu einzelnen Rechtsfragen Stellung genommen und ergänzend ihre Sichtweise der Zollunion dargelegt haben. Die Herausgabe einer russischen Fassung des vorliegenden Bandes ist beabsichtigt.

Die Eurasische Zollunion bildet auf Grundlage der Vereinbarungen zwischen den Mitgliedstaaten – der Russischen Föderation, der Republik Weißrussland und der Republik Kasachstan – eine Etappe auf dem Weg zu einem Eurasischen Wirtschaftsraum. Die rechtlichen Grundlagen der Zollunion und der Eurasischen Wirtschaftsgemeinschaft werden dementsprechend erweitert und ergänzt, und das nationale Recht der Mitgliedstaaten steht vor der Herausforderung einer Harmonisierung. Die wiedergegebenen Referate und Beiträge befinden sich auf dem Stand von November 2010.

Der 15. Außenwirtschaftsrechtstag fand mit großzügiger Unterstützung des Deutschen Hauses für Wissenschaft und Innovation und des Petersburger Dialogs statt. Dafür bedanken wir uns noch einmal sehr herzlich bei Herrn Prof. Dr. *Wilfried Bergmann*. Ein weiterer Dank gilt Frau *Ursula Smolinski*, Herrn *Kai Peters* sowie den Mitarbeitern des Instituts für öffentliches Wirtschaftsrecht für die Organisation der Veranstaltung sowie Herrn *Daniel Scholz* für die redaktionelle Bearbeitung dieses Bandes.

Die Beiträge der russischen, weißrussischen und kasachischen Autoren – mit Ausnahme derjenigen von Herrn Dr. habil. *Sergey Korolev*, Herrn Dr. *Grigory Talanov* und Herrn *Alexey Vinogradow*, M. Sc., – wurden von Herrn *Igor Belozerov*, LL.M., aus dem Russischen übersetzt.

Münster, im März 2011

Die Herausgeber

Inhaltsübersicht

Vorwort V

Inhaltsverzeichnis XI

Prof. Dr. Dirk Ehlers, Universität Münster
Eröffnung des 15. Außenwirtschaftsrechtstages 1

Prof. Dr. Andrey Zverev, Botschaft der Russischen Föderation, Berlin
Die politische Bedeutung der Eurasischen Zollunion für
Deutschland und die Europäische Union 9

*Dr. Grigory Talanov, Deutsch-Russische Auslandshandelskammer,
Moskau, Russland*
Die Bedeutung der Zollunion für die deutsche Wirtschaft 17

*Prof. Dr. Alexei Avtonomov,
Hochschule für Wirtschaft, Moskau, Russland*
Politischer und rechtlicher Rahmen der Zollunion 21

Diskussion
Zusammenfassung: *Daniel Scholz*, Doktorand am Institut für
öffentliches Wirtschaftsrecht, Universität Münster 32

*Prof. Dr. Alexander Kozyrin,
Hochschule für Wirtschaft, Moskau, Russland*
Das Zollrecht der Zollunion: Das Verhältnis zwischen
supranationalem und nationalem Zollrecht 37

Prof. Dr. Christoph Herrmann, LL.M., Universität Passau
Die Anerkennung einer Zollunion im GATT 45

*Reg.-Dir. Dr. Hasso Rieck, LL.M.,
Bundesministerium für Wirtschaft und Technologie, Bonn*
Die Zollunion als potenzielles Mitglied der Welthandelsorganisation .. 57

*Dr. Natalia Laychenkova, Saratower Staatsuniversität für
Wirtschaft und Sozialwesen, Saratow, Russland*
Probleme des Beitritts einzelner Mitglieder der Zollunion zu der
Welthandelsorganisation aus russischer Sicht 69

Inhaltsübersicht

Diskussion
Zusammenfassung: *Sönke Sievers*, Doktorand am Institut für
öffentliches Wirtschaftsrecht, Universität Münster 72

Dr. Gennadiy Brovka, Technische Universität Minsk, Weißrussland
Die Stellung Weißrusslands in der Zollunion 75

*Dr. Tatjana Telyatitskaya, Minsker Institut für Verwaltung,
Minsk, Weißrussland*
Die Zollunion aus weißrussischer Sicht 93

*Prof. Dr. Sailaubek Alibekov, Kasachische Ablai Khan-Universität,
Almaty, Kasachstan*
Kasachstan und die Zollunion der Eurasischen Wirtschafts-
gemeinschaft (EURASEC)................................... 97

Diskussion
Zusammenfassung: *Michael Martschinke*, Doktorand am Institut
für öffentliches Wirtschaftsrecht, Universität Münster 109

*Dr. habil. Sergey Korolev, Institut für Staat und Recht,
Akademie der Wissenschaften, Moskau, Russland*
Der Zusammenhang von Zollrecht und Finanzverfassung in der
Perspektive der Zollunion der drei GUS-Staaten 111

*Prof. Dr. Olga Bakaeva,
Rechtsakademie Saratow, Russland*
Rechtsprobleme der Durchsetzung der Interessen von Wirtschafts-
beteiligten in der Zollunion................................... 121

Diskussion
Zusammenfassung: *Eva Christina Meiers*, Doktorandin am
Institut für öffentliches Wirtschaftsrecht, Universität Münster 131

*Prof. Dr. Galina Matvienko, Russische Justizakademie,
Moskau, Russland*
Grundsätze der Zollregulierung 135

*Prof. Dr. Eike Albrecht, Brandenburgische Technische Universität,
Cottbus / Alexey Vinogradov, M. Sc., Germanischer Lloyd AG, Hamburg*
Tarifäre und nichttarifäre Handelshemmnisse in der Zollunion 147

*Dr. Hanna Audzei, Yanka Kupala Staatsuniversität Grodno,
Grodno, Weißrussland*
Rechtsfragen der Produktsicherheitskontrolle in der Zollunion 161

*Dr. Tatiana Troshkina, Hochschule für Wirtschaft (Staatsuniversität),
Moskau, Russland*
Zollunion und Antidumpingzölle 171

Dr. Irina Tkachenko, Russische Zollakademie, Moskau, Russland
Rechtsfragen der Zollunion.................................. 177

Diskussion
Zusammenfassung: *Hanna Schmidt*, Doktorandin am Institut für
öffentliches Wirtschaftsrecht, Universität Münster 182

*Victor Voblikov, Zentrum für öffentlich-rechtliche Forschung,
Moskau, Russland*
Rechtsfragen des Einheitlichen Zolltarifs der Zollunion 183

Olga Shishkina, Russische Zollakademie, Moskau, Russland
Rechtsgrundlagen der Zollanmeldung in der Zollunion............. 191

*Dmitriy Savkin, Nordwestliche Akademie für Staatsdienst,
Filiale Kaliningrad, Russland / Dmitriy Chemakin, Kaliningrader
Handels- und Industriekammer, Russland*
Frei- und Sonderwirtschaftszonen in der Zollunion am
Beispiel der Sonderwirtschaftszone im Kaliningrader Gebiet
der Russischen Föderation 199

*Dr. Vladislav Ponamorenko / Dr. Denis Korovyakovskiy,
Russische neue Universität, Moskau, Russland*
Rechtliche Aspekte der Informationszusammenarbeit der Zollbehörden
der Mitgliedstaaten der Zollunion im Bereich der Devisenkontrolle ... 205

*Prof. Dr. Danil Vinnitskiy, Eurasisches Forschungszentrum für
vergleichendes und internationales Steuerrecht, Jekaterinburg, Russland*
Grundfragen der indirekten Besteuerung in der Zollunion.......... 209

Satzung des Zentrums für Außenwirtschaftsrecht e. V. 219

Stichwortverzeichnis.. 225

Inhaltsverzeichnis

Vorwort V

Inhaltsübersicht VII

Prof. Dr. Dirk Ehlers, Geschäftsführender Direktor des Instituts für öffentliches Wirtschaftsrecht, Universität Münster
Eröffnung des 15. Außenwirtschaftsrechtstages 1

Prof. Dr. Andrey Zverev, Botschaft der Russischen Föderation, Berlin
Die politische Bedeutung der Eurasischen Zollunion für Deutschland und die Europäische Union 9

Dr. Grigory Talanov, Deutsch-Russische Auslandshandelskammer, Moskau, Russland
Die Bedeutung der Zollunion für die deutsche Wirtschaft 17
A. Die Grundlagen der Zollunion 17
B. Änderungen in der nationalen Zollgesetzgebung der Mitgliedstaaten der Zollunion 18
C. Die Bedeutung der Veränderungen für die deutsche Wirtschaft . . 20

Prof. Dr. Alexei Avtonomov, Hochschule für Wirtschaft, Moskau, Russland
Politischer und rechtlicher Rahmen der Zollunion 21
A. Der Begriff der Zollunion 21
B. Die Entwicklung einer Integration im postsowjetischen Raum . . 21
 I. Die Haltung der einzelnen Staaten zu einer Integration 22
 II. Vertragliche Vereinbarungen einer Integration 24
 III. Die Entwicklung der Eurasischen Zollunion und der Eurasischen Wirtschaftsgemeinschaft 26
 IV. Entwicklungsperspektiven der Eurasischen Zollunion und der Eurasischen Wirtschaftsgemeinschaft 29

Diskussion 32
Zusammenfassung: Daniel Scholz, Doktorand am Institut für öffentliches Wirtschaftsrecht, Universität Münster

Prof. Dr. Alexander Kozyrin, Lehrstuhl für Finanzrecht, Hochschule für Wirtschaft, Moskau, Russland
Das Zollrecht der Zollunion: Das Verhältnis zwischen supranationalem und nationalem Zollrecht 37

A. Die nationale Bedeutung der Zollregulierung für Russland 37
B. Das System der Zollregulierung in der Zollunion 38
    I. Ergänzung des Zollkodex der Zollunion durch das Protokoll vom 16. April 2010. 38
    II. Die Zollgesetzgebung der supranationalen Regulierung. ... 40
    III. Die institutionelle Struktur der supranationalen Regulierung . 40
        1. Der Zwischenstaatliche Rat. 41
        2. Die Kommission 41
C. Schwierigkeiten der supranationalen Regulierung in der Zollunion 43

Prof. Dr. Christoph Herrmann, LL.M., Universität Passau
Die Anerkennung einer Zollunion im GATT 45
A. Einführung 45
B. Zollunionen als tatsächliches Phänomen innerhalb der WTO ... 46
C. Historische Entwicklung der Vorschriften über Zollunionen im GATT. 47
    I. Entstehung des Art. XXIV GATT 47
    II. Weiterentwicklung des Art. XXIV GATT 47
    III. Ergänzung durch die Uruguay-Runde 48
    IV. Transparenzmechanismus 2006 48
D. Systematischer Überblick über die GATT-Vorschriften für Zollunionen. 49
E. Die materiellrechtlichen Anerkennungsvoraussetzungen im Einzelnen 50
    I. Internes Kriterium 50
    II. Externes Kriterium...................... 51
    III. Interimsabkommen...................... 52
F. Die formellen „Voraussetzungen" der Anerkennung: das Notifizierungsverfahren für Zollunionen und die „Prüfung" im Committee on Regional Trade Agreements (CRTA) 52
G. Kompensationsverhandlungen 54
H. Überprüfung von Zollunionen durch die WTO-Streitbeilegungsorgane 55
I. Schluss 56

Reg.-Dir. Dr. Hasso Rieck, LL.M., Bundesministerium für Wirtschaft und Technologie, Bonn
Die Zollunion als potenzielles Mitglied der Welthandelsorganisation 57
A. Einleitung 57
B. Zulässigkeit des WTO-Beitritts von Staaten und gesonderten Zollgebieten............................. 57

C. Der Stand der WTO-Beitrittsverhandlungen mit den einzelnen
   Staaten der Zollunion 58
   I. Das Beitrittsverfahren Russlands 58
   II. Das Beitrittsverfahren der Republik Belarus. 59
   III. Das Beitrittsverfahren Kasachstans 59
D. Die Gründung der Eurasischen Zollunion 59
E. Auswirkungen auf die WTO-Beitrittsverfahren 60
F. Beitrittsszenarien 61
   I. Der WTO-Beitritt der Einzelstaaten 61
   II. Der WTO-Beitritt einer Zollunion 62
       1. Die Behandlung einer Zollunion als gesondertes
          Zollgebiet i. S. v. Art. XII WTO-Abkommen 62
       2. Folgerungen für die Eurasische Zollunion 65
       3. Handlungsoptionen der Eurasischen Zollunion und der
          Mitgliedstaaten 66
G. Ergebnis 67

*Dr. Natalia Laychenkova, Saratower Staatsuniversität für
Wirtschaft und Sozialwesen, Saratow, Russland*
**Probleme des Beitritts einzelner Mitglieder der Zollunion zu der
Welthandelsorganisation aus russischer Sicht** 69
A. Einleitung 69
B. Die Geschichte der WTO-Beitrittsverfahren 69
C. Der WTO-Beitritt angesichts der Eurasischen Zollunion 70

Diskussion 72
*Zusammenfassung: Sönke Sievers, Doktorand am Institut für
öffentliches Wirtschaftsrecht, Universität Münster*

Dr. Gennadiy Brovka, Technische Universität Minsk, Weißrussland
Die Stellung Weißrusslands in der Zollunion 75
A. Der Stand der rechtlichen Basis der Zollunion und die
   Perspektiven ihrer Entwicklung 75
B. Informationsaustausch im Rahmen der Zollunion. Vertretung der
   Zolldienste der Russischen Föderation und der
   Republik Kasachstan in der Republik Weißrussland 78
C. Realisierung des TIR-Abkommens und die Sicherheitsleistung
   im Versandverfahren 79
D. Kaliningrader Transit 79
E. Zollkontrollen in der Zollunion. 79
   I. Die Dauer der zollamtlichen Überwachung 80
   II. Das Instrumentarium der Zollkontrolle 80
   III. Gegenseitige Verwaltungshilfe der Zollbehörden 81

IV. Die Einfuhr von Waren für den persönlichen Gebrauch 82
V. Die Einfuhr von Waren im Rohrleitungstransport und über Starkstromleitungen 84
F. Die Stellung der Republik Weißrussland in Bezug auf Energieressourcen in der Zollunion 85
G. Informationstechnologien und Informationssysteme 86
H. Verteilung und Überweisung der Zolleinnahmen 87
I. Zollwertfragen 87
J. Ursprungsnachweise 88
K. Wareneinreihung 89
L. Tätigkeit der Rechtsschutzorgane 89
M. Andere praktische Fragen der Zollunion 89
N. Durchführung des Protokolls über die einzelnen vorläufigen Ausnahmen von der Funktionsweise des einheitlichen Zollgebiets der Zollunion vom 5. Juli 2010 91

Dr. Tatjana Telyatitskaya, Minsker Institut für Verwaltung, Minsk, Weißrussland
Die Zollunion aus weißrussischer Sicht 93
A. Die wirtschaftliche Ausgangslage 93
B. Die wirtschaftliche Bedeutung der Zollunion 94

Prof. Dr. Sailaubek Alibekov, Kasachische Ablai Khan-Universität, Almaty, Kasachstan
Kasachstan und die Zollunion der Eurasischen Wirtschaftsgemeinschaft (EURASEC) 97
A. Zollgesetzgebung in Kasachstan 97
 I. Die Akteure im Zollwesen 97
 II. Voraussetzungen für die Überlassung der Waren 98
 III. Die Zollverfahren 99
B. Die bisherige Umsetzung der Zollunion in Kasachstan 101
 I. Die Erhebung und Erstattung indirekter Steuern 102
 II. Die Einfuhr von Waren durch natürliche Personen 103
  1. Die Verbringung von Waren durch natürliche Personen mit dem Status eines Einzelunternehmens 103
  2. Die Einfuhr von Kraftfahrzeugen für den persönlichen Gebrauch 103
 III. Die Entwicklung des Handels zwischen den Mitgliedstaaten der Zollunion 104
 IV. Der einheitliche Zolltarif der Zollunion 104
 V. Die Zuständigkeiten für das Zollwesen innerhalb der Eurasischen Wirtschaftsgemeinschaft 105

VI. Maßnahmen zur Vereinfachung und Vereinheitlichung der
    Zollregulierung........................ 105
C. Schlussbetrachtung......................... 106

Diskussion 109
*Zusammenfassung: Michael Martschinke, Doktorand am Institut
für öffentliches Wirtschaftsrecht, Universität Münster*

*Dr. habil. Sergey Korolev, Institut für Staat und Recht,
Akademie der Wissenschaften, Moskau, Russland*
**Der Zusammenhang von Zollrecht und Finanzverfassung in
der Perspektive der Zollunion der drei GUS-Staaten** 111
A. Die Zollunion der drei GUS-Staaten aus rechtssystematischer
    Sicht 111
B. Rechtssystematische Grundlagen des „Gemeinschafts-
    zollrechts" 114
C. Finanzrechtliche Dimension der Zollunion der drei GUS-Staaten.. 116
D. Fazit 118

*Prof. Dr. Olga Bakaeva, Lehrstuhl für Öffentliches Recht,
Rechtsakademie Saratow, Russland*
**Rechtsprobleme der Durchsetzung der Interessen von
Wirtschaftsbeteiligten in der Zollunion** 121
A. Einleitung 121
B. Das nationale russische Zollrecht................. 123
C. Die Verweisungstechnik 123
D. Die Uneinheitlichkeit des nationalen Straf- und Ordnungs-
    widrigkeitenrechts 124
E. Die zunehmende Komplexität des Zollrechts bzw. seiner
    Anwendung............................. 125
F. Der Informationsaustausch zwischen Wirtschaftsbeteiligten
    und Zollbehörde 125
G. Die Erhebung indirekter Steuern 127
H. Vertrauensverlust......................... 127
I. Einzelprobleme........................... 128
    I. Die amtliche Sprache für das Zollverfahren 128
    II. Die Bestimmung des Warenursprungslandes 129
    III. Die Fristen für die Zollabfertigung 129
J. Der Bedarf nach Vereinheitlichung der technischen Reglements . 129
K. Der zugelassene Wirtschaftsbeteiligte 130
L. Die Abgabenberechnung 130
M. Schluss 130

Diskussion 131
Zusammenfassung: Eva Christina Meiers, Doktorandin am Institut für öffentliches Wirtschaftsrecht, Universität Münster

Prof. Dr. Galina Matvienko, Russische Justizakademie, Moskau, Russland
Grundsätze der Zollregulierung 135
A. Einführung 135
   I. Der Begriff des Prinzips 135
   II. Das Verhältnis von Rechtsprinzipien und Prinzipien des Rechts 135
   III. Die Prinzipien der rechtlichen Regulierung 136
   IV. Die Prinzipien der Zollregulierung 137
     1. Die Prinzipien des internationalen Zollrechts 137
     2. Spezielle Prinzipien des nationalen Zollrechts 138
     3. Die Prinzipien der zollrechtlichen Regulierung 138
     4. Die Prinzipien der zollrechtlichen Regulierung in der Zollunion 139
B. Allgemeine Prinzipien der Zollregulierung 140
C. Prinzipien über die Hauptstandards des Verbringens von Waren und Beförderungsmitteln über die Zollgrenze 141
D. Prinzipien der Zollregulierung über die Besonderheiten des Rechtsstatus der Personen, die an Zollverhältnissen teilnehmen. . 142
E. Die Anwendung der Prinzipien der Zollregulierung in der Praxis . 143
   I. Die Transparenz der Zollregulierung 143
   II. Die Wechselwirkung unter den Prinzipien der Zollregulierung am Beispiel des Straf- und Ordnungswidrigkeitenrechts ... 144
   III. Das Verhältnis des Gesetzmäßigkeitsprinzips und des Prinzips der differenzierten Verzollung am Beispiel zollrechtlich nicht abgefertigter Kraftfahrzeuge 145
F. Schluss 146

Prof. Dr. Eike Albrecht, Brandenburgische Technische Universität, Lehrstuhl für Öffentliches Recht mit Bezug zum Umwelt- und Europarecht, Cottbus / Alexey Vinogradov, M. Sc., Germanischer Lloyd AG, Hamburg
Tarifäre und nichttarifäre Handelshemmnisse in der Zollunion . . 147
A. Einführung 147
B. Entstehung der Zollunion 148
C. Tarifäre Handelshemmnisse 150
   I. Rohöl und Ölprodukte 151
   II. Personenkraftwagen 152

III. Übergangstarife in der Republik Kasachstan 153
　　　IV. Uneinheitlich geregelte Ausnahmen vom Freihandel und
　　　　　uneinheitlich geregelte spezielle Schutzmaßnahmen,
　　　　　Antidumping- und Ausgleichsmaßnahmen 153
　D. Nichttarifäre Handelshemmnisse 154
　　　I. Technische Regulierung 154
　　　II. Sanitär-epidemiologische und hygienische Maßnahmen ... 156
　　　III. Veterinäre und phytosanitäre Maßnahmen........... 157
　　　IV. Vorläufige Maßnahmen nichtwirtschaftlicher Art 158
　E. Fazit 159

*Dr. Hanna Audzei, Yanka Kupala Staatsuniversität Grodno,
Grodno, Weißrussland*
Rechtsfragen der Produktsicherheitskontrolle in der Zollunion .. 161
　A. Einleitung 161
　B. Die Regulierung der Produktsicherheitskontrolle in der
　　　Zollunion 162
　　　I. Die rechtlichen Grundlagen 162
　　　II. Die Durchführung der Kontrolle................ 163
　　　III. Die Konkretisierung der Anforderungen an die Produkt-
　　　　　sicherheitskontrolle 164
　　　IV. Der Informationsaustausch über Kontrollen und Rechtsakte . 166
　　　V. Die Vereinheitlichung der technischen Reglements 167
　　　VI. Das Beispiel der rechtlichen Regulierung der Pflanzen-
　　　　　quarantäne 168
　C. Die Perspektive............................ 170

*Dr. Tatiana Troshkina, Hochschule für Wirtschaft (Staatsuniversität),
Moskau, Russland*
Zollunion und Antidumpingzölle 171
　A. Die Bedeutung von Antidumpingzöllen 171
　B. Der nationale rechtliche Rahmen für Antidumpingmaßnahmen .. 172
　C. Das Abkommen über die Anwendung von Schutz-, Antidumping-
　　　und Ausgleichsmaßnahmen gegenüber Drittländern 172
　D. Der Zollkodex der Zollunion und die Entscheidungen der
　　　Kommission 174
　　　I. Regelungen des Zollkodex der Zollunion 174
　　　II. Zuständigkeiten der Kommission 175
　　　III. Die nationalen bevollmächtigten Organe 175
　　　IV. Fortgeltung nationaler Schutzmaßnahmen........... 175
　E. Schluss 176

Dr. Irina Tkachenko, Russische Zollakademie, Moskau, Russland
Rechtsfragen der Zollunion 177
A. Einleitung 177
B. Die Quellen des Zollrechts der Zollunion 177
    I. Probleme der Auslegung des Zollrechts der Zollunion durch die Verwaltungen der Mitgliedstaaten. 178
    II. Probleme der Umsetzung des Zollrechts der Zollunion durch die Gesetzgeber der Mitgliedstaaten 179
    III. Bewertung der Umsetzungsprobleme 180
    IV. Die Fristen für Ausnahmen vom Einheitlichen Zolltarif der Zollunion. 180
C. Schluss 181

Diskussion 182
Zusammenfassung: Hanna Schmidt, Doktorandin am Institut für öffentliches Wirtschaftsrecht, Universität Münster

Victor Voblikov, Zentrum für öffentlich-rechtliche Forschung, Moskau, Russland
Rechtsfragen des Einheitlichen Zolltarifs der Zollunion 183
A. Rechtliche Grundlagen zur Gründung der Zollunion. 183
B. Die Bedeutung und Ausgestaltung des Einheitlichen Zolltarifs . . 185
C. Tarifäre Vergünstigungen. 186
D. Die institutionellen Grundlagen für die zolltarifliche Politik. . . . 187
E. Die Perspektive des WTO-Beitritts. 189

Olga Shishkina, Russische Zollakademie, Moskau, Russland
Rechtsgrundlagen der Zollanmeldung in der Zollunion 191
A. Die Funktionen der Zollanmeldung 191
B. Das Anmeldeverfahren nach dem Zollkodex der Zollunion im Vergleich mit dem Zollkodex der Russischen Föderation 191
    I. Das Ansässigkeitsprinzip. 192
    II. Die Form der Zollanmeldung. 192
    III. Die Arten der Zolldeklaration 192
    IV. Die für die Zollerklärung erforderlichen Angaben 193
    V. Die Fristen für die Zollanmeldung 194
    VI. Der Zollanmelder. 194
    VII. Die Registrierung der Zolldeklaration 195
    VIII. Die Berichtigung und der Widerruf der Zolldeklaration . . . 195
    IX. Die Vorab-Anmeldung 196
    X. Besonderheiten der Zollanmeldung 197

Dmitriy Savkin, Nordwestliche Akademie für Staatsdienst, Filiale Kaliningrad, Russland / Dmitriy Chemakin, Kaliningrader Handels- und Industriekammer, Russland
Frei- und Sonderwirtschaftszonen in der Zollunion am Beispiel der Sonderwirtschaftszone im Kaliningrader Gebiet der Russischen Föderation. 199
A. Einleitung 199
B. Die rechtliche und wirtschaftliche Entwicklung des Kaliningrader Gebiets 199
C. Änderungen infolge der Gründung der Zollunion 203

Dr. Vladislav Ponamorenko / Dr. Denis Korovyakovskiy, Russische neue Universität, Moskau, Russland
Rechtliche Aspekte der Informationszusammenarbeit der Zollbehörden der Mitgliedstaaten der Zollunion im Bereich der Devisenkontrolle. 205
A. Regelungsbedarf im Bereich der Devisenpolitik 205
B. Die Informationszusammenarbeit im Rahmen der Zollunion . . . 206
C. Die Perspektive einer einheitlichen Devisenpolitik 208

Prof. Dr. Danil Vinnitskiy, Direktor des Eurasischen Forschungszentrums für vergleichendes und internationales Steuerrecht, Jekaterinburg, Russland
Grundfragen der indirekten Besteuerung in der Zollunion 209
A. Einleitung 209
B. Faktoren für die besondere Bedeutung der indirekten Besteuerung in der Zollunion. 210
C. Die Bildung einer völkerrechtlichen Basis für die Erhebung indirekter Steuern in der Zollunion. 211
D. Indirekte Besteuerung in der Zollunion und Interessen der Investoren aus Drittländern. 215

Satzung des Zentrums für Außenwirtschaftsrecht e. V. 219

Stichwortverzeichnis 225

Eröffnung des
15. Außenwirtschaftsrechtstages

Prof. Dr. Dirk Ehlers
Vorsitzender des Zentrums für Außenwirtschaftsrecht e.V.
am Institut für öffentliches Wirtschaftsrecht
der Universität Münster

Der diesjährige Außenwirtschaftsrechtstag des Zentrums für Außenwirtschaftsrecht der Universität Münster wird sich mit Rechtsfragen der neuen Zollunion zwischen der Russischen Föderation, der Republik Weißrussland und der Republik Kasachstan befassen. Die neue Zollunion der Eurasischen Wirtschaftsgemeinschaft, die sogenannte Eurasische Zollunion (EurasEC), ist noch jung, hat aber eine Vorgeschichte. Zwischen Russland und Weißrussland besteht seit den 90er Jahren eine Union, die auch die Wirtschaftsgemeinschaft einschließt. Im Jahre 2000 wurde von Russland, Weißrussland, Kasachstan, Kirgisistan und Tadschikistan die Eurasische Wirtschaftsgemeinschaft gegründet. Usbekistan ist 2006 bei- und 2008 wieder ausgetreten. Moldawien, die Ukraine und Armenien haben in der EurasEC einen Beobachterstatus inne. Die in der EurasEC verbundenen Staaten verfolgen entsprechend Artikel 2 ihres Gründungsvertrages das Ziel, den Prozess der Bildung einer Zollunion sowie eines einheitlichen Wirtschaftsraums in mehreren Etappen zu verwirklichen.

Am 6. Oktober 2007 haben die Präsidenten der Russischen Föderation, von Weißrussland und Kasachstan den völkerrechtlichen Vertrag zur Gründung der Zollunion unterzeichnet. Durch Vereinbarung vom 27. November 2009 wurden die konkreten Schritte beschlossen. Bereits mit Wirkung ab dem 1. Januar 2010 gelten einheitliche Importzölle sowie bestimmte einheitliche nichttarifäre Handelsbestimmungen. Letztere betreffen den freien Warenverkehr, der bis zum 1. Januar 2012 durch die Freizügigkeiten für den Personen-, Dienstleistungs- und Kapitalverkehr ergänzt werden soll. Nach Beilegung der Auseinandersetzungen zwischen der Russischen Föderation und Weißrussland über die Preise des nach Weißrussland exportierten Erdgases und Erdöls ist am 6. Juli 2010 der gemeinsame Zollkodex für Russland, Weißrussland und Kasachstan in Kraft getreten. Damit wurde die Zollgrenze zwischen Russland und Weißrussland weitgehend abgeschafft. Für die Zollgrenze zwischen Russland und Kasachstan ist dies für den 1. Juli 2011 vorgesehen. Kirgisistan und Tadschikistan sollen folgen. Die Ukraine, die seit 2008

Mitglied der Welthandelsorganisation ist, steht mit der Europäischen Union in Verhandlung über ein Assoziationsabkommen, scheint aber auch einer Mitgliedschaft in der Zollunion nicht abgeneigt zu sein. Beides zugleich wird sich nur schwer verwirklichen lassen.

Die Zollunion baut auf zwei Säulen auf. Sie stellt zum einen eine Freihandelszone für ihre Mitglieder dar, gewährt also Warenverkehrsfreiheit durch den Wegfall von Binnenzöllen. Zum anderen vereinheitlicht sie die Außenzölle und unter Umständen auch die Verfahrensregelungen gegenüber Drittstaaten. Allerdings gibt es zahlreiche Ausnahmen von der Funktionsweise des einheitlichen Zollgebiets der Zollunion.

Für die Zollabfertigung gilt bis auf Weiteres das Ansässigkeitsprinzip. In Russland als Anmelder registrierte oder ständig ansässige Unternehmen sind aufgrund dessen verpflichtet, die Waren bei einer russischen Zollbehörde abfertigen zu lassen. Das Zollverfahren ist beschleunigt worden. Grundsätzlich soll die Überführung der Waren in das Zollverfahren spätestens am auf den Tag der Einreichung der Zollerklärung folgenden Arbeitstag abgewickelt werden. Der bisherige Zollkodex der Russischen Föderation sah eine Freigabe der Waren innerhalb von drei Tagen nach Eintreffen der Zollerklärung vor. Die Voraussetzungen dafür, dass die Zollbehörde die Waren freigibt, sind gemäß Art. 195 Abs. 1 Zollkodex erstens die Vorlage der erforderlichen Lizenzen, Zertifikate und Genehmigungen (wobei sich die Erforderlichkeit aus dem Zollgesetzbuch der Union, aber auch aus sonstigen Abkommen der Mitgliedstaaten der Union ergeben kann), zweitens die Einhaltung der Vorschriften für die Überführung in das ausgewählte Zollverfahren und drittens die Abführung der Zollgebühren und Steuern auf die Waren bzw. die Leistung von Sicherheiten. Wurden Auslandswaren durch einen Mitgliedstaat der Zollunion in den freien Warenverkehr eingeführt, so werden sie dadurch zu Waren der Zollunion. Im Zollkodex geregelt worden ist auch das Verfahren der elektronischen Zollanmeldung. Allerdings dürften zahlreiche Zollstellen und Wirtschaftsbeteiligte auf das elektronische Verfahren technisch nicht in hinreichendem Maße vorbereitet sein.

Grundsätzlich orientiert sich der neue Zollkodex inhaltlich an dem russischen Zollkodex. Das betrifft auch die Höhe der Zollsätze sowie die Maßgeblichkeit der russischen Warentarifnummern. Für einige Produktgruppen sinken die Sätze der Importzölle – etwa für bestimmte Haushaltsgeräte und für Markenkleidungsartikel.

Zeitgleich mit dem Inkrafttreten des Zollkodexes wurden weitere Abkommen wirksam: so das Abkommen über die Anwendung der Schutz-, Antidumping- und Kompensationsmaßnahmen in Bezug auf Drittländer, das Abkommen über die Erhebung der indirekten Steuern beim Export und/oder Import von Waren sowie das Abkommen über die im Zollgebiet der Union befindlichen

Waren, die einem obligatorischen Konformitätsnachweis unterliegen. Insgesamt gesehen haben wir es mit einem Geflecht von verschiedenen Rechtsquellen zu tun: dem Zollkodex der Union, den internationalen Übereinkommen der Mitgliedstaaten der Zollunion, den Entscheidungen der Kommission der Zollunion und im Übrigen dem nationalen Recht der Mitgliedstaaten, auf das der Kodex der Zollunion verweist.

Es steht außer Frage, dass der Eurasischen Wirtschaftsgemeinschaft und der neuen Zollunion eine große, weit über die beteiligten Länder hinausgehende Bedeutung zukommt und damit auch das Welthandelsrecht angesprochen ist. Dies hat uns veranlasst, einen Außenwirtschaftsrechtstag der Thematik zu widmen. Soweit ersichtlich, ist der Außenwirtschaftsrechtstag weltweit eine der ersten wissenschaftlichen Veranstaltungen zur neuen Eurasischen Zollunion außerhalb der beteiligten Staaten. Um den vielfältigen Rechtsfragen sachangemessen nachgehen zu können, bedarf es auch und gerade der Expertise von Insidern. Wir sind sehr erfreut darüber, dass es uns gelungen ist, so viele Wissenschaftler und Kenner der Praxis aus der Russischen Föderation, aus Weißrussland und aus Kasachstan für eine Mitwirkung an unserer Tagung zu gewinnen.

Die Veranstaltung wäre ohne die Unterstützung insbesondere des Petersburger Dialogs, des Deutschen Hauses für Wissenschaft und Innovation und der Commerzbank nicht möglich gewesen. Hierfür sei den genannten Institutionen sowie Herrn Prof. Dr. Bergmann, Vorstandsmitglied des Petersburger Dialogs und Beauftragtem des Deutschen Hauses für Wissenschaft und Innovation, persönlich vielmals gedankt.

Zunächst wollen wir uns der politischen Bedeutung der Europäischen Zollunion für Deutschland und die Europäische Union zuwenden. Die Zollunion hat mehrere Außengrenzen mit der Europäischen Union, nämlich mit Finnland, den Baltischen Staaten und Polen. Die Einfuhren aus Russland in die Europäische Union beliefen sich im Jahre 2008 auf 178 Mrd. Euro, die Ausfuhren nach Russland auf 105 Mrd. Euro. Deutschland ist der wichtigste Handelspartner Russlands in der Europäischen Union. Im ersten Halbjahr 2010 sind Waren in einem Wert von 15,4 Mrd. Euro aus Russland nach Deutschland ein- und umgekehrt Ausfuhren im Wert von 11,4 Mrd. Euro von Deutschland nach Russland ausgeführt worden. Dies allein verdeutlicht schon, welche Relevanz der Zollunion zukommt. Näheres darüber werden wir von Herrn Prof. Andrey Zverev, dem Leiter des Handels- und Wirtschaftsbüros der Botschaft der Russischen Föderation und Gesandten der Botschaft, erfahren. Prof. Zverev ist nicht nur Diplomat, sondern auch als Wissenschaftler an der renommierten Plechanow-Wirtschaftsakademie tätig. Von 1990 bis 1991 war er Stellvertretender Finanzminister der UdSSR.

Aufbauend auf dem Vortrag von Prof. Zverev wird Dr. Grigory Talanov die Bedeutung der neuen Zollunion für die deutsche Wirtschaft im Einzelnen vorstellen. Dr. Grigory Talanov ist Leiter der Arbeitsgemeinschaft für Zoll-, Transport- und Logistikfragen der Deutsch-Russischen Auslandshandelskammer. Letztere vertritt die Interessen der in Russland tätigen deutschen Unternehmen und diejenigen der in Deutschland auftretenden russischen Unternehmen. Zollfragen gehören zum Tagesgeschäft. Es bedarf keiner seherischen Gabe, um anzunehmen, dass die Arbeitsgemeinschaft der Außenhandelskammer derzeit mit zahlreichen Fragen aus der unternehmerischen Praxis konfrontiert wird. Umso dankbarer sind wir für die Informationen, die wir heute erhalten.

Den politischen und rechtlichen Rahmen der Zollunion wird Prof. Alexey Avtonomov abstecken. Er ist ein hochangesehener Experte des russischen Zollrechts an der sehr renommierten Hochschule für Wirtschaft in Moskau und kennt sich sowohl in der Theorie als auch in der Praxis aus. So ist er über seine universitäre Tätigkeit hinaus Co-Vorsitzender des Beirats innerhalb des Sekretariats der Parlamentarischen Versammlung der Russisch-Weißrussischen Union. Wir sind sehr erfreut darüber, dass ein so prominenter Fachmann zu uns sprechen wird.

Wie bei allen internationalen Organisationen kann sich auch in der Zollunion das Verhältnis von internationalem und nationalem Recht als problematisch erweisen. Die Eurasische Wirtschaftsgemeinschaft ist ähnlich wie die Europäische Union organisiert. Sie verfügt über einen aus den Staats- und Regierungschefs der Mitgliedstaaten bestehenden Intergouvernementalen Rat, ein Integrationskomitee mit Sekretariat und Generalsekretär, eine Interparlamentarische Versammlung sowie einen im Wege der Organleihe in Anspruch genommenen Gerichtshof, bei dem es sich um das Wirtschaftsgericht der Gemeinschaft Unabhängiger Staaten handelt. Der Intergouvernementale Rat ist zugleich das oberste Organ der Zollunion. Diese hat als ständig regulierendes Organ eine Kommission, zu deren Aufgaben es insbesondere gehört, die Entscheidungen des Intergouvernementalen Rates durchzusetzen und deren Umsetzung zu überwachen. Das Wirtschaftsgericht der Gemeinschaft der Unabhängigen Staaten ist auch für Streitigkeiten im Zusammenhang mit der Zollunion zuständig. Neben diesen Organen der Zollunion wurde zudem durch weitere Vereinbarung ein zwischenstaatlicher Koordinierungsrat errichtet, in dem sich die Leiter der internationalen Zollbehörden abstimmen sollen. Nicht unumstritten ist, ob es sich bei der Zollunion bereits um eine supranationale Gemeinschaft handelt. Kennzeichen einer solchen Gemeinschaft ist zum einen die unmittelbare Anwendbarkeit ihrer Rechtsakte in den Mitgliedstaaten, zum anderen der prinzipielle Vorrang des supranationalen Rechts gegenüber dem mitgliedstaatlichen Recht. Der Zollkodex normiert jedenfalls, dass die Gesetzgebungsakte der Zollunion unmittelbar gültig und innerhalb des Zollgebietes anwendbar sind. Auch wenn es sich bei der Zollunion nur um eine internationale Gemeinschaft auf normaler völkerrechtlicher Grundlage handeln sollte, stellt sich die Frage nach dem Verhältnis des Völkerrechts zum russischen, weißrussischen und kasachischen Recht. Ferner gilt es, die Rechtsnatur des Handelns der internationalen Gemeinschaft zu bestimmen. Schwierigkeiten ergeben sich auch aus dem Umstand, dass der Zollkodex in einem sehr großen Ausmaße auf das – in den drei Staaten unterschiedliche – nationale Recht verweist. Näheres über die Zuordnung der Normen werden wir von Prof. Dr. Alexander Kozyrin erfahren, der ebenfalls an der Hochschule für Wirtschaft in Moskau tätig ist.

Des Weiteren bedarf der Klärung, wie die Zollunion aus der Sicht des Welthandelsrechts zu beurteilen ist. Die Verhandlungen über einen Beitritt der Russischen Föderation zur Welthandelsorganisation haben im Laufe der letzten 17 Jahre so manches Auf und Ab erlebt. Nichts anderes gilt für Weißrussland und Kasachstan. Nunmehr steht möglicherweise nicht die Mitgliedschaft der Staaten, sondern die Mitgliedschaft der Zollunion als solcher zur Debatte. In diesem Sinne hat sich jedenfalls im Juni 2009 Ministerpräsident Wladimir Putin geäußert. Zwischenzeitlich hörte man aber auch immer wieder von der Absicht, einen Einzelbeitritt unter Respektierung der Bindungen an die Eurasische Zollunion anzustreben. Jedenfalls sind die Anträge der Russischen Föderation, Weißrusslands und Kasachstans auf Aufnahme in die Welthandelsorganisation nach wie vor anhängig. Denkbar wäre schließlich ein Beitritt sowohl der Staaten als auch der Zollunion. Bevor der Frage nachgegangen wird, welche Anforderungen das WTO-Recht an einen Beitritt stellt, ist es zweckmäßig, sich zunächst zu vergegenwärtigen, in welcher Weise sich Zollunionen in das Welthandelsrecht einfügen. Hierzu wird unser Kollege Prof. Dr. Herrmann, Universität Passau, referieren, der Beiratsmitglied des Zentrums für Außenwirtschaftsrecht ist und unsere Tagungen nicht nur regelmäßig besucht, sondern auch als Referent und sehr aktiver Diskutant immer wieder bereichert hat.

Sodann können die Voraussetzungen einer Mitgliedschaft gerade der Eurasischen Zollunion in der Welthandelsorganisation näher beleuchtet werden. Selbst wenn es zu Verhandlungen mit der Zollunion als solcher kommen und man einen diesbezüglichen Beitritt für zulässig erachten sollte, müssten jedenfalls diejenigen handelspolitischen Fragen mit den Mitgliedstaaten verhandelt werden, die keinen Bezug zu der Zollunion haben. Alles Weitere werden wir von Herrn Dr. Hasso Rieck, Regierungsdirektor im Bundesministerium für Wirtschaft und Technologie, erfahren.

Abgeschlossen werden soll das heutige Fachprogramm mit zwei Länderberichten: nämlich der Stellung Weißrusslands und der Stellung Kasachstans in der Zollunion. Wie bereits angedeutet wurde, hat es zwischen der Russischen Föderation und Weißrussland Spannungen auch im Hinblick auf die Zollunion gegeben. Das kasachische Zollrecht galt bisher als verhältnismäßig liberal. Da es nunmehr an die Unionsgesetzgebung angepasst werden muss und sich diese vor allem an dem russischen Zollrecht orientiert, sind für zahlreiche Waren die Zölle im Falle einer Einfuhr nach Kasachstan erhöht worden. Dies zeigt nur beispielhaft einige der Schwierigkeiten aus der Sicht der beiden kleineren Mitglieder der Zollunion, wobei diese Schwierigkeiten aber immer mit den enormen Vorteilen einer grenzüberschreitenden Koordination und Kooperation abgewogen werden müssen. Die Länderberichte werden von Dr. Gennadiy Brovka von der Technischen Universität Minsk und Prof. Dr. Sailaubek Alibekov erstattet werden. Herr Dr. Brovka war in Münster bereits als Gastforscher tätig, ist also für uns kein Unbekannter, während Herr Kollege Alibekov an der Ablai Khan-Universität von Almaty – vielen von uns noch als Alma-Ata bekannt – forscht und lehrt.

Den morgigen Tag wollen wir beginnen mit einem Blick auf den Zusammenhang von Zollrecht und Finanzverfassung der Russischen Föderation. Einerseits geht es um die Wirkungsweise des nationalen Verfassungsrechts gegenüber dem internationalen und einfachen Recht, andererseits um die finanzwirksamen Leistungen der Zollunion. Interessant ist in diesem Zusammenhang, dass die für die Finanzierung der Staatsausgaben sehr bedeutsamen Zollgebühren zu 87,97 % von der Russischen Föderation, zu 7,33 % von Kasachstan und zu 4,7 % von Weißrussland vereinnahmt werden. Alles Weitere werden wir von Dr. habil. Sergey Korolev vom Institut für Staat und Recht der Russischen Akademie der Wissenschaften, Moskau, erfahren. Herr Dr. Korolev ist in Münster ebenfalls kein Unbekannter, weil wir seit langem mit ihm im Rahmen der Akademischen Rechtsuniversität in Moskau zusammenarbeiten und er seit einigen Jahren bei uns an der Rechtswissenschaftlichen Fakultät als Lehrbeauftragter tätig ist.

Ein weiteres Thema betrifft die Rechtsprobleme der Durchsetzung der Interessen der Wirtschaftsbeteiligten in der Zollunion. Es ist ja allgemein bekannt, dass Recht und Rechtswirklichkeit auseinanderfallen können. Die Nichtanwendung oder nicht korrekte Anwendung des Rechts kann wiederum viele Ursachen haben. Durchgesetzt werden die Interessen der Wirtschaftsbeteiligten im Verwaltungsverfahren und vor Gericht. Was das Verfahren angeht, wäre es interessant, zu erfahren, ob das Recht der Eurasischen Zollunion die uns aus dem Europäischen Zollrecht vertraute Rechtsfigur des zugelassenen Wirtschaftsbeteiligten kennt, das heißt des Wirtschaftsbeteiligten, der als besonders zuverlässig und vertrauenswürdig eingestuft wird und deshalb besondere Vergünstigungen im Rahmen der Zollabfertigung in Anspruch nehmen darf. Soll der Wirtschaftsbeteiligte nicht auf die „Gnade" der Verwaltung angewiesen sein, muss ein wirkungsvoller gerichtlicher Rechtsschutz gewährleistet sein. Damit sind aber nur einige Aspekte des Themas angerissen, mit dem sich Frau Prof. Dr. Olga Bakaeva befassen wird. Frau Kollegin Bakaeva hat einen Lehrstuhl an der Rechtsakademie Saratow inne.

Ferner stellt sich die Frage, ob sich die vielfältigen Regelungen der Zollunion auf Prinzipien oder Grundsätze zurückführen lassen und welchen Inhalt diese Prinzipien oder Grundsätze haben. Ein gutes Recht zeichnet sich dadurch aus, dass es von Leitprinzipien beherrscht wird. Was aber sind die Leitprinzipien des Eurasischen Zollrechts? Dazu wird uns Frau Prof. Dr. Galina Matvienko von der Russischen Justizakademie in Moskau ihre Meinung vortragen. Nach der hier vertretenen Ansicht hat das Zollrecht jedenfalls eine dreifache Funktion zu erfüllen: Es muss die Zollabgaben bestimmen, der Zollverwaltung die effektive Verwirklichung ihrer Aufgaben ermöglichen und den Bürger in seinen Rechten schützen.

Eine Zollunion kann nur dann erfolgreich sein, wenn die tarifären und nichttarifären Handelshemmnisse beseitigt werden. Zu den möglichen nichttarifären Handelshemmnissen zählt die technische Regulierung. So muss eine Ware, wenn sie in das Gebiet der Zollunion eingeführt werden soll, zertifiziert sein. Die Russische Föderation erkannte bisher nicht ohne Weiteres die Standards ISO oder DIN an, sondern verfügt schon seit langer Zeit über eine eigene staatliche Standardisierung, in Russisch: Gossudarstvennyj Standart, abgekürzt GOST. Die GOST-Normen werden von der Föderalen Agentur für die technische Regulierung und Metrologie der Russischen Föderation herausgegeben. Die Warentarifnummern sollen schon jetzt dem harmonisierten System der WTO entsprechen. Mit der Reform der russischen technischen Regulierung durch das Gesetz vom 30. Dezember 2009 hat der russische Gesetzgeber auch die Anwendung ausländischer Normungssysteme ermöglicht. Dies dürfte aber in erster Linie die Normen der Mitgliedstaaten der Zollunion betreffen. Ein Experte für Zertifizierungsfragen jeglicher Art ist Herr Alexey Vinogradov, der derzeit bei dem Germanischen Lloyd in Hamburg tätig ist, einem Unternehmen, das sich mit Schiffsklassifikationen, Zertifizierungen für Windenergieanlagen und dergleichen mehr befasst. Neben den Problemstellungen des Rechts der Technik wird Herr Vinogradov, so vermute ich stark, auf weitere Vorgaben und Hemmnisse des grenzüberschreitenden Handelsverkehrs eingehen.

Kurzfristig haben wir unser Programm ergänzt. Frau Dr. Irina Tkachenko von der Russischen Zollakademie, Moskau, wird zu uns über den Stand der Umsetzung der Zollunion sprechen. Als Insiderin des russischen Zollrechts wird sie, wie ich hoffe, Licht in das komplizierte Zusammenspiel völkerrechtlicher und nationaler Regelungen und Maßnahmen bringen. Insbesondere die Zahl der Verweisungen im Kodex der Zollunion dürfte die Rechtsanwender vor zahlreiche Probleme stellen.

Keinen geringeren Einfluss auf den grenzüberschreitenden Wirtschaftsverkehr als das Zollrecht kann das Steuerrecht haben. Für europäische Exporteure stellt sich insbesondere die Frage, mit welcher Mehrwertsteuer sie rechnen müssen. Auf Nachfrage hat die Vertretung des Föderalen Zolldienstes Russlands in Deutschland mitgeteilt, dass die Mehrwertsteuer im Rahmen der Zollunion in Abhängigkeit von dem Bestimmungsland, in dem die Ware verzollt wird, berechnet werde. Eine Absicht, einheitliche Mehrwertsteuersätze einzuführen, bestehe nicht. Genaueres hofften wir von Prof. Dr. Danil Vinnitskiy von der Staatlichen Rechtsakademie Ural, Jekaterinburg, zu erfahren. Leider ist Herr Kollege Vinnitskiy heute verhindert. Er hat uns aber ein Manuskript eingereicht, das wir in unserem Tagungsband abdrucken werden.

Meine Damen und Herren, vor drei Jahren widmeten wir uns auf dem Außenwirtschaftsrechtstag den Regionalen Handelsabkommen im Lichte des WTO-Rechts. Es ging um die Gefahren, aber auch die Chancen, die vom Multilateralismus und Regionalismus für den Welthandel ausgehen. Die Eurasische Zollunion stellt eine weitere Variation dieses Themas dar, wobei sich politische, historische, wirtschaftliche und rechtliche Aspekte miteinander verbinden. Wir freuen uns auf eine hoffentlich ertragreiche Tagung, die der Komplexität ihres Gegenstandes gerecht wird. Die Vorträge werden teils in russischer Sprache, teils in deutscher Sprache vorgetragen und simultan übersetzt. Ebenso werden wir in der Diskussion verfahren.

Ich danke Ihnen allen für Ihr Kommen, eröffne den 15. Außenwirtschaftsrechtstag und bitte Herrn Prof. Zverev, zu uns zu sprechen.

Die politische Bedeutung der Eurasischen Zollunion für Deutschland und die Europäische Union

Prof. Dr. Andrey Zverev
Botschaft der Russischen Föderation, Berlin

Bekanntlich gab es in der UdSSR ein eng geknüpftes Netz interregionaler Lieferverflechtungen über die Grenzen der Republiken hinweg. Diese mehrjährigen (oft jahrhundertalten) Kooperationsbeziehungen wurden mit der Auflösung der Sowjetunion zerstört. Die politische Desintegration hat nicht nur zu Marktverlusten, sondern auch zum Verfall ganzer Industriebranchen und Regionen geführt.

Die Reintegration im postsowjetischen Raum hat mit der Gründung der Gemeinschaft Unabhängiger Staaten (GUS) begonnen. Neun Jahre später, am 10. Oktober 2000, haben fünf ehemalige Sowjetrepubliken (Russland, Weißrussland, Kasachstan, Tadschikistan und Kirgisistan) den Vertrag über die Gründung der Eurasischen Wirtschaftsgemeinschaft (EURASEC) unterzeichnet. Im Januar 2006 ist Usbekistan der EURASEC beigetreten. Die EURASEC ist eine offene Organisation, die nach den Grundsätzen der Vereinten Nationen und völkerrechtlichen Bestimmungen geschaffen wurde. Die EURASEC hat einen effizienten Entscheidungsmechanismus und genießt Völkerrechtssubjektivität.

Die Ziele der EURASEC sind die Schaffung eines Einheitlichen Wirtschaftsraums sowie die Koordinierung der Integrationspolitik der Mitgliedstaaten.

Der Integrationsprozess im Rahmen der EURASEC stellt einen Teil der Entwicklungspolitik Russlands zur Förderung der innovativen Wirtschaft dar. Diese Politik setzt die Entwicklung des Forschungs- und Produktionspotentials unter den Bedingungen einer breiten Kooperation sowie der Spezialisierung der Produktion voraus. Deshalb war es logisch, dass die drei EURASEC-Staaten Russland, Weißrussland und Kasachstan in einem nächsten Schritt am 6. Oktober 2007 den Vertrag über die Bildung des einheitlichen Zollgebiets und die Gründung der Zollunion sowie den Maßnahmenplan zur Gründung der Zollunion 2007 bis 2009 unterzeichnet haben.

Der genannte Vertrag stellt fest, dass die Zollunion eine Form der handelswirtschaftlichen Integration der Parteien ist, die ein einheitliches Zollgebiet vorsieht, in dessen Rahmen im gegenseitigen Handel keine Zölle und wirtschaftlichen Beschränkungen angewandt werden. Dabei wenden die Parteien einen einheitlichen Zolltarif sowie andere einheitliche Maßnahmen zur Regulierung des Warenhandels mit Drittstaaten an.

Auf die weitere Entwicklung der Zollunion der drei Staaten gehe ich später ein. Zunächst möchte ich einige Parallelen zu der heutigen europäischen Integration und der Geschichte der Europäischen Union ziehen. Wir erinnern uns alle, dass die europäische Integration Mitte des 20. Jahrhunderts angefangen hat: Im Jahre 1949 wurde der Europarat gegründet und im Jahre 1951 die Europäische Gemeinschaft für Kohle und Stahl (die sechs Gründungsstaaten des EGKS-Vertrages waren Belgien, Deutschland, Frankreich, Italien, Luxemburg und die Niederlande). Im Jahre 1957 haben diese sechs Staaten zum Zwecke einer Vertiefung der Wirtschaftsintegration die Europäische Wirtschaftsgemeinschaft (die EWG – den Gemeinsamen Markt) und die Europäische Atomgemeinschaft gegründet. Die EWG wurde in erster Linie als eine Zollunion der sechs EGKS-Staaten gegründet, um den freien Waren-, Dienstleistungs-, Personen- und Kapitalverkehr sicherzustellen.

Die Europäische Zollunion wurde nach dem Vorbild des Deutschen Zollvereins aus dem Jahre 1834 gegründet. Die Zollunion war die Grundlage für die Wirtschafts- und Währungsunion der künftigen Europäischen Union. Die Gründungsstaaten der EWG haben am 1. Juli 1968 den gemeinsamen Zolltarif eingeführt. Alle Zölle und Handelsbeschränkungen zwischen den sechs Gründungsstaaten wurden abgebaut. Im Gegensatz zu Freihandelszonen (zum Beispiel Mercosur in Südamerika) praktizierten die Staaten der EWG eine einheitliche Zollpolitik gegenüber Drittstaaten.

Eine vergleichende Analyse zeigt viele offensichtliche Gemeinsamkeiten.

Jetzt, zurückkehrend zur Geschichte der Zollunion Weißrusslands, Kasachstans und Russlands, möchte ich betonen, dass die strategischen Aufgaben unserer drei Länder identisch sind. Das sind vor allem die Modernisierung und die technologische Umrüstung unserer Wirtschaften, die Erhöhung des Wohlstands unserer Bürger. Die russische Seite ist davon überzeugt, dass die Zollunion diesen Prozessen einen neuen Impuls geben wird.

An dieser Stelle möchte ich einige Zahlen nennen.

Das zusammengerechnete Bruttoinlandsprodukt (BIP) Russlands, Weißrusslands und Kasachstans beträgt zwei Billionen Dollar, und der gemeinsame Warenverkehr beläuft sich auf 900 Milliarden Dollar. Die gemeinsamen Reserven unserer drei Länder an Erdöl werden auf 90 Milliarden Barrel geschätzt. Der Anteil der drei Länder am weltweiten Weizenexport beträgt 17 Prozent. Die Zollunion kann die weltweit führende Position auf den Energie- und Getreidemärkten einnehmen.

Die Bevölkerung der drei Unionsländer beträgt rund 180 Millionen. Diese Länder verfügen über fast 83 Prozent des Wirtschaftspotentials der ehemaligen UdSSR. Der Zollabbau im Rahmen der Zollunion könnte das wirtschaftliche Wachstum in den drei Ländern fördern.

Im Rahmen dieses Integrationsprozesses könnte ein bedeutender BIP-Zuwachs – bis zu 15 Prozent nach der Einschätzung des kasachischen Präsidenten Nasarbajew – bis zum Jahre 2015 erzielt werden. Der wirtschaftliche Effekt, der von der Bildung der Zollunion ausgeht, wird schon heute für Russland auf 400 Mrd. Dollar (16,8 Prozent des BIP), für Weißrussland und Kasachstan auf mehr als 16 Mrd. Dollar (16,1 bzw. 14,7 Prozent des BIP) geschätzt.

Zur Vorbereitung der rechtlichen Basis der Zollunion wurde in letzter Zeit beträchtliche Arbeit geleistet. Konstruktive Vorschläge aus der Wirtschaft wurden dabei so weit wie möglich berücksichtigt. Gegenwärtig besteht die rechtliche Basis der Zollunion aus mehr als 60 völkerrechtlichen Verträgen.

Diese Rechtsakte sind auf die Herstellung einer einheitlichen Regulierung des Warenhandels mit Drittstaaten, auf die Vereinheitlichung und die qualitative Verbesserung der Zollverwaltungspraxis sowie auf die Bildung eines Systems der Zollunionorgane gerichtet, welche die Befugnisse zur Regulierung des Außenhandels allmählich übernehmen werden. Dies sollte zu einer Minderung der Belastung der Wirtschaftsbeteiligten führen und zu einer Angleichung der Bedingungen der Außenwirtschaftstätigkeit an diejenigen Standards beitragen, die in den entwickelten Ländern existieren.

Die Entwicklungsstrategie der Zollunion wird von ihrem höchsten Organ, dem Zwischenstaatlichen Rat der EURASEC, bestimmt. Der Zwischenstaatliche Rat besteht aus den Staatsoberhäuptern und Ministerpräsidenten der Mitgliedstaaten der Zollunion und trifft seine Entscheidungen im Konsens.

Die Kommission der Zollunion ist das supranationale Regulierungsorgan der Zollunion. Es ist sehr wichtig, dass die Unionsstaaten sich geeinigt haben, Teile ihrer Souveränität auf die Kommission zu übertragen. Die Mitglieder der Kommission sind die stellvertretenden Ministerpräsidenten der Unionsstaaten. Sie wurden im November 2009 ernannt: von der Russischen Föderation I. I. Schuwalow, von der Republik Weißrussland A. W. Kobjakow, von der Republik Kasachstan U. E. Schukeew. Als Präsident der Kommission wurde der Erste stellvertretende Ministerpräsident der Regierung der Russischen Föderation I. I. Schuwalow ernannt. Der Verantwortliche Sekretär der Kommission ist S. Ju. Glasjew.

Laut dem Vertrag über die Kommission der Zollunion werden Entscheidungen der Kommission mit 2/3-Mehrheit gefasst. Dabei hat das Mitglied aus Russland 57 Prozent der Stimmen, die Mitglieder aus Weißrussland und Kasachstan je 21,5 Prozent. Entscheidungen über einige sensible Fragen werden im Konsens beschlossen. Jedes Kommissionsmitglied verfügt über eine Art von Vetorecht; wird dieses Vetorecht ausgeübt, so wird die Frage dem Zwischenstaatlichen Rat vorgelegt. Die Aufgaben zur organisatorischen Unterstützung und Öffentlichkeitsarbeit des Zwischenstaatlichen Rats und der Kommission der Zollunion werden vom Sekretariat der Kommission übernommen.

Das Komitee für die Regulierungsmaßnahmen des Außenhandels, das sich aus den Vertretern der Exekutivorgane der drei Mitgliedstaaten zusammensetzt, beschäftigt sich mit den Fragen des Außenhandels. Mit den Entscheidungen der Kommission N 157 vom 27. Januar 2010 und N 170 vom 26. Februar 2010 wurden die Arbeitsweise und der Bestand des Komitees bestimmt. Der stellvertretende Außenminister der Republik Weißrussland A. A. Ewdochenko wurde zum Vorsitzenden des Komitees ernannt.

Die Rechtsakte sowie andere Materialien der Kommission werden auf der offiziellen Webseite der Kommission[1] veröffentlicht. In der nächsten Zeit wird ein öffentliches Verkündungsblatt der Kommission gegründet.

Große Aufmerksamkeit wird der Bildung eines vollwertigen Gerichtes für die EURASEC zuteil, dessen Kompetenzbereich auf die Zollunion ausgedehnt wird. Die neue Fassung des Statuts des EURASEC-Gerichtes wurde von den Staatsoberhäuptern der EURASEC-Mitgliedstaaten am 5. Juli 2010 angenommen. Das Statut gewährleistet den Gerichtsschutz nicht nur für die Mitgliedstaaten der Zollunion, sondern auch für Wirtschaftsteilnehmer.

Gemäß dem Maßnahmenplan zur Bildung der Zollunion sowie den Etappen und Fristen der Errichtung des Einheitlichen Zollgebiets der Zollunion wurden drei Etappen für diese Errichtung festgelegt: Die vorläufige Etappe bis zum 1. Januar 2010; die erste Etappe vom 1. Januar 2010 bis zum 1. Juli 2010; die zweite Etappe ab dem 1. Juli 2010 bis zum 1. Juli 2011.

Die Zollunion wurde mit dem 1. Januar 2010 wirksam.

In der ersten Etappe traten der Einheitliche Zolltarif sowie die Einheitliche Warennomenklatur der Außenwirtschaft und andere völkerrechtliche Rechtsakte zur einheitlichen zolltariflichen Regulierung in Kraft. Außerdem gilt seit dem 1. Januar 2010 das einheitliche System nichttarifärer Maßnahmen gegenüber Drittstaaten. Die Unionsstaaten haben die Einheitliche Liste der Waren abgestimmt, in Bezug auf die Verbote und Beschränkungen angewandt werden.

Seit dem 1. Januar 2010 ist die Kommission für die einheitliche Regulierung des Außenhandels in der Zollunion zuständig. Sie ist unter anderem berechtigt, Ausfuhrzollsätze zu ändern, die Warennomenklatur zu führen, Zollpräferenzen und Zollvergünstigungen festzulegen und nichttarifäre Maßnahmen einzuführen.

---

1 www.tsouz.ru

Am 1. Juli 2010 setzte die zweite Etappe ein. Im Rahmen dieser wichtigen und komplizierten Etappe trat der Zollkodex der Zollunion in Kraft und die Zollabfertigung von Drittlandswaren, die in der Zollunion in den freien Verkehr überführt werden, wurde abgeschafft.

Ab dem 1. September 2010 ist der Verteilungsmechanismus der Einfuhrzölle (sowie anderer Abgaben, Steuern und Gebühren gleicher Wirkung) wirksam. Der Mechanismus sieht die Verbuchung der Einfuhrzölle auf das einheitliche Konto in der Staatskasse des jeweiligen Mitgliedstaates und die nachfolgende Verteilung zwischen den drei Mitgliedstaaten nach dem intergouvernementalen Abkommen vor.

Dieses Abkommen wurde im Mai 2010 von den Ministerpräsidenten der Mitgliedstaaten der Zollunion unterzeichnet. Demgemäß werden die Einfuhrzölle folgendermaßen verteilt: die Republik Weißrussland erhält 4,7 Prozent, die Republik Kasachstan 7,33 Prozent, die Russische Föderation 87,97 Prozent.

Ferner regelt das Abkommen Währungsfragen (einschließlich der Währungskurse und der Minimierung der Währungsrisiken), den Informationsaustausch über die Entrichtung der Einfuhrzölle und die Kontrolle der Richtigkeit und der Rechtzeitigkeit der Überweisung der eingenommenen Zölle.

Der wichtigste Rechtsakt der Zollunion ist der Zollkodex, der das Verbringen von Waren über die Zollgrenze, die Beförderung der Waren unter der zollamtlichen Überwachung, die vorübergehende Verwahrung, die Zollanmeldung, die Freigabe, die Durchführung von Zollkontrollen sowie die Entrichtung von Zollabgaben regelt. Der Kodex wurde von den Präsidenten der Unionsstaaten im November 2009 unterzeichnet und trat am 6. Juli 2010 in Kraft (in Russland und Kasachstan wurde der Kodex schon ab dem 1. Juli 2010 angewandt).

Der Zollkodex sieht folgende wichtige Neuerungen vor:

1. Es werden einheitliche Bedingungen des Zolltransits im gesamten Zollgebiet der Zollunion geschaffen.
2. Die Zollabfertigung im gegenseitigen Handel und die Grenzzollkontrollen von Waren aus den Mitgliedstaaten der Zollunion sowie der Drittlandwaren, die in den freien Verkehr im Zollgebiet der Zollunion überführt worden sind, werden abgeschafft.
3. Die Sicherheitsleistungen werden im gesamten Zollgebiet der Zollunion gegenseitig anerkannt.
4. Es wird eine neue Rechtsfigur „Zugelassener Wirtschaftsbeteiligter", dem spezielle Vereinfachungen gewährt werden, eingeführt.
5. Beim Export von Waren, die nicht mit Ausfuhrzöllen verzollt werden, werden nur sieben Unterlagen (früher 14) verlangt. Es ist verboten, andere Unterlagen als die vorgeschriebenen zu verlangen.

6. Die genannten Waren werden nun innerhalb von vier Stunden abgefertigt (früher zwei Tage).
7. Die Sicherheitsleistung für kleine und mittlere Unternehmen, die den Status eines Zugelassenen Wirtschaftsbeteiligten beantragen, wird von einer Million Euro auf 150.000 Euro gesenkt. Solche Unternehmen dürfen Waren im vereinfachten Verfahren ein- und ausführen.
8. Zum Zwecke der Durchführung von Tests, Forschungen, Prüfungen und Experimenten können bestimmte Waren im Rahmen des Zollverfahrens der vorübergehenden Einfuhr (Zulassung) eingeführt werden.

Gleichzeitig mit dem Zollkodex der Zollunion ist ein ganzes Paket völkerrechtlicher Abkommen und anderer Rechtsakte zur Zollregulierung in Kraft getreten. Diese Rechtsakte regeln beispielsweise die gegenseitige Verwaltungshilfe in der Zollunion, die Besonderheiten der Eisenbahnbeförderung von Transitwaren, die Bedingungen und das Verfahren der Zollentrichtung; die Anwendung der besonderen Zollkontrollformen etc. In diesem Zusammenhang sind folgende Abkommen zu nennen:

– Abkommen zu Fragen der Freiwirtschaftszonen im Zollgebiet der Zollunion und des Zollverfahrens der Freizollzone;

– Abkommen über Freilager und das Freilagerverfahren;

– Abkommen über das Verbringen der Waren für den persönlichen Gebrauch von natürlichen Personen sowie die Durchführung der Zollvorgänge zu deren Freigabe.

Am 5. Juli 2010 wurden folgende weitere Dokumente unterzeichnet:

– Abkommen über die Rechtshilfe und die Zusammenarbeit in Straf- und Verwaltungssachen;

– Vertrag über die Besonderheiten der Straf- und Verwaltungsverantwortlichkeit für Verstöße gegen die Zollgesetzgebung der Zollunion und der Mitgliedstaaten;

– Vertrag über das Verbringen von Barmitteln und (bzw. oder) Geldinstrumenten über die Zollgrenze der Zollunion.

Gemäß dem Vertrag ist bei einer einmaligen Ein- oder Ausfuhr von Barmitteln und (bzw. oder) Reiseschecks, soweit die Gesamtsumme den Schwellenwert von 10.000 US-Dollar nicht überschreitet, keine schriftliche Zollanmeldung erforderlich.

Außerdem hat die Kommission mehr als 30 Entscheidungen erlassen. Die Entscheidungen enthalten Durchführungsbestimmungen zum Zollkodex und betreffen insbesondere einige Fragen der Anwendung von Zollverfahren, bestimmen die Zollformulare sowie das Verfahren zu deren Ausfüllung.

Die Zollgesetzgebung wird durch neue Rechtsakte ergänzt. Ein wichtiger Grundsatz bei der Entwicklung von neuen Regelungen ist unser Dialog mit der Wirtschaft. Dank der Beteiligung der Wirtschaft konnten wir die Zahl der Verweisungsnormen im Zollkodex halbieren und somit seine direkte Anwendung sicherstellen. Das Gleiche trifft auf die nationale Zollgesetzgebung zu. Die rechtliche Basis der Zollunion ist frei zugänglich. Seit dem 1. Juli 2010 funktioniert im Internet das Außenwirtschaftsportal des Wirtschaftsministeriums Russlands, auf dessen Seiten Informationen über die Zollunion und deren Neuheiten, Hotline-Nummern, Frequently Asked Questions, Rechtsakte der Zollunion und diese betreffende Erklärungen zur Verfügung gestellt werden.

Es sollte erwähnt werden, dass die Handelsregime mit Drittstaaten vereinheitlicht werden müssen. Die Verhandlungen über diese Frage sind noch nicht abgeschlossen; nationale Regelungen werden während einer vorübergehenden Zeitperiode angewandt. Wir hoffen jedoch, dass die Handelsregeln gegenüber Drittstaaten bis zum 1. Juli 2011 vollständig vereinheitlicht werden, insbesondere in Bezug auf folgende Warenkategorien:
– Personenkraftwagen für den persönlichen Gebrauch;
– Waren, die in der Republik Kasachstan während einer vorübergehenden Zeitperiode nach anderen als den im Einheitlichen Zolltarif vorgesehenen Zollsätzen verzollt werden;
– Waren, die unter nicht vereinheitlichte Ausnahmen aus dem Freihandelsregime der Mitgliedstaaten der Zollunion fallen;
– Waren, die unter nicht vereinheitlichte Schutz-, Antidumping- und Ausgleichsmaßnahmen fallen.

Im Laufe der zweiten Etappe soll zudem ein Informationsaustauschsystem zwischen Grenz- und Zolldiensten der Mitgliedstaaten geschafft werden. Desweiteren ist der Maßnahmenplan zur Verlagerung der staatlichen Kontrollen an die Außengrenzen der Zollunion fristgerecht zu erfüllen.

Somit bleibt festzustellen, dass nicht alle relevanten Fragen erledigt sind. Uns steht noch viel Arbeit bevor. Die Finanz- und Wirtschaftskrise hat gezeigt, wie wichtig die Markterweiterung ist. Die Zollunion Russlands, Weißrusslands und Kasachstans stellt letztendlich eine Markerweiterung dar. Treten andere EURASEC-Staaten der Zollunion bei, so erweitert sich der gemeinsame Markt enorm. Unter Krisenbedingungen ist ein solcher Markt weitaus stabiler.

Mit der Gründung der Zollunion Russlands, Weißrusslands und Kasachstans wurde ein wichtiger Schritt zum Einheitlichen Wirtschaftsraum der drei Länder gemacht. Um den Integrationsprozess zu beschleunigen, haben sich die Unionsstaaten geeinigt, bis zum 1. Januar 2011 völkerrechtliche Verträge über den Einheitlichen Wirtschaftsraum der Russischen Föderation, der Republik Weißrussland und der Republik Kasachstan zu unterzeichnen.

Die Realisierung dieser Vorhaben wird es uns ermöglichen, das Wirtschaftswachstum in unseren Ländern zu fördern, neue Arbeitsplätze zu schaffen und neue große Projekte zu verwirklichen.

Die Bedeutung der Zollunion für die deutsche Wirtschaft

Dr. Grigory Talanov,[1]
Deutsch-Russische Auslandshandelskammer,
Moskau, Russland

A. Die Grundlagen der Zollunion

Das Verfahren der Gründung der Zollunion hat im Rahmen der Eurasischen Wirtschaftsgemeinschaft schon seit längerer Zeit begonnen. So waren die Grundverträge dafür noch 1995 von Russland, Belarus und Kasachstan unterschrieben worden. Damals hat man die Zollabfertigung von aus diesen Ländern hergestellten Waren an der russisch-belorussischen Grenze abgeschafft. Allerdings begann eine tatsächliche Gestaltung der Zollunion zwischen diesen drei Ländern erst in dem Zeitraum 2007-2009. Insbesondere wurde im Oktober 2007 die Kommission der Zollunion gegründet – ein ständiges Organ, welches für allgemeine und operative Fragen der Tätigkeit der Zollunion zuständig ist. Im November 2009 wurden im Rahmen der ordentlichen Tagung der Kommission der Zollunion und des zwischenstaatlichen Rates der EURASEC folgende grundlegende Dokumente verabschiedet, die eine rechtliche Grundlage der Zollunion bilden:

Zollkodex der Zollunion – ein grundlegendes Gesetzeswerk der Zollunion, welches in Russland, Belarus und Kasachstan Anfang Juli 2010 in Kraft getreten ist;

Einheitlicher Zolltarif – Zusammenfassung von Einfuhrzollsätzen bezüglich von Waren, die ins Zollgebiet der Zollunion aus dritten Ländern eingeführt werden (findet in den Mitgliedstaaten seit dem 1. Januar 2010 Anwendung);

Einheitliche Liste von Waren, bezüglich deren Verbote oder Beschränkungen bei ihrer Einfuhr aus dritten Ländern oder Ausfuhr angewendet werden, sowie Bestimmungen über die Anwendung von Beschränkungen (findet in der Zollunion seit dem 1. Januar 2010 Anwendung).

---

[1] Sr. Manager, Ernst & Young (GUS) B.V., Niederlassung Moskau, ehrenamtlicher Leiter der AG Zoll, Transport- und Logistikfragen des Komitees für Handel der Deutsch-Russischen AHK Moskau.

Aufgrund der verabschiedeten Normativakte sowie der durch die Staats- und Regierungschefs getroffenen Entscheidungen kann man folgende Etappen der Gründung der Zollunion benennen:

1. Januar 2010 – Einführung des einheitlichen Zolltarifs, des einheitlichen Systems der Maßnahmen der nicht-tarifären Regelung, Verabschiedung von Grundsatznormen im Bereich technischer Regelung;

Anfang Juli 2010 – Inkrafttreten des Zollkodex der Zollunion, eine tatsächliche Bildung des einheitlichen Zollgebiets, welche die Verbringung von Waren zwischen den Mitgliedstaaten ohne Zollabfertigung und ohne Erhebung der Zollgebühren (mit Ausnahme bestimmter Kategorien von Waren) vorsieht. Dabei bleibt die Zollkontrolle an der russisch-kasachischen Grenze weiter bestehen;

1. Juli 2011 – es ist geplant, die Gründung des einheitlichen Zollgebiets der Zollunion zum Abschluss zu bringen, endgültige Verlagerung der Zollkontrolle an die Außengrenze der Zollunion;

2012 – es ist geplant, dass ein einheitlicher Wirtschaftsraum zwischen Russland, Weißrussland und Kasachstan gegründet wird, welcher den freien Güter-, Leistungs-, Kapitalmarktverkehr sowie einen freien Arbeitsmarkt und ein einheitliches System der Valutaregulierung im Rahmen der drei Mitgliedstaaten umfasst.

B. Änderungen in der nationalen Zollgesetzgebung der Mitgliedstaaten der Zollunion

Es ist zu verzeichnen, dass die Gründung der Zollunion außer den globalen Tendenzen bereits wesentliche praktische Änderungen in der Zollgesetzgebung von Russland, Belarus und Kasachstan nach sich gezogen hat. Von den wesentlichen Änderungen kann man Folgende erwähnen:

Einführung des Instituts des bevollmächtigten Wirtschaftsoperators (teilweise vergleichbar mit dem Status „Zugelassener Wirtschaftsbeteiligter" in der Europäischen Union). Die Wirtschaftsbeteiligten, welche einen solchen Status erworben haben, können spezielle Vereinfachungen in Anspruch nehmen: z.B. vorübergehende Verwahrung von Waren in eigenen Räumlichkeiten und auf offenen Flächen, ohne dass der bevollmächtigte Wirtschaftsoperator in das Register der Inhaber von Kurzzeitzolllagern eingetragen wird, Freigabe von Waren vor Vorlage der Zollerklärung usw. Eine der Voraussetzungen ist, Sicherheiten für die Entrichtung von Zöllen und Steuern in Höhe von umgerechnet 1 Mio. Euro (für einige Exporteure, deren Waren nicht mit Exportzöllen belegt werden, in Höhe von umgerechnet 150.000 Euro) nachzuweisen.

In Zukunft wird die Anmeldung von Waren gegenüber einer beliebigen Zollbehörde jedes Mitgliedstaates vorgenommen (es wird nicht mehr davon abhängig sein, in welchem Mitgliedstaat der Exporteur/Importeur als juristische Person eingetragen ist). Gegenwärtig kommt ein sogenanntes „Ansässigkeitsprinzip" zur Anwendung, d.h. die Zollerklärung kann nur der Zollbehörde des jeweiligen Staates vorgelegt werden, in dem der Wirtschaftsbeteiligte (in dem Fall „Deklarant") registriert ist.[2] Wenn also die Einfuhrgesellschaft in Russland registriert ist, kann sie die Zollerklärung auf die Einfuhrartikel nur gegenüber der russischen zollamtlichen Behörde abgeben.

Die Frist zur Abgabe der Zollerklärung wurde verlängert und der Frist der zeitweiligen Verwahrung gleichgesetzt, d.h. 4 Monate. Früher betrug diese Frist 15 Tage ab dem Tag der Zustellung der Waren an die Zollbehörde. Als Konsequenz verlängert sich die Frist zur Zahlung der Zollgebühren, welche im Regelfall vor Warenfreigabe zu zahlen sind.

Es ist zu anzumerken, dass durch die Gesetzgebung der Zollunion Rechte und Möglichkeiten der Zollbehörden bei der Durchführung der Zollkontrolle erweitert wurden. So wurde die Frist, innerhalb derer Zollbehörden ihre Prüfungen nach der Zollabwicklung durchführen können, verlängert. Wenn früher in Russland diese Frist nur ein Jahr nach der Freigabe von Waren betrug, beläuft sie sich jetzt auf drei Jahre.[3] Der neue Kodex findet für die Rechtsverhältnisse Anwendung, welche ab dem Tag seines Inkrafttretens entstanden sind. Daraus kann man die Schlussfolgerung ziehen, dass die dreijährige Frist zur Zollkontrolle sich nur auf diejenigen Waren bezieht, die nach dem 1. Juli 2010 in das Zollgebiet der Zollunion verbracht wurden. Außerdem ist im Zollkodex fest verankert, dass Zollbehörden nach der Freigabe von Waren auch solche Personen prüfen dürfen, die mit dem Import/Export von Waren unmittelbar nichts zu tun hatten.

Abschließend muss man darauf hinweisen, dass zurzeit eine Vereinheitlichung der nationalen Gesetzgebungen der Mitgliedstaaten der Zollunion mit oben genannten Rechtsnormen der völkerrechtlichen Gesetzgebung der Zollunion immer noch im Gange ist. Dies führt zu bestimmten Schwierigkeiten, welche die russischen, belorussischen und kasachischen Wirtschaftsbeteiligten zu spüren bekommen. Dabei wird das Tempo der Integrationsprozesse in Richtung der Schaffung des einheitlichen Wirtschaftsraumes durch die politische Leitung der Mitgliedstaaten forciert, indem das Jahr 2012 als Deadline groß auf der Fahne eingeprägt steht.

---

2 Artikel 368 Zollkodex der Zollunion.
3 Artikel 99 Zollkodex der Zollunion.

C. Die Bedeutung der Veränderungen für die deutsche Wirtschaft

Die deutsche Wirtschaft beobachtet mit großem Interesse Tendenzen in Zusammenhang mit der Bildung der Zollunion, des Einheitlichen Wirtschaftsraumes und der Verlagerung der Zollabwicklung an die russische Staatsgrenze.

In diesem Zusammenhang setzt die Deutsch-Russische Auslandshandelskammer ihre Konsultationen zur Vereinfachung der Zollabwicklung mit der Föderalen Zollbehörde der RF Zolldienst fort. Aus Sicht der Auslandshandelskammer (basierend auf Anfragen deutscher Firmen in der Russischen Föderation) haben Zollprobleme mit Beginn der Wirtschaftskrise im Herbst 2008 deutlich zugenommen. Die Probleme deutscher Unternehmen konzentrieren sich im Wesentlichen auf folgende Bereiche:

- Erhöhung der Zollgebühr für Importe
- Korrektur des angegebenen Zollwertes
- Verzögerungen bei der Zollabfertigung
- Verlängerung der Freigabefristen für Waren
- Realisierung der Verlegung der Zollabfertigung an die Grenze der Russischen Föderation
- Schleppende Umsetzung der elektronischen Zollanmeldung
- Deklaration von Warenüberschüssen, die nach der Zollabfertigung erkannt wurden u. a.

Politischer und rechtlicher Rahmen der Zollunion

Prof. Dr. Alexei Avtonomov
Hochschule für Wirtschaft, Moskau, Russland

A. Der Begriff der Zollunion

Zollunionen sind seit langem bekannt. Eines der frühsten Beispiele ist der Deutsche Zollverein, der im Jahr 1834 gegründet wurde. Es soll nicht verschwiegen werden, dass der Zollverein einen wesentlichen Beitrag zur wirtschaftlichen Entwicklung der Mitgliedstaaten, ihrer Annäherung und der späteren Gründung des deutschen Staates geleistet hat.

Zurzeit existiert eine ganze Reihe von Zollunionen. Im Allgemeinen Zoll- und Handelsabkommen von 1947 (GATT 1947) sowie im Rahmen der Welthandelsorganisation, die den institutionellen Rahmen für das erweiterte Allgemeinen Zoll- und Handelsabkommen von 1994 (GATT 1994) bildet, tritt die Zollunion als eine der Stufen der internationalen wirtschaftlichen Integration auf. Dabei wurden klare Kriterien für eine Zollunion festgelegt: 1. Gemeinsames Zollgebiet; 2. gemeinsamer Außenzollsatz; 3. freier Warenverkehr innerhalb der Zollunion; 4. gemeinsame Zollverwaltung. Gerade von diesen Kriterien sollte man sich heutzutage bei der Untersuchung der Struktur von Zollunionen leiten lassen.

B. Die Entwicklung einer Integration im postsowjetischen Raum

Die Staaten auf dem Territorium der ehemaligen Union der Sozialistischen Sowjetrepubliken (UdSSR) haben eine unterschiedliche Haltung gegenüber der Integration im postsowjetischen Raum eingenommen, obwohl es für einen Integrationsprozess einige begünstigende wirtschaftliche Ausgangsbedingungen gab. Insbesondere gingen die Erzeugnisse, die in einigen Sowjetrepubliken produziert wurden, in andere Sowjetrepubliken und im wesentlich kleineren Umfang in Länder außerhalb der Sowjetunion. So bildete 1988 die interrepublikanische Ausfuhr von Erzeugnissen innerhalb der UdSSR einen Anteil von 85 Prozent (Usbekistan und die Ukraine) bis zu 98 Prozent (Armenien). Mit anderen Worten wurde ein bedeutender Anteil der hergestellten Erzeugnisse zwischen den Sowjetrepubliken innerhalb der UdSSR verteilt und nur ein kleiner Teil davon (zwei bis fünfzehn Prozent) exportiert. Eine Ausnahme stellte Russland dar, das im Jahre 1988 etwa 32 Prozent aller produzierten Erzeugnisse in das nichtsowjetische Ausland und 68 Prozent in die anderen Unionsrepubliken exportiert hat. In Industrie und Landwirtschaft verwendete man einheitliche Technologien und Standards. Auch sprachliche Barrieren gab es nicht: die russische Sprache war, obwohl sie keinen offiziellen Status in der UdSSR hatte, die Sprache des Handels, der Rechtswissenschaft, der Technik und für die schriftliche und mündliche Kommunikation von Menschen verschiedener ethnischer Zugehörigkeit unersetzlich. Die Kommunikations- und Energiesysteme waren in der UdSSR ebenfalls einheitlich. Ein bedeutender Anteil der komplexen Produkte wurde aus Komponenten hergestellt, die aus verschiedenen Unionsrepubliken stammten. So wäre es aus technologischer und ökonomischer Sicht für die ehemaligen Unionsrepubliken von großem Nutzen gewesen, den gemeinsamen Markt auch nach dem Zusammenbruch der UdSSR im Jahre 1991 beizubehalten.

I. Die Haltung der einzelnen Staaten zu einer Integration

Jedoch ging die jeweilige politische Führung der Länder im postsowjetischen Raum aus unterschiedlichen (manchmal sogar gegenläufigen) Positionen an die Möglichkeit einer Integration der ehemaligen Unionsrepubliken heran. So waren Lettland, Litauen und Estland seit Anfang 1990 auf die Integration in die Europäische Wirtschaftsgemeinschaft (EG), die später in die Europäische Union (EU) umgewandelt wurde, orientiert und sind letztlich der EU beigetreten. Mit den anderen ehemaligen Unionsrepubliken haben Lettland, Litauen und Estland keine Integration angestrebt. Die übrigen zwölf ehemaligen Unionsrepubliken sind zwar der Gemeinschaft Unabhängiger Staaten (GUS) beigetreten, allerdings waren ihre Ansätze zur Integration sehr unterschiedlich.

Zu einer Gruppe der GUS-Länder gehören Weißrussland, Kasachstan und Russland. Diese Länder traten für eine vertiefte Integration ein und verfolgten das Ziel, wenigstens eine Zollunion zu gründen. Eine ähnliche Position hatte auch Kirgisistan. Dieses Land hat sich trotz anfänglichen Zögerns der Gruppe der Integrationsanhänger innerhalb der GUS angeschlossen. Allerdings gab es in Kirgisistan Anfang der 1990er Jahre schwere Unruhen sowie auch im ersten Jahrzehnt des 21. Jahrhunderts Phasen der Destabilisierung (Umstürze, schwere politische Auseinandersetzungen, dramatische interethnische Konflikte). Die dadurch bedingte Verschlechterung des Wirtschaftspotentials hat dazu geführt, dass ein bedeutender Anteil der arbeitsfähigen Bevölkerung Arbeitsmigranten (hauptsächlich in Russland und Kasachstan) geworden sind. Vor diesem Hintergrund gibt es für Kirgisistan keine realistische Möglichkeit, genauso aktiv wie Weißrussland, Kasachstan und Russland an den Integrationsprozessen teilzunehmen. Im Übrigen war die Politik Kirgisistans auch im Laufe der stabilen Zeiten nicht konsequent. So ist Kirgisistan 1998 alleine der WTO beigetreten, ungeachtet der im Rahmen der GUS unterschriebenen Abkommen, einschließlich des Vertrags über die Zollunion vom Jahre 1995. Dies hat zu einem Konflikt der Verpflichtungen aus den GUS-Abkommen mit denjenigen aus den WTO-Abkommen geführt, da nicht alle Mitglieder der GUS parallel WTO-Mitglieder waren. Zudem entsprach die Zollunion aus dem Jahre 1995 dem WTO-Recht nicht, denn in der WTO-Praxis traten Mitglieder anderer Zollunionen entweder als Zollunion der WTO bei oder bildeten eine Zollunion erst nach dem Beitritt.

Nicht nur Kirgisistan, sondern auch Tadschikistan signalisierte ein Interesse daran, an der Integration im Rahmen der GUS teilzunehmen. Jedoch kann dieser Staat wegen des Bürgerkrieges und des Wirtschaftsverfalls der 90er Jahre, deren Folgen noch heute zu spüren sind, bei den Integrationsprozessen im postsowjetischen Raum nicht mitwirken.

Eine andere Gruppe bilden Aserbeidschan, Moldau, die Ukraine und – bis zum Austritt im Jahre 2008 – Georgien. Diese Länder hielten und halten für sich nur die Teilnahme an der Freihandelszone (einer einfacheren Integrationsform) im Rahmen der GUS für angemessen. Die Entwicklung im Rahmen der GUS sollte dabei die Integration in die euro-atlantischen Organisationen – die zu einem strategischen Ziel erklärt wurde – nicht stören. Allerdings ist es unmöglich, die Verflechtungen aus den Zeiten der UdSSR ohne gravierende wirtschaftliche Schäden und eine umfangreiche Umgestaltung zu zerreißen. Um gemeinsame Ziele besser verfolgen zu können, wurde 1997 der regionale Wirtschaftszusammenschluss GUAM (Georgien, Ukraine, Aserbaidschan, Moldau) gegründet. Von 1999 bis 2005 war auch Usbekistan Mitglied dieser internationalen Organisation (in dieser Zeit hieß sie GUUAM). Freilich unterscheidet sich die Position Usbekistans von den Positionen Aserbaidschans, Georgiens, der Republik Moldau und der Ukraine. Usbekistan führt eine aktive Außenpolitik, tritt verschiedenen Organisationen bei und strebt an, eine führende Rolle bei der Realisierung einzelner Initiativen in verschiedenen Vereinigungen zu spielen. Wie schon ausgeführt wurde, ist Usbekistan bis heute Mitglied der GUS und war einige Zeit GUUAM-Mitglied. Im Jahre 1994 haben Usbekistan, Kasachstan und Kirgisistan die Zentralasiatische Union gegründet, die im Jahre 1998 in die Zentralasiatische Wirtschaftsgemeinschaft und im Jahre 2002 in Zentralasiatische Zusammenarbeit umbenannt wurde. Im Jahre 1998 wurde Tadschikistan und sechs Jahre später Russland in diese Organisation aufgenommen. Nachdem Usbekistan der im Jahre 2000 gegründeten Eurasischen Wirtschaftsgemeinschaft (EURASEC) beigetreten ist, wurde die Zentralasiatische Zusammenarbeit aufgelöst, da alle ihre übrigen Teilnehmer damals schon Mitglieder der EURASEC waren.

Im Unterschied zu Usbekistan, hatte Turkmenistan – trotz seiner Mitgliedschaft in der GUS – weitaus weniger Interesse an der Integration gezeigt. Im Laufe der 1990er Jahre und am Anfang des 21. Jahrhundertes betrieb Turkmenistan eine eher isolationistische Politik in Bezug auf andere Staaten. Da aber der Export von Erdgas und einigen anderen Bodenschätzen einen wesentlichen Beitrag für die Wirtschaft Turkmenistans leistet, wurden Wirtschaftsbeziehungen mit vielen Ländern gepflegt. Am Ende des ersten Jahrzehntes des 21. Jahrhunderts beginnt Turkmenistan eine offenere Außenpolitik, allerdings ohne dabei ein besonderes Interesse an Integration zu zeigen.

Armenien war immer an der Integration innerhalb der GUS interessiert, allerdings ist die geografische Lage dieses Staates dafür ungünstig, was insbesondere auf die Konflikte mit den Nachbarstaaten Aserbaidschan und Türkei um die Region Bergkarabach zurückzuführen ist. Armenien grenzt an Georgien, welches seit der Auflösung der UdSSR durchgehend komplizierte Beziehungen mit Russland hat. Seit dem Jahre 2008 unterhält Georgien keine diplomatischen Beziehungen mit Russland mehr und ist zudem aus der GUS ausgetreten. Auch über das Territorium Irans kann man aus Armenien rein theoretisch nur bis Turkmenistan gelangen, da es keine Eisen- oder Autobahn aus Armenien nach Iran gibt. Armenien hat keinen Zugang zum Meer und kann daher die Beziehungen mit der Mehrheit der GUS-Staaten nur auf dem Luftweg pflegen. Selbstverständlich erleichtert das alles die Teilnahme Armeniens an der Integration in der GUS nicht.

II. Vertragliche Vereinbarungen einer Integration

Infolge dieser politischen, wirtschaftlichen, geografischen und anderen Faktoren nehmen Ende des ersten Jahrzehntes des 21. Jahrhunderts nur Russland, Kasachstan und Weißrussland an der Vertiefung der Integration sowie der Bildung der Zollunion teil. Immerhin haben diese Staaten zu der heutigen Zollunion auf Grund der Erfahrungen der Integration miteinander und mit anderen GUS-Staaten gefunden, die sie innerhalb der zwanzig Jahre seit der Auflösung der UdSSR gesammelt haben. So wurde noch am 24. September 1993 von Aserbaidschan, Armenien, Weißrussland, Kasachstan, Kirgisistan, Moldau, Russland, Tadschikistan und Usbekistan der Vertrag „Über die Gründung der Wirtschaftsunion" abgeschlossen. Später hat sich Georgien diesem Vertrag angeschlossen und im Jahre 2008 die Union wieder verlassen. Turkmenistan ist gleichzeitig mit Georgien Mitglied geworden. Die Ukraine hat ihre Bereitschaft zu einem Beitritt als assoziiertes Mitglied, für das nur einige der Verpflichtungen aus dem Vertrag gelten, erklärt. Das im Jahre 1994 unterzeichnete Beitrittsabkommen ist allerdings nicht in Kraft getreten. Der

Vertrag sah gemäß Artikel 4 eine stufenweise Integration bis zu der höchsten Stufe der Wirtschaftsintegration in einer Wirtschaftsunion vor – nachdem aufeinanderfolgend eine zwischenstaatliche (mehrseitige) Freihandelszone, eine Zollunion, ein gemeinsamer Waren-, Kapital- und Arbeitsmarkt sowie eine Währungsunion erreicht worden sein sollten. Der Vertrag trug einen Rahmencharakter, enthielt keine konkreten Mechanismen und sah die Vereinbarung mehrerer zusätzlicher Abkommen vor. Der allgemeine Charakter des Vertrags begünstigte die Entwicklung, dass er einerseits praktisch von allen GUS-Mitgliedern (trotz deren unterschiedlicher Herangehensweise an die Integration im postsowjetischen Raum) unterschrieben wurde und er andererseits eher als eine Deklaration und nicht als eine verbindliche Vereinbarung wahrgenommen wurde, so dass er schließlich nicht umgesetzt wurde.

Es gab auch andere weniger anspruchsvolle Versuche von Wirtschaftszusammenschlüssen im postsowjetischen Raum. Insbesondere haben am 6. Januar 1995 Russland und Weißrussland das intergouvernementale Abkommen „Über die Zollunion" abgeschlossen, dem das russisch-weißrussische intergouvernementale Abkommen „Über die einheitliche Regulierung der Außenwirtschaft" vom 12. April 1994 voranging. In der Präambel des Abkommens „Über die Zollunion" wurde festgelegt, dass sich die Parteien an den Regeln von GATT/WTO orientieren. Das Abkommen enthielt Erklärungen der Parteien dazu, welche Schritte unternommen werden müssen, um die Zollunion zwischen den beiden Ländern zu erreichen, nicht aber Bestimmungen über das Zollwesen, Zollsätze o.ä. Allerdings haben weitere Abkommen einen Fortschritt in die Richtung einer Zollunion ermöglicht. Auch die politische Annährung Russlands und Weißrusslands trug zu einer sich entwickelnden Integration bei. Im Jahre 1996 haben Russland und Weißrussland eine Gemeinschaft und im Jahre 1998 eine Union gegründet. Am 8. Dezember 1999 wurde der Vertrag „Über die Bildung des Unionsstaates" unterschrieben, der im Jahre 2000 in Kraft getreten ist. Gemäß diesem Vertrag sollten im Unionsstaat der freie Verkehr von Menschen, Waren und Kapital sichergestellt werden, gemeinsame Organe mit Befugnissen im Bereich Wirtschaft und Soziales geschaffen sowie eine gemeinsame Unionsangehörigkeit eingeführt werden.

Jedoch wurde der Vertrag nicht vollständig verwirklicht. Insbesondere wurden nicht alle im Vertrag genannten Organe geschaffen, die einheitliche Währung nicht eingeführt und der vom Vertrag vorgesehene Verfassungsakt nicht angenommen. Die Arbeit am Entwurf des Verfassungsaktes wurde im Jahre 2005 eingestellt, als Russland seine Annahme blockierte. Nichtsdestoweniger wurden im Rahmen der Union Russlands und Weißrusslands intergouvernementale Abkommen unterzeichnet, die zu einer weiteren Entwicklung der Zollunion beigetragen haben. So wird die Grenze zwischen Russland und Weißrussland vom Grenzdienst nicht bewacht und der Grenzübergang ist für russische und weißrussische Staatsbürger mit nationalen Ausweisen ohne Erledigung irgendwelcher Formalitäten möglich. Zudem unterliegt das Verbringen von Waren zum persönlichen Ge- und Verbrauch nicht der Zollabfertigung oder Zollkontrollen. Für Waren mit kommerzieller Bestimmung, die in Russland hergestellt und nach Weißrussland verbracht werden und umgekehrt, werden keine Zölle erhoben. Allerdings wurden einige Zollregelungen nicht hinreichend gut ausformuliert, was zu kuriosen Situationen in der Praxis führte. Zum Beispiel wurden während einer längeren Zeitperiode Automotoren russischer Herstellung aus Jaroslawl dem Minsker Autowerk in Weißrussland zollfrei geliefert. Die Transportpaletten wurden jedoch bei der Wiedereinfuhr in Russland als Einfuhrwaren, die nicht in Weißrussland hergestellt sind, entsprechend verzollt. Das gleiche galt auch für mangelhafte Automotoren, die zurückgegeben wurden. Immerhin entwickelten sich, wie schon gesagt wurde, in den 1990er Jahren und im ersten Jahrzehnt des 21. Jahrhunderts die engsten Integrationsbeziehungen gerade zwischen Russland und Weißrussland.

III. Die Entwicklung der Eurasischen Zollunion und der Eurasischen Wirtschaftsgemeinschaft

Am 20. Januar 1995 wurde das Abkommen „Über die Zollunion" zwischen Kasachstan, Russland und Weißrussland abgeschlossen. Dabei verwies dieses Abkommen direkt auf die Bestimmungen des oben erwähnten russisch-weißrussischen Abkommens „Über die Zollunion" vom 6. Januar 1995. D. h. das dreiseitige Abkommen bedeutete tatsächlich den Beitritt Kasachstans zu der Zollunion Russlands und Weißrusslands. Am 29. März 1996 hat sich dieser Zollunion Kirgisistan angeschlossen. Allerdings gab es keine bedeutenden Fortschritte in der Entwicklung der Zollunion. Das zeigte sich schon an dem selbstständigen WTO-Beitritt Kirgisistans im Jahre 1998.

Am 26. Februar 1999 wurde der Vertrag über die Zollunion und den Einheitlichen Wirtschaftsraum von Weißrussland, Kasachstan, Kirgisistan, Russland, Tadschikistan unterzeichnet. Usbekistan schloss sich erst später an. Gemäß Artikel 2 des Vertrags übernehmen die Parteien die Verpflichtung, „... die Bildung der Zollunion zu beenden und auf dieser Grundlage den einheitlichen Wirtschaftsraum zu schaffen". Laut dem Vertrag versteht man unter dem einheitlichen Zollgebiet das Territorium, das aus den Zollgebieten der Parteien besteht und in dem der Gemeinsame Zolltarif, einheitliche Maßnahmen der nichttarifären Regulierung, vereinheitlichte Zollregeln Anwendung finden, eine einheitliche Zollverwaltung sichergestellt ist sowie Zollkontrollen an den inneren Grenzen abgeschafft sind.

Am 10. Oktober 2000 haben die Mitglieder des Vertrags vom 26. Februar 1999 den Vertrag über die Gründung der Eurasischen Wirtschaftsgemeinschaft (EURASEC) unterzeichnet. Wie schon gesagt wurde, trat der EURASEC im Januar 2006 Usbekistan bei.

Einiges Interesse an der EURASEC zeigte anfangs auch die Ukraine, die im Mai 2002 einen Beobachterstatus erhielt. Allerdings hat sie ihr Interesse inzwischen verloren. Zusammen mit der Ukraine hat auch Moldau einen Beobachterstatus bei der EURASEC erhalten. Dieses Land zielt aber vor allem auf eine Integration in die EU (einige einflussreiche politische Kräfte innerhalb des Landes fordern sogar den Beitritt zu Rumänien) und ist deshalb nicht an der Entwicklung des Integrationsprozesses mit den GUS-Staaten interessiert. Außerdem verhindert das geringe Wirtschaftspotential Moldaus grundsätzlich die Möglichkeiten der Integration. Infolgedessen zieht ein bedeutender Teil der arbeitsfähigen Bevölkerung der Republik auf der Suche nach Einkommen ins Ausland. Darüber hinaus sind oft Perioden innenpolitischer Instabilität in Moldau zu beobachten.

Am 19. September 2003 haben Weißrussland, Kasachstan, Russland und die Ukraine das Abkommen über die Bildung des Einheitlichen Wirtschaftsraumes unterschrieben. Laut diesem Abkommen sollte der gemeinsame Markt stufenweise erreicht werden und dafür ein supranationales Organ – die Kommission – geschaffen werden. Gleichzeitig ließ offenbar in Zusammenhang mit der Stellung der Ukraine (siehe oben) Artikel 5 des Abkommens zu, dass „jede Partei selbständig über ihre Teilnahme sowie über den Umfang solcher Teilnahme an der Entwicklung der Integration oder einzelnen Integrationsmaßnahmen bestimmt". Naturgemäß eröffnete die Regelung die Möglichkeit, dass die Integrationsvereinigung einen amorphen Charakter erhalten könnte. Jedoch wurde das Abkommen in der Praxis nicht umgesetzt.

Immerhin haben Russland, Weißrussland und Kasachstan im Rahmen der EURASEC am 6. Oktober 2007 eine Reihe von Verträgen und Abkommen zur Gründung einer Zollunion abgeschlossen. Insbesondere stellt der Vertrag „Über die Bildung des einheitlichen Zollgebiets und die Gründung der Zollunion" in Artikel 1 fest, dass die Zollunion eine Form der wirtschaftlichen Integration der Parteien ist, die ein gemeinsames Zollgebiet vorsieht, in dem im gemeinsamen Handel mit Ursprungswaren sowie mit Waren aus Drittländern, die in den freien Verkehr überführt worden sind, weder Zölle erhoben noch andere wirtschaftliche Hemmnisse angewendet werden dürfen, mit Ausnahme von Schutz-, Ausgleichs- und Antidumpingmaßnahmen. Zudem wenden die Parteien einen einheitlichen Zolltarif sowie andere einheitliche Maßnahmen zur Regulierung des Handels mit Drittländern an. Der Begriff „Der einheitliche Zolltarif" ist auch in Artikel 1 des Vertrags definiert: Eine Zusammenstellung von Zollsätzen, die auf Einfuhrwaren aus Drittstaaten angewendet werden und die nach der Einheitlichen Warennomenklatur der Außenwirtschaftstätigkeit systematisiert sind.

Am 6. Oktober 2007 haben die drei genannten Staaten auch den Vertrag „Über die Kommission der Zollunion" unterzeichnet. Die Kommission wird als ein supranationales Organ gegründet, dem die Parteien im Rahmen der Zollunion einen Teil ihrer Befugnisse etappenweise und freiwillig übertragen (Artikel 2). Der Vertrag sieht vor, dass die Kommission aus je einem Vertreter von jeder Partei besteht, der entweder ein stellvertretender Ministerpräsident oder ein bevollmächtigtes Mitglied der Regierung ist. Diese Zusammensetzung der Kommission ermöglicht es ihr, im engen Kontakt mit den Regierungen der Unionsstaaten zu arbeiten, die Koordination der Handlungen auf den nationalen und supranationalen Ebenen sicherzustellen und eventuelle Widersprüche zu vermeiden. Die Stimmen in der Kommission werden folgenderweise verteilt: Weißrussland 21,5, Kasachstan 21,5, Russland 57; die Entscheidungen werden mit einer 2/3-Mehrheit gefasst (Artikel 7).

Das nächste Paket von Abkommen haben Russland, Weißrussland und Kasachstan am 25. Januar 2008 unterzeichnet. Es handelt sich unter anderem um das Abkommen „Über die einheitliche tarifäre Regulierung", das Abkommen „Über die Ausfuhrzölle in Bezug gegenüber Drittstaaten", das Abkommen „Über die einheitlichen Maßnahmen der nichttarifären Regulierung gegenüber Drittstaaten" sowie das Abkommen „Über die Regeln der Ursprungsbestimmung der Waren".

Am 27. November 2009 haben die Mitgliedstaaten der Zollunion den Vertrag „Über den Zollkodex der Zollunion" unterschrieben. Der Zollkodex stellt ein umfangreiches Dokument dar, das detaillierte Bestimmungen enthält. Er besteht aus einem Allgemeinen und einem Besonderen Teil. Der Allgemeine Teil enthält folgende drei Abschnitte: „Grundbestimmungen", „Zollabgaben" und „Zollkontrolle". Zu dem Besonderen Teil gehören die Abschnitte „Zollvorgänge vor der Zollanmeldung", „Zollvorgänge, die mit der Überführung der Waren in ein Zollverfahren verbunden sind", „Zollverfahren", „Besonderheiten des Verbringens der Waren über die Zollgrenze und der Abwicklung der Zollvorgänge in Bezug auf einzelne Warenkategorien" sowie „Übergangsbestimmungen". Der Zollkodex ist am 5. Juli 2010 in Kraft getreten.

Die Ausgestaltung der Zollunion wurde im Jahre 2010 beendet, als Vertreter aller drei Staaten ein neues Paket von Abkommen unterzeichneten.

Die Verbindung der Zollunion mit der EURASEC, in deren Rahmen Weißrussland, Kasachstan und Russland die Bildung der jetzigen Zollunion vereinbart haben, bleibt erhalten. Schon auf den früheren Etappen der Entstehung der Zollunion haben die Organe der EURASEC zu der Ausarbeitung von normativen Grundlagen für die Zollunion beigetragen, wobei das Integrationskomitee der EURASEC als Depositar der Verträge und Abkommen fungierte (später ist diese Funktion auf die Kommission der Zollunion übergegangen). Offenbar wird die Verbindung der EURASEC mit der Zollunion noch für lange Zeit erhalten bleiben, denn die Funktion der Streitbeilegung in der Zollunion wird vom Gerichtshof der EURASEC übernommen. Der Gerichtshof der EURASEC ist allerdings noch nicht geschaffen und seine Aufgaben werden vom Wirtschaftsgerichtshof der GUS, der im Jahre 1992 gegründet wurde, wahrgenommen.

Ende 2010 haben Russland, Kasachstan und Weißrussland eine Reihe von völkerrechtlichen Abkommen zur rechtlichen Ausgestaltung des Einheitlichen Wirtschaftsraums angenommen.

IV. Entwicklungsperspektiven der Eurasischen Zollunion und der Eurasischen Wirtschaftsgemeinschaft

Somit konnten sich drei Staaten – Weißrussland, Kasachstan und Russland –, die schon in den 1990er Jahren zu einer gemeinsamen Integration bereit und fähig waren, letztendlich über konkrete Schritte zur Schaffung der Zollunion einigen. Die Zollunion bildet eine gute Grundlage für eine enge Zusammenarbeit und die wirtschaftliche Entwicklung ihrer Teilnehmer. Heutzutage verfügen diese drei Staaten etwa über 83 Prozent des von der UdSSR verbliebenen Wirtschaftspotentials (das sich seit dem Zerfall der Sowjetunion deutlich verringert hat). Zugleich veranschaulicht die oben kurz beschriebene Geschichte der Integrationsversuche, dass in vielen Fällen sehr fruchtbare und realistische Initiativen, sogar in Form völkerrechtlicher Verträge und Abkommen, keine Umsetzung in der Praxis fanden und lediglich Absichtsbekundungen geblieben sind. Daher ist es heute schwierig, eine eindeutige Einschätzung für die Perspektiven der Zollunion zu geben.

So darf man den Umstand nicht außer Acht lassen, dass Russland die Verhandlungen über den Beitritt zur WTO selbstständig führt, ohne die Zollunion insgesamt einzubeziehen, während Analytiker die Möglichkeit eines gemeinsamen Beitritts der Zollunion zur WTO gerade als einen Vorteil der Integrationsform bezeichnet haben (die Zulässigkeit eines derartigen Beitritts folgt aus dem Marrakesch-Abkommen, mit dem die Gründung der Welthandelsorganisation beschlossen wurde). Der Betritt der gesamten Zollunion könnte mehr Vorteile bringen als die individuelle Teilnahme einzelner Unionsstaaten. Insbesondere erlaubt das WTO-Recht Wirtschaftszusammenschlüssen die Einführung niedrigerer Zölle, Steuervergünstigungen, Subventionen für die Landwirtschaft u.a.m.

Mitte des ersten Jahrzehntes des 21. Jahrhunderts hat Russland, ungeachtet der Entwicklung der Integrationsprozesse mit Kasachstan, die russisch-kasachische Grenze weiter befestigt sowie den Grenzübergang erschwert. Diese Maßnahmen wurden mit der Notwendigkeit begründet, den Kampf gegen den Drogen- und Warenschmuggel aus Drittstaaten zu verstärken. Allerdings war auch Kasachstan an einer Eindämmung des Drogen- und Warenschmuggels gelegen. Deshalb wäre es unter Berücksichtigung der Entwicklung der russisch-kasachischen Integration sinnvoller gewesen, die Grenzen zu Drittstaaten gemeinsam zu überwachen sowie die Zusammenarbeit der staatlichen Organe Russlands und Kasachstans zu verstärken, um das Inverkehrbringen von Schmuggelwaren auf den Territorien der Länder zu verhindern. Schließlich gelang es Russland und Kasachstan, wieder einen vereinfachten Grenzübergang zu vereinbaren, so wie es auch die normale Entwicklung des Integrationsprozesses erfordert. Es gestaltet sich allerdings schwierig, den großen Aufwand, der mit der Ausstattung der Grenze zwischen Russland und Kasachstan kurz vor dem Inkrafttreten der Zollunion entstand, zu erklären, denn die geplante Öffnung der russisch-kasachischen Grenzen lässt die aufgebauten Anlagen und sonstige Ausrüstung nutzlos werden.

Die Beziehungen Russlands und Weißrusslands waren schon seit dem Jahre 2008 abgekühlt, die Spannungen eskalierten aber im Frühjahr 2010 derart, dass das Inkrafttreten des Zollkodex der Zollunion am 1. Juli 2010 in Weißrussland in Frage gestellt wurde. Im Herbst 2010 wurde über den Austritt Weißrusslands aus der Zollunion diskutiert. In dieser Situation hat Weißrussland aktiv nach Alternativen zu Energielieferungen aus Russland gesucht. Daraufhin wurden Vereinbarungen über die Lieferungen von Erdöl und Gas mit Venezuela erzielt. Jetzt verhandelt Weißrussland mit der Ukraine und Litauen über die Transportbedingungen der venezolanischen Lieferungen. Es wurden sogar Probelieferungen von Gas nach Weißrussland über das Territorium der Ukraine im Herbst 2010 durchgeführt.

Obwohl der Zollkodex der Zollunion letztlich in Kraft getreten ist und die Ausarbeitung weiterer Abkommen über den Einheitlichen Wirtschaftsraum der drei Staaten vorgenommen wurde, erhebt Russland weiterhin Zölle auf Erdöllieferungen nach Weißrussland. In diesem Zusammenhang hat Weißrussland den Wirtschaftsgerichtshof der GUS angerufen, der im Oktober 2010 Russland empfohlen hat, bis zum Abschluss der Gerichtverhandlung auf die Erhebung von Zöllen für Öllieferungen nach Weißrussland zu verzichten. Dennoch besteht Russland auf der Erhebung der Zölle, ansonsten drohte dem russischen Haushalt ein Verlust in Höhe von fast einer Milliarde Dollar pro Monat. Zudem seien Fragen über die Bedingungen der Öl- und Gaslieferungen nach Weißrussland aus den völkerrechtlichen Abkommen über den Einheitlichen Wirtschaftsraum herauszuhalten. Selbstverständlich schadet diese Haltung der Zollunion und der Bildung des Einheitlichen Wirtschaftsraumes. Deshalb hat sich Russland entschieden, seine Einstellung zu modifizieren und bietet an, die Lösung der Öl- und Gasfrage im Verhältnis zu Weißrussland auf das Jahr 2012 zu verschieben. Zugleich bleiben die Regulierungsparameter für diese Frage auch in Zukunft unklar, woraus sich eine gewisse Unbestimmtheit der Integrationsprozesse im Rahmen der Zollunion und des Einheitlichen Wirtschaftsraumes ergibt.

Gleichzeitig verbesserten sich nach dem Jahre 2008 die Beziehungen Weißrusslands mit der Europäischen Union (bis hin zu der Bereitschaft, Weißrussland in die „Ost-Partnerschaft" aufzunehmen) und mit einzelnen europäischen Ländern. Allein in der zweiten Hälfte 2010 haben der Präsident Litauens sowie die Außenminister Deutschlands und Polens Weißrussland besucht. Und das kurz vor den Präsidentschaftswahlen in Weißrussland. Von vielen Experten wurden diese Signale als Unterstützung des geltenden Präsidenten Weißrusslands bewertet. Wenn sich die Beziehungen zwischen Russland und Weißrussland weiter verschlechtern und die Beziehung zwischen der EU und Weißrussland im Gegenzug verbessern werden, kann dies die Haltung Weißrusslands zu der Integration im postsowjetischen Raum beeinflussen und an die Positionen der Ukraine sowie der Republik Moldau annähern. Das ist natürlich noch nicht geschehen, und Weißrussland ist im Vergleich mit anderen GUS-Staaten immer noch am engsten mit Russland integriert. Zugleich darf man nicht vergessen, dass auch die UdSSR innerlich ein sehr integrierter Staat war, ohne dass dies ihren Zerfall verhindern konnte.

Kasachstan zeigte Ende des ersten Jahrzehntes des 21. Jahrhunderts mehrmals sein Interesse am Projekt NABUCCO. Das Projekt sieht den Bau einer Erdgas-Pipeline von Transkaukasien und Zentralasien nach Europa vor und soll das Territorium der Zollunion umgehen.

Damit ergeben sich schwerwiegende Hindernisse für die praktische Wirksamkeit der Zollunion Weißrusslands, Kasachstans und Russlands. Dennoch wurde das rechtliche Fundament der Zollunion gelegt (sowie ein Paket von Abkommen über den Einheitlichen Wirtschaftsraum angenommen). Die Bestimmungen der völkerrechtlichen Abkommen und Protokolle, die im Zusammenhang mit der Zollunion stehen, werden nach und nach angewandt. Das ist letztlich das Wichtigste.

Diskussion

Zusammenfassung:
Daniel Scholz,
Doktorand am Institut für öffentliches Wirtschaftsrecht,
Universität Münster

Herr *Prof. Dr. Wolffgang* (Zentrum für Außenwirtschaftsrecht, Universität Münster) wies anknüpfend an die Analyse der geostrategischen Positionen verschiedener GUS-Staaten im Vortrag von Herrn *Prof. Dr. Avtonomov* auf die besondere geostrategische Position der Türkei hin. Diese sei zwar nach wie vor Kandidat für einen Beitritt zur EU, orientiere sich jedoch zunehmend auch in andere Richtungen – beispielsweise in Richtung auf die GUS-Staaten. Daher stelle sich die Frage, ob auch hierin eine Perspektive für eine Wirtschaftszone liege. Eine solche könne in Anbetracht der Wirtschaftskraft der Türkei auch für die GUS-Staaten sehr attraktiv sein. Dieser positiven Bewertung schloss sich im weiteren Verlauf der Diskussion auch Herr *Dr. Schrömbges* an.

Darüber hinaus machte Herr *Prof. Dr. Wolffgang* im Hinblick auf angesprochene Hindernisse bei der Integration der Eurasischen Zollunion darauf aufmerksam, dass auch die EU einen beträchtlichen Zeitraum zur Verwirklichung der Zollunion benötigt habe. Auch wenn die neue Eurasische Zollunion auf den Erfahrungen der EU aufbauen könne, so sei doch in Anbetracht des erst kurzen Bestehens der Eurasischen Zollunion bereits ein erheblicher Fortschritt erreicht worden. Daher wolle er die positive Bewertung des bisherigen Entwicklungsstands der Zollunion, zu der Herr *Prof. Dr. Avtonomov* in seinem Vortrag gekommen war, nochmals unterstreichen. Herr *Prof. Dr. Avtonomov* merkte hierzu später allerdings relativierend an, die Zollunion sei noch nicht ganz geschaffen. Daher bleibe vor allem die zukünftige Tätigkeit der Kommission der Zollunion abzuwarten.

Herr *Mendel* (Mendel-Verlag) stellte eine Frage zum praktischen Funktionieren der neuen Zollunion. Zwar sei der Außenzolltarif bekanntlich weitgehend vereinheitlicht worden, jedoch sei für das niedrigere kasachische Zollniveau nur eine stufenweise Anpassung vorgesehen und es bestünden noch Unterschiede zwischen den Mitgliedstaaten hinsichtlich Quotierungen und Präferenzabkommen. Seine Frage bezog sich darauf, welche Folgen dies für den internen Warenverkehr der Zollunion habe.

Herr *Dr. Talanov* ging in seiner Antwort zunächst auf den seit Januar 2010 vereinheitlichten Zolltarif ein. Bei diesem habe teilweise eine Erhöhung der

Zölle gegenüber den bisherigen nationalen Regelungen stattgefunden. Dies sei ohne vorherige Konsultationen mit den Handelspartnern wahrscheinlich problematisch. Im Hinblick auf den allgemeinen Charakter der Eurasischen Zollunion meinte er, was man über die Zollunion der EU wisse, müsse man vorübergehend vergessen, wenn man über den derzeitigen Stand der zwischen Russland, Weißrussland und Kasachstan bestehenden Zollunion spreche. So fänden beispielsweise an den Binnengrenzen der Eurasischen Zollunion noch Zollkontrollen statt. Waren aus Drittländern, für die noch unterschiedliche nationale Zolltarife an den Außengrenzen erhoben werden, müssten beim Weitertransport innerhalb der Zollunion an den Binnengrenzen nachverzollt werden. Was bestehende bilaterale Präferenzabkommen der beteiligten Staaten angehe, so müssten diese jeweils auf ihre Konformität mit der neuen Zollunion geprüft werden. Für die Zukunft sei aber eine Entwicklung zu erwarten, durch die die Eurasische Zollunion schrittweise den gleichen Integrationsgrad wie die Zollunion der EU erreichen würde.

Herr *Prof. Dr. Czyzowicz* (Handelshochschule Warschau) dankte in seinem Wortbeitrag zunächst den Organisatoren. Dies sei in diesem Maßstab die erste internationale Konferenz zum Thema der Eurasischen Zollunion. In einem anderen Rahmen hätte allerdings bereits am 3. Dezember 2009 eine Tagung in Warschau zum Thema stattgefunden, auf der er selbst die wichtigsten Punkte der neuen Eurasischen Zollunion dargestellt habe. Auch in Minsk und Schweden habe es ähnliche Tagungen gegeben. Um die Probleme der Eurasischen Zollunion zu begreifen, helfe es, ähnliche Prozesse zu betrachten, die es auf der ganzen Welt gab und gibt. Als frühe Beispiele seien die Zollunion der Schweiz mit Liechtenstein[1] sowie der Benelux-Länder[2], aber vor allem auch die Südafrikanische Zollunion[3] zu nennen. Am besten gelungen sei der Integrationsprozess bei der EU, die sich Schritt für Schritt von einer Freihandelszone zu einer echten Zollunion und mittlerweile noch weit darüber hinaus entwickelt habe. Die große Vielzahl bestehender Zollunionen berge freilich die Gefahr, die internationalen Handelsbeziehungen zu einem unübersichtlichen „spaghetti bowl" werden zu lassen. Bei der Zollunion zwischen Russland, Weißrussland und Kasachstan sei allerdings fraglich, ob sie überhaupt tatsächlich bestehe. Darüber hinaus stelle sich für Polen und die EU die Frage, wie sie diese neue Zollunion zu bewerten hätten. Diese könne als positive Entwicklung oder als Bedrohung aufgefasst werden. Bemerkenswert sei, dass der Integrationsprozess an dieser Stelle offenbar voranschreite, obwohl Russland auch andere Interessen habe und „viele Instrumente spielen" könne. Entscheidend sei aus seiner Sicht bei dem Thema, welche Mög-

---

1 Zollvertrag von 1923.
2 Gründung durch Exilregierungen im Jahr 1944.
3 Gründung durch Vorgängerstaaten der heutigen Länder Südafrika, Botsuana, Swasiland und Lesotho im Jahr 1910.

lichkeiten die Unternehmen haben, denn sie seien es, die das Wirtschaftswachstum schaffen. Als relevante Akteure müssten sie besser informiert werden, damit sie wissen, wie sie sich verhalten können. Momentan gebe es noch einige Unklarheiten. Daher sei derzeit nur der erste Schritt in Richtung Zollunion gemacht. Zur Frage der Türkei sei zu sagen, dass diese bereits zur europäischen Zollunion gehöre, auch wenn einige Sonderregeln bestünden.

Frau *Soldo* (Germany Trade & Invest) wandte sich mit Ihrer Frage an Herrn *Dr. Talanov*. In Deutschland kenne man die verbindliche Zolltarifauskunft.[4] Der Zollkodex der Eurasischen Zollunion sehe eine vorläufige Entscheidung zur Einreihung von Waren vor. Für deutsche Exporteure stelle sich die Frage, wie verbindlich diese sei.

Hierzu erklärte Herr *Dr. Talanov*, dass Auskünfte von Behörden der EU-Staaten für die Eurasische Zollunion keine Geltung hätten. In Russland sei für Auskünfte der föderale Zolldienst zuständig. Bemerkenswert sei, dass der neue Zollkodex der Eurasischen Zollunion die Gültigkeit einer verbindlichen Auskunft auf drei Jahre befriste gegenüber einer Befristung von fünf Jahren nach dem bisherigen russischen Zollkodex. Ungeklärt sei die Frage, ob die Mitgliedstaaten der Zollunion Zollauskünfte untereinander anerkennen würden. Er wies darauf hin, dass der Zollkodex der Zollunion derzeit ins Deutsche übersetzt werde.

Herr *Aliyev* (Universität Kiel) stellte eine Frage zur Energiewirtschaft. Hier gebe es bekanntlich zahlreiche neue Pipeline-Projekte wie z.B. Nabucco[5] oder von Russland nach China[6]. An das Podium richtete Herr *Aliyev* die Frage, in welchem Verhältnis diese zur neuen Zollunion stünden. Außerdem nahm Herr *Aliyev* Bezug auf den Energiechartavertrag und das Yukos-Schiedsverfahren in Den Haag.[7] Anknüpfend hieran fragte er Herrn *Prof. Dr. Avtonomov* danach, wie dieser zur Verbindlichkeit von unterschriebenen, aber nicht ratifizierten Verträgen stehe.

Herr *Prof. Dr. Avtonomov* nahm zunächst auf die praktischen Fragen von Herrn *Mendel* und Frau *Soldo* Bezug. Insofern betonte er, dass es aus allen rechtlichen Problemen einen Ausweg gebe, solange die Regelungen zumindest stabil seien. Betreffend die Frage von Herrn *Aliyev* zu Nabucco erklärte

---

4 Geregelt in Art. 11 f. des EU-Zollkodex sowie Art. 5 bis 14 der Durchführungsvorschriften.
5 Derzeit in Planung, Baubeginn für 2011 vorgesehen.
6 Im September 2010 fertiggestellt.
7 Den Energiechartavertrag (ECT) hatte Russland 1994 zwar unterschrieben, jedoch niemals ratifiziert und im Juli 2009 seinen endgültigen Rückzug aus dem Vertrag erklärt. Damit endete die vorläufige Anwendung des Vertrags gem. Art. 45 ECT zum 19.10.2009. In einem Schiedsverfahren des Yukos-Mehrheitsaktionärs gegen Russland vor dem Ständigen Schiedshof in Den Haag entschied das Schiedsgericht im November 2009 jedoch, dass Investitionen in die russische Energiewirtschaft, die bis zum 19.10.2009 getätigt wurden, gemäß dem ECT für die Dauer von weiteren zwanzig Jahren, also bis zum 19.10.2029, geschützt seien.

Herr *Prof. Dr. Avtonomov*, dass insoweit jeder Staat der Zollunion seine eigenen Interessen habe. Zur Verbindlichkeit internationaler Verträge äußerte er, dass ein bloß unterschriebener Vertrag, der nicht ratifiziert ist, den Staat nicht binden könne. Im Zusammenhang damit verwies er auch auf die Völkerrechtskommission der Vereinten Nationen. Davon zu unterscheiden sei die Frage, ob ein ratifizierter Vertrag erfüllt werden müsse. Insofern könnten sich nämlich Probleme ergeben, wenn die Erfüllung eines internationalen Vertrages der nationalen Verfassung widerspreche. Dazu meinte Herr *Prof. Dr. Avtonomov* bezogen auf die Situation in Russland, dass der Vertrag in einem solchen Falle erfüllt werden müsse, wenn sich das Verfassungsgericht nicht dagegen geäußert habe. Dies sei aber nur vor der Ratifikation bzw. dem Inkrafttreten des Vertrages möglich. Zwar könne der Präsident mithilfe der Duma jederzeit den Ausstieg aus einem völkerrechtlichen Vertrag veranlassen. Solange dies nicht geschehen sei, müsse der Vertrag aber erfüllt werden. Dies anzuerkennen, sei auch für das Fortschreiten der neuen Eurasischen Zollunion entscheidend. Nur wenn sich diese Erkenntnis durchsetze, sei er optimistisch, dass die Union etappenweise aufgebaut werden könne. Wenn aber nicht klar sei, was gelten solle – der Vertrag oder das nationale Gesetz – dann entstünden die Fragen, über die wir auf dieser Tagung sprächen.

Das Zollrecht der Zollunion: Das Verhältnis zwischen supranationalem und nationalem Zollrecht

Prof. Dr. Alexander Kozyrin
Lehrstuhl für Finanzrecht, Hochschule für Wirtschaft,
Moskau, Russland

Die rechtliche Gestaltung der Zollunion Russlands, Weißrusslands und Kasachstans im Rahmen der Eurasischen Wirtschaftsgemeinschaft hat das russische öffentliche Recht vor eine neue Aufgabe gestellt, die nicht nur angesichts ihrer theoretischen Prämissen aktuell ist[1], sondern auch eine besondere praktische Bedeutung hat. Es handelt sich um das Verhältnis zwischen supranationaler und nationaler Regulierung im Zollbereich.

A. Die nationale Bedeutung der Zollregulierung für Russland

Die Bedeutung der Zollregulierung in Russland hat sich nach der Aufhebung des staatlichen Außenhandelsmonopols[2] radikal geändert. Während bis Anfang der 1990er Jahre die polizeilichen Funktionen des Zolls und der Zollregulierung eindeutig dessen wirtschaftliche und fiskalische Bedeutung dominierten, wurde der russische Zoll in der Folgezeit zu einem der bedeutendsten fiskalischen Organe, dessen Einnahmen zwischen einem Viertel und einem Drittel aller Staatseinnahmen der Russischen Föderation sicherstellen. Es ist offenbar, dass die Regulierung eines für das gesamtstaatliche russische Budget derart sensiblen Bereichs nur vermittels einer ausschließlichen Zuständigkeit der Russischen Föderation im Zollbereich erfolgen kann. Die Verfassung der Russischen Föderation vom Jahre 1993 hat die Fragen der Zollregulierung der ausschließlichen Gesetzgebungskompetenz der Russischen Föderation (Artikel 71 lit. g) zugewiesen.

---

1 Das russische öffentliche Recht ist nicht zum ersten Mal mit dem Problem supranationaler Regulierung konfrontiert. Vor längerer Zeit schon gab es den Versuch einer supranationalen Regulierung der Finanzbeziehungen zwischen Russland und Weißrussland durch die Bildung eines Unionsbudgets. Jedoch hat die russische Rechtswissenschaft diesen Tatbestand nicht gewürdigt.

2 Siehe den Erlass des Präsidenten der RSFSR № 213 „Über die Liberalisierung der Außenwirtschaftstätigkeit auf dem Territorium der RSFSR" (vom 15.11.1991).

Angefangen mit der Bildung des russischen Zolls im Jahre 1991 bis zum Inkrafttreten des Zollkodex der Zollunion im Jahre 2010 verfügte die Russische Föderation über die uneingeschränkte Hoheit in Angelegenheiten der Zollregulierung. Dies wurde im Zollgesetzbuch der Russischen Föderation 1993 und im Zollgesetzbuch der Russischen Föderation 2003 festgeschrieben. Das Inkrafttreten des Zollkodex der Zollunion im Jahr 2010 bedeutet eine neue Entwicklungsetappe der Zollgesetzgebung – den Übergang zu einer Zollregulierung durch die zuständigen Organe der Zollunion. Die „restlichen" Regulierungs- und Rechtssetzungsbefugnisse im Zollbereich bleiben den staatlichen Organen der Russischen Föderation nur nach den Vorgaben der Unionsgesetzgebung und in dem Umfang, der vom Zollkodex der Zollunion vorgesehen ist.

B. Das System der Zollregulierung in der Zollunion

Die Bildung einer Zollunion war noch im Zollgesetzbuch der Russischen Föderation vom Jahre 1993 als Zielperspektive verankert worden. Artikel 4 Zollgesetzbuch legte fest, dass „die Russische Föderation im Interesse der Entwicklung und Stärkung der internationalen Wirtschaftsintegration mit anderen Staaten Zollunionen, Freihandelszonen schafft, Abkommen zu Zollfragen gemäß völkerrechtlichen Bestimmungen schließt". Eine ähnliche Regelung enthielt auch Artikel 5 des Föderalen Gesetzes № 157-FS „Über die staatliche Regulierung der Außenhandelstätigkeit" (vom 13. Oktober 1995). Der Artikel gab die in der weltweiten Praxis allgemein anerkannte Definition der Zollunion sowie den Unterschied zwischen den Begriffen der Zollunion und der Freihandelszone wieder.

Der Zollkodex der Zollunion führt ein zweistufiges Regulierungssystem ein. Die supranationale Regulierung erfolgt durch Institutionen der Zollunion in der Form von Rechtsakten (also der Zollgesetzgebung) der Zollunion. Die nationale Regulierung wird von Organen der Mitgliedstaaten der Zollunion zu dem Anteil, der nicht von der Zollgesetzgebung geregelt ist, verwirklicht.

Der Vorrang der supranationalen Regulierung und dementsprechend der Unionszollgesetzgebung sollte zu einem grundlegenden Prinzip der Rechtsordnung der Zollunion werden. Deshalb legen die Unionsstaaten so viel Wert auf die rechtstechnischen Aspekte der Festlegung eines Vorrangs supranationaler Regulierung.

I. Ergänzung des Zollkodex der Zollunion durch das Protokoll vom 16. April 2010

Der Text des Zollkodex der Zollunion wurde noch vor seinem Inkrafttreten revidiert. Das Protokoll vom 16. April 2010 änderte und ergänzte den

Vertrag über den Zollkodex der Zollunion vom 27. November 2009, insbesondere durch eine „Verstärkung" des Vorrangprinzips der supranationalen Regulierung. Die ursprüngliche Formulierung des Vorrangprinzips der supranationalen Regulierung war nach Meinung der Vertreter der Parteien unklar und enthielt eher einen Hinweis auf dieses Prinzip. Um den supranationalen Akzent im Gesetzestext zu betonen, wurden Änderungen der Artikel 1 und 3 Zollkodex initiiert.

Während der frühere Wortlaut des Artikels 1 besagte, dass sich die Zollregulierung in der Zollunion gemäß der Zollgesetzgebung der Zollunion und im Übrigen gemäß der Gesetzgebung der Mitgliedstaaten der Zollunion verwirklichen soll, so hat diese Norm durch den neuen Wortlaut eine wichtige Ergänzung bekommen. Jetzt ist die nationale Regulierung im Rahmen der Zollunion nur insoweit möglich, als diese Materie nicht auf dem Unionsniveau geregelt ist. Somit wurde die Intention der Vertragsstaaten zum Ausdruck gebracht, dass die Unionsgesetzgebung die wichtigsten Bereiche des Zollwesens umfassen soll. Die nationale Gesetzgebung ist nur solange zulässig, bis entsprechende Rechtsnormen auf dem Unionsniveau geschaffen werden.

Die Änderungen des Artikels 3 präzisierten die territorialen Grenzen der supranationalen Regulierung. Ursprünglich sah der Zollkodex vor, dass die Unionsgesetzgebung im Zollgebiet der Zollunion gilt. Dies verminderte faktisch das Vorrangprinzip der supranationalen Regulierung und hätte dazu führen können, dass der nationale Gesetzgeber eigene nationale Regelungen schaffen durfte, die auch national anzuwenden wären. Anders gesagt, bedeutete der ursprüngliche Wortlaut des Artikel 3 Zollkodex das Vorhandensein von zwei autonomen Regulierungsmechanismen innerhalb der Zollunion ohne eine klare Bestimmung eines zwischen ihnen bestehenden Rangverhältnisses.

In dieser Situation sollte die nationale Regulierung in der Zollunion mit dem supranationalen Gesetzgeber in der Weise „verknüpft" werden, dass letzterer dem Mitgliedstaat Befugnisse zur nationalen Rechtssetzung in Zollfragen überlässt. Zu diesem Zweck wurde Artikel 3 Zollkodex der Zollunion durch das Protokoll vom 16. April 2010 um den folgenden Satz ergänzt: „Wenn sich die Zollregulierung der Zollunion gemäß der Zollgesetzgebung der Zollunion nach der Gesetzgebung des Mitgliedstaates der Union verwirklicht, gilt diese Gesetzgebung im Gebiet des Mitgliedstaates der Zollunion". In dieser neuen Bestimmung spiegelt sich der Grundsatz wider, dass die nationale Regulierung nicht autonom sein kann, sondern von der Zollgesetzgebung der Zollunion abgeleitet ist. In anderen Worten: Nur der supranationale Gesetzgeber kann dem nationalen Gesetzgeber das Recht verleihen, in Zollangelegenheiten normative Rechtsakte, die auf dem Territorium des gegebenen Staates angewandt werden können, zu erlassen.

II. Die Zollgesetzgebung der supranationalen Regulierung

Die supranationale Regulierung vollzieht sich in Form von normativen und individuellen (nichtnormativen) Rechtsakten.

Die normativen Rechtsakte der supranationalen Regulierung – namentlich der Zollkodex der Zollunion, völkerrechtliche Verträge und Abkommen sowie Entscheidungen der Kommission der Zollunion – haben verbindlichen Charakter und sind auf dem gesamten Territorium der Zollunion anzuwenden. Sie bilden die Zollgesetzgebung der Zollunion.

Die Liste der völkerrechtlichen Verträge, welche die rechtliche Basis der Zollunion bilden, wurde im Beschluss des Zwischenstaatlichen Rates № 1 (vom 6. Oktober 2007) bestimmt:

1. Völkerrechtliche Verträge, die innerhalb der EURASEC gelten und vor der Gründung der Zollunion Russlands, Weißrusslands und Kasachstans angenommen wurden (Abkommen über die Zollunion zwischen der Russischen Föderation und der Republik Weißrussland vom 6. Januar 1995, Vertrag über die Zollunion und den Einheitlichen Wirtschaftsraum vom 26. Februar 1999, Vertrag über die Gründung der Eurasischen Wirtschaftsgemeinschaft vom 10. Oktober 2000 etc.).

2. Völkerrechtliche Verträge, die nach der Gründung der Zollunion angenommen wurden und auf die Vollendung von deren rechtlicher Basis gerichtet sind (Vertrag über die Kommission der Zollunion vom 6. Oktober 2007, Abkommen über die einheitliche zolltarifliche Regulierung vom 25. Januar 2005, Abkommen über die einheitlichen Maßnahmen der nichttarifären Regulierung gegenüber Drittstaaten vom 22. Dezember 2008 etc.).[3]

III. Die institutionelle Struktur der supranationalen Regulierung

Die im Zollkodex festgelegte Struktur der Zollgesetzgebung der Zollunion entspricht insgesamt der institutionellen Struktur der supranationalen Regulierung, die aus dem Zwischenstaatlichen Rat und der Kommission der Zollunion besteht. Der Zwischenstaatliche Rat – das oberste Gremium der Zollunion – ist das strategische Leitungsorgan, das über die Bildung und das Funktionieren der Zollunion entscheidet und von dem die wichtigsten Verträge und Abkommen (einschließlich der Gründungsverträge und des Vertrags über den Zollkodex der Zollunion) angenommen werden. Die Kommission der Zollunion ist das ständige Regulierungsorgan, welches die Entscheidungen des Zwischenstaatlichen Rats ausführt.

---

[3] Einige Rechtsakte der Zollgesetzgebung der Zollunion sind noch nicht amtlich veröffentlicht.

1. Der Zwischenstaatliche Rat

Der Zwischenstaatliche Rat *auf der Ebene der Staatsoberhäupter* beschließt über die Basisverträge, welche die Grundlagen der Zollunion festlegen: Den Vertrag über die Bildung des einheitlichen Zollgebiets und die Gründung der Zollunion, den Vertrag über die Kommission der Zollunion (Beschluss N 1 vom 6. Oktober 2007) sowie den Vertrag über den Zollkodex der Zollunion (Beschluss N 17 vom 27. November 2009). Andere wichtige Aspekte der Zollunion werden in Form von Protokollen des Zwischenstaatlichen Rats auf der Ebene der Staatsoberhäupter geregelt (beispielsweise das Protokoll über das Inkrafttreten der völkerrechtlichen Verträge der Zollunion, den Austritt aus und den Beitritt zu diesen; Beschluss N 1 vom 6. Oktober 2007).

Außer in Form dieser genannten Verträge und Protokolle entscheidet der Zwischenstaatliche Rat auf der Ebene der Staatsoberhäupter ebenfalls über die Grundfragen der zolltariflichen und nichttarifären Regulierung der Zollunion. So wurden die Warennomenklatur der Außenwirtschaftstätigkeit der Zollunion, der Einheitliche Zolltarif der Zollunion sowie andere Rechtsakte zur einheitlichen zolltariflichen Regulierung angenommen.[4] Der Zwischenstaatliche Rat auf der Ebene der Staatsoberhäupter bestimmt auch die rechtlichen Grundlagen der nichttarifären Politik der Zollunion, indem er beispielsweise die Anwendung von Verboten und Beschränkungen in der Zollunion bei der Ein- bzw. Ausfuhr einiger Waren regelt.[5]

Die Beschlüsse des Zwischenstaatlichen Rats auf der Ebene der Staatsoberhäupter können Bestimmungen über das Inkrafttreten der Völkerverträge, die Übertragung der Befugnisse zur supranationalen Regulierung an die Kommission, operationelle Regeln sowie Bestimmungen über Vergünstigungen und Ausnahmen aus der einheitlichen Zoll- und Außenhandelsregulierung enthalten.

Der Zwischenstaatliche Rat *auf der Ebene der Ministerpräsidenten* entscheidet in der Form von Beschlüssen und Protokollen über einzelne Aspekte der Unionsregulierung, insbesondere über Zollanmeldeverfahren, Verfahren der Zollabfertigung und Zollkontrolle in den Mitgliedstaaten der Zollunion, das einheitliche System der tarifären Präferenzen u.a.

2. Die Kommission

Der Artikel 1 des Vertrages über die Kommission der Zollunion definiert die Kommission als das ständige Regulierungsorgan der Zollunion und nennt als eines der Prinzipien ihrer Tätigkeit die freiwillige stufenweise Übertragung partieller Befugnisse von Staatsorganen der Mitgliedstaaten auf die Kom-

---

4 Beschluss des Zwischenstaatlichen Rates N 18 vom 27. November 2009.
5 Beschluss des Zwischenstaatlichen Rates N 19 vom 27. November 2009.

mission. Der rechtliche Status der Kommission wird durch die Bevollmächtigung gemäß Verträgen und Abkommen der Mitgliedstaaten der Zollunion sowie Entscheidungen des Zwischenstaatlichen Rats gestaltet. Die Kommission besteht aus je einem Vertreter des jeweiligen Mitgliedstaates, der als stellvertretender Ministerpräsident bzw. Regierungsmitglied in seinem Staat tätig ist. Die Kommission wird vom Zwischenstaatlichen Rat ernannt; der Vorsitz wechselt zwischen den Mitgliedstaaten.

Die Kommission ist beauftragt, die Beschlüsse des Zwischenstaatlichen Rats durchzuführen sowie im Rahmen ihrer Kompetenz die Realisierung der völkerrechtlichen Verträge der Zollunion sicherzustellen. Sie überwacht die Durchführung der Völkerverträge zur Bildung der Zollunion und ist parallel der Depositar von solchen Völkerverträgen. Bei der Realisierung ihrer Befugnisse richtet sich die Kommission nach dem Prinzip des gegenseitigen Vorteils und der Berücksichtigung der nationalen Interessen (Artikel 2 des Vertrags über die Kommission der Zollunion) und kann Empfehlungen sowie verbindliche Entscheidungen erlassen.

Für die Analyse des Verhältnisses zwischen der supranationalen und der nationalen Regulierungsebene ist das Entscheidungsverfahren der Kommission von großer Bedeutung. Dieses Verfahren wird durch den Vertrag über die Kommission sowie von den Verfahrensregeln der Kommission ausgestaltet.[6]

Bei der Abstimmung haben die Mitglieder der Kommission aus Weißrussland und Kasachstan je 21,5 Stimmen; der Vertreter Russlands hat 57 Stimmen; verbindliche Entscheidungen werden mit 2/3-Mehrheit bzw. mit einfacher Mehrheit beschlossen.[7] Die Entscheidung der Kommission gilt nur dann als angenommen, wenn es keine Gegenstimmen gibt und der betroffene Mitgliedstaat sich nicht dahingehend äußert, dass die Frage dem Zwischenstaatlichen Rat vorgelegt werden muss. Eine Gegenstimme blockiert die Entscheidungen der Kommission, und die Frage *muss* vom Zwischenstaatlichen Rat auf der Ebene der Staatsoberhäupter im Konsens entschieden werden. Ist in der Kommission die erforderliche Stimmenzahl nicht erreicht worden, *kann* die Frage dem Zwischenstaatlichen Rat auf der Ebene der Staatsoberhäupter vorgelegt werden.

Alle diese Verfahrensregeln dienen als zusätzliche rechtliche Absicherungen den nationalen Interessen des jeweiligen Mitgliedstaates, der seine Kompetenzen im Bereich der Zoll- und Außenhandelsregulierung auf die supranationalen Institutionen der Zollunion übertragen hat.

---

6 Beschluss des Zwischenstaatlichen Rates N 5 vom 12. Dezember 2008.
7 In einigen von den Völkerverträgen vorgesehenen Fällen entscheidet die Kommission nicht mit 2/3-Mehrheit, sondern im Konsens. Die Kommission entscheidet im Konsens oder mit der qualifizierten Mehrheit nur in Bezug auf Fragen der Zoll- und Außenhandelsregulierung; Tagesfragen werden mit der einfachen Mehrheit beschlossen.

Der Entscheidungsmechanismus in der Zollunion setzt die Schaffung eines Apparates voraus, der Vorbereitungs-, Informations- und Organisationsaufgaben übernimmt. Der Kern des Apparats der Zollunion ist das Sekretariat der Kommission, das gemäß Artikel 11 Vertrag über die Kommission geschaffen wurde und das „das Arbeitsorgan der Kommission" ist. Die rechtliche Grundlage für seine Tätigkeit ist das Abkommen über das Sekretariat der Kommission der Zollunion vom 12. Dezember 2008.

Der Zwischenstaatliche Rat kann die Kommission beauftragen, spezielle Arbeitsorgane und Arbeitsgruppen für einzelne Fragen der Zollgesetzgebung zu schaffen, die sich aus bevollmächtigten Vertretern der Mitgliedstaaten zusammensetzen. Ein solches Organ ist beispielsweise das Komitee für die Regulierung des Außenhandels, dessen Hauptaufgabe die Koordinierung der Auffassungen der Mitgliedsstaaten zu der Einleitung, Anwendung, Änderung oder Aussetzung von Außenhandelsmaßnahmen gegenüber Nicht-Mitgliedstaaten ist.

C. Schwierigkeiten der supranationalen Regulierung in der Zollunion

Die ersten Ergebnisse, die im Entstehungsprozess der Zollunion und der einheitlichen Zollgesetzgebung erreicht wurden, lassen schon jetzt einige Engpässe sichtbar werden, welche die weitere Entwicklung der rechtlichen Grundlagen der Zollunion erschweren dürften.

1. Die Unionsstaaten haben bei der Schaffung der einheitlichen Zollgesetzgebung und der supranationalen Regulierung die Annäherung an die allgemein anerkannten Bestimmungen und Grundsätzen des internationalen Zollrechtes sowie die dementsprechende Angleichung der Zollgesetzgebung der Zollunion weder zu einer Priorität noch zu einem Prinzip ihrer Zollpolitik erklärt. Die Situation wird meines Erachtens auch dadurch verschärft, dass sich nicht alle Mitgliedstaaten auf die grundlegenden völkerrechtlichen Grundlagen (z.B. die Kyoto-Konvention) verpflichtet haben.

Zum Vergleich kann darauf hingewiesen werden, dass eine entsprechende Bestimmung im Artikel 2 Zollgesetzbuch 1993 verankert war. Sowohl der Zollkodex der Russischen Föderation vom Jahre 1993 als auch der Zollkodex der Russischen Föderation des Jahres 2003 stellten fest, dass „das Zollwesen in der Russischen Föderation sich in Richtung einer Harmonisierung und Vereinheitlichung mit den allgemein anerkannten internationalen Normen und der Praxis entwickelt". Es erscheint sinnvoll, eine ähnliche Regelung in die Unionsgesetzgebung einzuführen, um die Integrationsentwicklung eines neuen Subjekts des internationalen Zollrechts – der Zollunion Russlands, Weißrusslands und Kasachstans – rechtlich sicherzustellen. Zudem würde eine solche Regelung den Mitgliedstaaten ermöglichen, Kollisionen und Lücken in der gemeinsamen Gesetzgebung mit Hilfe von internationalen Standards und Regeln aufzulösen.

2. Die rechtliche Grundlage der Zollunion ist ihre einheitliche Zollgesetzgebung. Jedoch ist es schon jetzt klar, dass die supranationale Regulierung in der Zollunion Gegenstände anderer Rechtsbereiche – Außenhandels-, Devisen-, Finanzverfassungs-, Steuerrecht – betrifft. Zahlreiche Unionsregelungen sind nicht mit den entsprechenden Bestimmungen der nationalen Gesetzgebung verknüpft. Dies hat in der Praxis Konflikte der Regelungen verschiedener Gesetzgebungsbereiche zur Folge.

3. Eines der schärfsten Probleme angesichts der Entwicklung der Zollgesetzgebung der Zollunion stellt die Notwendigkeit ihrer Systematisierung dar. Obwohl die Zollunion relativ neu ist, „wuchert" das Unionsrecht ungestüm. Das Bedürfnis nach Systematisierung der Gesetzgebung ist eigentlich in der dreistufigen Struktur der Zollgesetzgebung – Kodex, Verträge, Entscheidungen der Kommission – angelegt. Dazu kommt in der Praxis auch die vierte Ebene, nämlich die Bestimmungen der nationalen Zollgesetzgebung, deren Anwendung der Unionszollgesetzgebung nicht widersprechen darf. Heutzutage muss man sich an Anweisungen, Briefe, Instruktionen u.ä. halten, um die einschlägige Norm zu ermitteln. Diese Situation mindert den Wert der Zollgesetzgebung und bringt uns geradewegs zu den Zeiten zurück, als die Zollverhältnisse vorzugsweise durch Instruktionen und Briefe und nicht durch Gesetzbücher und Normen reguliert wurden.

4. Die Bildung der Zollgesetzgebung der Zollunion erfolgt so schnell, dass nicht nur der Gesetzgeber der Unionsstaaten, sondern auch die Wissenschaft nicht dazukommt, auf „die forcierte Zollintegration" zu reagieren. Wesentliche, manchmal radikale Veränderungen im positiven Zollrecht und Grenzbereichen bleiben ohne adäquate Einschätzung seitens der Rechtswissenschaft.[8] Dies wird sich aller Wahrscheinlichkeit nach negativ auf die Rechtsanwendungspraxis auswirken.

5. Mit dem Inkrafttreten des Zollkodex der Zollunion sind die rechtlichen und institutionellen Grundlagen der Zollunion noch nicht vollständig gelegt. Dies hat auch negative Folgen für die Effizienz der Regulierung in der Zollunion.

Im Entwicklungsstadium befindet sich der Status des Gerichtshofes der Zollunion; Dutzende von neuen normativen Rechtsakten werden entwickelt.

---

8 Geschweige denn, dass die Rechtswissenschaft aktiver in den Zollgesetzgebungsprozess eingezogen werden soll.

Die Anerkennung einer Zollunion im GATT

Prof. Dr. Christoph Herrmann, LL.M.
European Law (London),
*Wirtschaftsjurist (Univ. Bayreuth), Passau**

A. Einführung

Ungeachtet ihres übereinstimmendes Zieles der Förderung des grenzüberschreitenden Handels durch den Abbau von Zöllen und zollgleichen oder ähnlichen Abgaben besteht zwischen Zollunionen und dem Allgemeinen Zoll- und Handelsabkommen (GATT) der Welthandelsorganisation (WTO) ein per se unauflösbares Spannungsverhältnis. Während das GATT auf dem Prinzip der Meistbegünstigung aufbaut, welches – sogar noch vor der Bindung auf die vereinbarten Höchstzollsätze – in Art. I des GATT prominent niedergelegt ist, liegt der Sinn einer Zollunion gerade in dem in ihrem Rahmen vereinbarten Zollabbau unter ihren Mitgliedern unter Aufrechterhaltung von Einfuhrzöllen im Verhältnis zu Drittstaaten.[1] Das GATT entscheidet sich in diesem Fundamentalkonflikt weder kategorisch für das Meistbegünstigungsprinzip und verbietet Zollunionen, noch gibt es die Meistbegünstigung durch eine unbedingte Gestattung von Zollunion unter den WTO-Mitgliedern generell preis. Vielmehr liegt den einschlägigen Vorschriften des GATT, namentlich Art. XXIV, eine ausgeprägte „sowohl-als-auch"-Haltung mit einem typisch juristischen „es-kommt-darauf-an"-Tenor zu Grunde. Das GATT verbietet Zollunionen seiner Mitglieder nicht, bemüht sich allerdings darum, durch die Aufstellung von Bedingungen für ihre Zulässigkeit ihre potentiell schädlichen Wirkungen auf den Handel zu begrenzen. Auf diese Weise soll sichergestellt werden, dass der handelsfördernde Effekt von Zollunionen deren ebenfalls möglichen handelsverzerrenden Effekt überwiegt und damit die globale Wohlfahrt insgesamt gemehrt wird.[2] Die Kompliziertheit der Vor-

---

* Der Verfasser ist Inhaber des Lehrstuhls für Staats- und Verwaltungsrecht, Europarecht, Europäisches und Internationales Wirtschaftsrecht an der Universität Passau. Ich danke meiner Wiss. Assistentin, Frau Assessorin Barbara Nastoll, für die Unterstützung bei der Erstellung des Fußnotenapparates auf Grundlage der Vortragsfassung dieses Beitrags.

1 Statt vieler: *Jackson*, World Trade and the Law of GATT, 1969, S. 567; *Herrmann/Weiß/Ohler*, Welthandelsrecht, 2. Aufl. 2007, Rn. 604; Steinberger, GATT und regionale Wirtschaftszusammenschlüsse, in: Beiträge zum ausländischen öffentlichen Recht und Völkerrecht, Band 41, 1963, S. 22 ff.

2 So auch *Jackson*, World Trade and the Law of GATT, 1969, S. 581; *Niedrist*, Präferenzabkommen im Europarecht und im Welthandelsrecht, 2009, S. 47; für eine zusammenfassende Wohlfahrtsanalyse siehe *Krishna*, The economics of PTAs, in: Lester/Mercurio (Hrsg.), Bilateral and Regional Trade Agreements, 2009, S. 11 ff.

schriften im Detail macht die Beurteilung der GATT-Konformität allerdings zu einer überaus schwierigen Angelegenheit.

B. Zollunionen als tatsächliches Phänomen innerhalb der WTO

Das Spannungsverhältnis zwischen Zollunionen und dem auf dem Grundsatz der Meistbegünstigung basierenden WTO-System bildet einen Ausschnitt aus dem größeren Themenkomplex „Regionalismus versus Multilateralismus", der durch den zähen „Fortgang" der Doha-Runde und die immer weiter wachsende Zahl regionaler Handelsabkommen (RTAs) stetig an Bedeutung und Komplexität gewinnt.[3]

Zollunionen stehen innerhalb der WTO allerdings nur für einen sehr kleinen Teilausschnitt dieses Problemfeldes. Nach den in der Datenbank der WTO zu regionalen Integrationsabkommen hinterlegten Zahlen sind derzeit weltweit lediglich 15 Zollunionen in Kraft,[4] von denen eine die Europäische Union ist sowie drei weitere (mit Andorra, San Marino und der Türkei) einen Teil des europäischen Integrationsprozesses bilden. Historisch dem GATT vorausgehende Zollunionen – insbesondere zwischen benachbarten Staaten wie z.B. der Schweiz und Liechtenstein – sowie solche zwischen Nicht-WTO-Mitgliedern werden von diesen Daten allerdings nicht erfasst, so dass davon ausgegangen werden muss, dass die Zahl tatsächlich zwar nicht wesentlich, aber doch höher ist. Insgesamt waren der WTO am 15. Oktober 2009 266 in Kraft befindliche regionale Integrationsabkommen bekannt, davon 162 Abkommen, die dem GATT unterfielen, d.h. Warenhandelsabkommen.[5] Notifiziert waren der WTO zu diesem Zeitpunkt bereits 457 Abkommen.[6] Dabei ist allerdings zu berücksichtigen, dass diese Zahlen nicht zwischen Neugründungen und Erweiterungen bestehender Abkommen differenzieren und auch nicht nach der Zahl der jeweils beteiligten Länder unterscheiden. Unter Berücksichtigung dieser Einschränkungen folgt aus dem vorhandenen Zahlenmaterial, dass Zollunionen etwa nur ein Zehntel der zwischen entwickelten Staaten abgeschlossenen Abkommen über den Warenhandel darstellen[7] und

---

3 *Fiorentino/Crawford/Toqueboeuf*, The landscape of regional trade agreements, in: Baldwin/Low (Hrsg.), Multilateralizing Regionalism, S. 54 ff.; *Herrmann/Weiß/Ohler*, Welthandelsrecht, 2. Aufl. 2007, Rn. 606.
4 WTO, Regional Trade Agreements Gateway, RTA Database, http://rtais.wto.org/UI/public-PreDefRepByRTAType.aspx.
5 Report (2009) of the Committee on Regional Trade Agreements to the General Council, WT/REG/20, S. 1.
6 Report (2009) of the Committee on Regional Trade Agreements to the General Council, WT/REG/20, S. 1.
7 So auch die Angaben der WTO, Regional Trade Agreements Gateway, http://www.wto.org/english/tratop_e/region_e/region_e.htm.

selbst von Dienstleistungshandelsabkommen zahlenmäßig weit überragt werden. Die Bedeutung nimmt, berücksichtigt man auch die Zahl der noch nicht in Kraft befindlichen Abkommen, sogar weiter ab.

Regional finden sich Zollunionen vorrangig in Europa, in Zentral- und Südamerika, in Zentral- und Südafrika sowie auf der arabischen Halbinsel.[8] Der asiatische Raum hinkt hier ebenso wie Nordamerika oder die MENA-Region deutlich hinterher.

C. Historische Entwicklung der Vorschriften über Zollunionen im GATT

I. Entstehung des Art. XXIV GATT

Entgegen der heute praktisch deutlich nachrangigen Bedeutung von Zollunionen stand eine Ausnahme für diese am Anfang der Verhandlungsgeschichte des heutigen Art. XXIV GATT. So enthielt bereits der Vorschlag der Vereinigten Staaten von Amerika vom Herbst 1945, durch den der Anstoß zu den Verhandlungen über die spätere Havanna-Charta gegeben wurde, die Überlegung, dass ein Mitglied der geplanten Welthandelsorganisation ungeachtet des Nichtdiskriminierungsziels einer Zollunion beitreten können sollte, sofern diese bestimmte, noch festzulegende Voraussetzungen einhielt.[9] Die weiteren Verhandlungen modifizierten und ergänzten diese Vorschläge in mehrfacher Hinsicht, z.B. durch die Möglichkeit der schrittweisen Einführung einer Zollunion. Erst auf der Havanna-Konferenz selbst wurde die Ausnahmeregelung um die Möglichkeit von Freihandelszonen erweitert und den Regelungen die nun in Art. XXIV:4 GATT zu findende Grundsatzbestimmung vorangestellt.[10] Diese Änderungen an der Havanna-Charta wurden auf der ersten Tagung der Vertragsparteien des GATT im März 1948 durch ein Änderungsprotokoll in Art. XXIV:4-10 GATT übernommen.

II. Weiterentwicklung des Art. XXIV GATT

Der Text des Art. XXIV GATT wurde in der weiteren Geschichte des GATT, sieht man von der frühen Änderung durch das soeben erwähnte Protokoll ab,

---

8 Vgl. auch *Fiorentino/Crawford/Toqueboeuf*, The landscape of regional trade agreements, in: Baldwin/Low (Hrsg.), Multilateralizing Regionalism, S. 44 ff.
9 *Jackson*, World Trade and the Law of GATT, 1969, S. 576 f.; *Steinberger*, GATT und regionale Wirtschaftszusammenschlüsse, in: Beiträge zum ausländischen öffentlichen Recht und Völkerrecht, Band 41, 1963, S. 94 ff.
10 *Jackson*, World Trade and the Law of GATT, 1969, S. 577 ff.; *Steinberger*, GATT und regionale Wirtschaftszusammenschlüsse, in: Beiträge zum ausländischen öffentlichen Recht und Völkerrecht, Band 41, 1963, S. 94 ff.

nur im Rahmen der Revisionskonferenz von 1955 in zwei unwesentlichen Punkten terminologisch geringfügig abgewandelt,[11] blieb im Übrigen aber erhalten und wurde unverändert in das GATT 1994 übernommen.

III. Ergänzung durch die Uruguay-Runde

Die Uruguay-Runde brachte jedoch eine erhebliche materiellrechtliche Ergänzung des Art. XXIV GATT in Form der *Vereinbarung zur Auslegung des Artikels XXIV des Allgemeinen Zoll- und Handelsabkommens vom 15. April 1999*[12] mit sich. Die Vereinbarung bildet nach Ziff. 1 c) iv) des Einführenden Texts einen integralen Bestandteil des GATT 1994 und füllt die Unklarheiten des Normtextes des Art. XXIV GATT teilweise erheblich auf.

IV. Transparenzmechanismus 2006

Die im November 2001 eingeleitete Doha-Verhandlungsrunde der WTO erhielt durch Ziff. 29 der Doha-Ministererklärung[13] auch ein Mandat für Verhandlungen, die auf die Klärung und Verbesserung der Verpflichtungen und der Verfahren unter den bestehenden WTO-Regeln über regionale Handelsabkommen gerichtet sein sollten. Als Ergebnis dieser Verhandlungen nahm der Allgemeine Rat der WTO am 14. Dezember 2006 einen Transparenzmechanismus für Regionale Handelsabkommen an,[14] der ungeachtet des Fortlaufens der Doha-Runde bereits provisorisch angewendet wird. Auf dieser Grundlage wurden zwischen 2006 und September 2009 immerhin bereits 67 Abkommen analysiert.[15] Der Transparenzmechanismus stellt allerdings allein ein zusätzliches verfahrensrechtliches Element dar, durch das die Transparenz der vielfältigen Abkommensbeteiligungen der WTO-Mitglieder und deren jeweiliger Inhalte erhöht werden soll. Materiellrechtlich hat der Mechanismus keine Relevanz. Auch die vom WTO-Generalsekretariat vorbereitete „Factual Presentation" eines RTAs kann nicht als Beweismittel in der WTO-Streitbeilegung genutzt werden.[16]

---

11 *Jackson*, World Trade and the Law of GATT, 1969, S. 578.; *Steinberger*, GATT und regionale Wirtschaftszusammenschlüsse, in: Beiträge zum ausländischen öffentlichen Recht und Völkerrecht, Band 41, 1963, S. 97.
12 ABl. 1994 L 336/16.
13 WTO, Ministerial Declaration adopted on 14 November 2001, WT/MIN(01)/DEC1.
14 WTO, Transparency Mechanism for Regional Trade Agreements, WT/L/671.
15 Report (2009) of the Committee on Regional Trade Agreements to the General Council, WT/REG/20, S. 1.
16 WTO, Transparency Mechanism for Regional Trade Agreements, WT/L/671, Ziff. 10; s.a. *Herrmann*, Bilaterale und regionale Handelsabkommen als Herausforderung des multilateralen Handelssystems (WTO), in: Ehlers/Wolffgang/Schröder (Hrsg.), Rechtsfragen internationaler Investitionen, 2009, S. 228.

D. Systematischer Überblick über die GATT-Vorschriften für Zollunionen

Für die Beurteilung der WTO-rechtlichen Zulässigkeit von Zollunionen sind die Vorschriften des Art. XXIV GATT, namentlich dessen Absätze 4 bis 8 sowie die diese ergänzenden Bestimmungen der Vereinbarung von 1994 sowie des Transparenzmechanismus 2006 maßgeblich. Art. XXIV:4 GATT enthält eine generelle rechtspolitische Aussage des GATT dahingehend, dass die WTO-Mitglieder anerkennen,

„dass es wünschenswert ist, durch freiwillige Vereinbarungen zur Förderung der wirtschaftlichen Integration der teilnehmenden Länder eine größere Freiheit des Handels herbeizuführen".

Das GATT weist damit also keine generell ablehnende Haltung gegenüber regionalen Integrationsabkommen auf, sondern erklärt diese sogar vielmehr für wünschenswert. Nach Satz 2 des Absatzes soll der Zweck von Zollunionen (und Freihandelsabkommen) sein, den Handel zwischen den Teilnehmern zu erleichtern, jedoch nicht, dem Handel mit anderen Vertragsparteien Schranken zu setzen. Die Präambel der Vereinbarung von 1994 wiederholt diese Zielsetzung. Art. XXIV:4 GATT beinhaltet damit selbst keine operativen Bestimmungen und legt selbst nicht die Zulässigkeit von Zollunionen fest. Der rechtspolitische Gehalt der Regelung ist bei der Auslegung der folgenden Absätze des Art. XXIV GATT jedoch zu berücksichtigen. Desgleichen ist die Vereinbarung von 1994 bei der Auslegung dieser Bestimmungen zu berücksichtigen.[17]

Ausweislich Art. XXIV:5 Chapeau GATT schließt das GATT nicht aus, dass sich WTO-Mitglieder zu Zollunionen zusammenschließen, sofern diese die in Buchstabe a des Absatzes genannten Voraussetzungen hinsichtlich des externen Handelsregimes einer Zollunion erfüllen. Zusätzlich muss eine Zollunion allerdings auch den in Art. XXIV:8 a) GATT genannten internen und externen Voraussetzungen entsprechen, um von der Ausnahmeregelung des Art. XXIV:5 GATT profitieren zu können. Eine Zollunion, die die in Abs. 8 enthaltene Legaldefinition verfehlt, unterfällt bereits nicht Abs. 5, so dass eine Rechtfertigung etwaiger Verstöße gegen das Meistbegünstigungsprinzip ausscheidet. Art. XXIV:7 und Art. XXIV:6 GATT treffen verfahrensrechtliche Regeln mit eingeschränkten materiellrechtlichen Konsequenzen. Nach Abs. 7 sind die WTO-Mitglieder generell zur Notifizierung ihrer Integrationsabkommen verpflichtet, nach Abs. 6 folgt aus etwaigen Erhöhungen

---

17 *Herrmann/Weiß/Ohler*, Welthandelsrecht, 2. Aufl. 2007, Rn. 610; *Mitchell/Lockhart*, Legal Requirements for PTAs under the WTO, in: Lester/Mercurio (Hrsg.) Bilateral and Regional Trade Agreements, 2009, S. 83 ff.; für diese Interpretation von Art. XXIV:4 GATT auch schon *Jackson*, World Trade and the Law of GATT, 1969, S. 599 ff.

von Zollsätzen im Rahmen der Errichtung oder Erweiterung einer Zollunion die Verpflichtung der betreffenden WTO-Mitglieder, über kompensatorische Zollsenkungen zu verhandeln.

E. Die materiellrechtlichen Anerkennungsvoraussetzungen im Einzelnen

I. Internes Kriterium

Das von einer Zollunion zu erfüllende interne Kriterium ergibt sich aus der in Art. XXIV:8 a) GATT enthaltenen Definition einer GATT-konformen Zollunion. Danach meint der GATT-Begriff der Zollunion nur solche Abkommen, durch die zwei oder mehr Zollgebiete durch ein einziges Zollgebiet ersetzt werden,

„wobei zwischen diesen Gebieten die Zölle und beschränkenden Handelsvorschriften […] für annähernd den gesamten Handel oder wenigstens für annähernd den gesamten Handel mit den aus den teilnehmenden Gebieten der Union stammenden Waren beseitigt werden".

Problematisch ist hierbei vor allem, was unter dem Begriff „annähernd den gesamten Handel" zu verstehen ist. Rechtspolitisch dient dieses Tatbestandsmerkmal dazu, selektiv auf einzelne Waren oder wenige Warengruppen beschränkte Präferenzabkommen zwischen WTO-Mitglieder zu unterbinden, da solche selektiven Abkommen das Meistbegünstigungsprinzip zur Bedeutungslosigkeit verurteilen würden.[18] Jenseits dieser einfachen Schlussfolgerung ist die zutreffende Interpretation unklar. Im Mittelpunkt des Streits steht dabei zunächst die Frage, ob eine rein quantitative Herangehensweise genügt, und wie diese gegebenenfalls aussehen könnte, oder ob der Begriff „annähernd den gesamten Handel" auch qualitative Elemente aufweist, was insbesondere bedeuten würden, dass nicht ein einzelner Sektor des Warenhandels – häufig der Handel mit landwirtschaftlichen Erzeugnissen – gänzlich von der Liberalisierung ausgenommen sein dürfte.[19] Der Appellate Body führte in dem Verfahren *Türkei – Textilien*[20] aus, es handele sich bei der Re-

---

18 *Herrmann/Weiß/Ohler*, Welthandelsrecht, 2. Aufl. 2007, Rn. 612; so auch *Mitchell/Lockhart*, Legal Requirements for PTAs under the WTO, in: Lester/Mercurio (Hrsg.) Bilateral and Regional Trade Agreements, 2009, S. 93 ff.

19 *Mitchell/Lockhart*, Legal Requirements for PTAs under the WTO, in: Lester/Mercurio (Hrsg.) Bilateral and Regional Trade Agreements, 2009, S. 93 ff.; zu den Auslegungsschwierigkeiten in diesem Zusammenhang auch schon *Jackson*, World Trade and the Law of GATT, 1969, S. 607 ff. sowie *Niedrist*, Präferenzabkommen im Europarecht und im Welthandelsrecht, 2009, S. 210 ff.

20 Appellate Body, *Turkey – Restrictions on Imports of Textile and Clothing Products*, WT/DS34/AB/R, Rn. 48.

gelung des Art. XXIV:8 a) i) GATT um eine Flexibilitätsvorschrift, die eine Anpassung des Abkommens an die jeweiligen Verhältnisse ermögliche. Der Begriff sei daher einzelfallbezogen aufzufüllen. Zwar müsste nicht der gesamte Handel, aber doch jedenfalls signifikant mehr als lediglich ein Teil des Handels liberalisiert werden. Hierbei seien sowohl quantitative wie qualitative Aspekte maßgeblich.

Für den so bestimmten „annähernd gesamten Handel" müssen nicht nur die Zölle, sondern auch alle sonstigen beschränkenden Handelsregelungen beseitigt werden. Was genau unter diesen „beschränkenden Handelsvorschriften" im Einzelnen zu verstehen ist, ist in der WTO-Judikatur nicht geklärt. Jedenfalls die in einer Klammer für ausnahmsweise zulässig erklärten Regelungen, insbesondere mengenmäßige Beschränkungen, erfüllen unzweifelhaft dieses Merkmal und müssen daher ebenfalls für annähernd den gesamten Handel beseitigt werden. Hingegen ist es nicht überzeugend, anzunehmen, dass sämtliche Einfuhrformalitäten, Gesundheitskontrollen oder handelspolitische Schutzinstrumente ebenfalls abgeschafft werden müssten. In dieser Hinsicht bestehen jedoch erhebliche Meinungsunterschiede und diverse Auffassungen darüber, welche Arten von beschränkenden Handelsvorschriften noch angewendet werden dürfen oder sogar angewendet werden müssen.[21]

II. Externes Kriterium

Hinsichtlich des Handelsregimes gegenüber Drittstaaten ergeben sich die externen Kriterien für die Zulässigkeit einer Zollunion aus einer Zusammenschau von Art. XXIV:8 a) ii) und Art. XXIV:5 a) GATT. Danach müssen die Zollunionsteilnehmer

„im Handel mit nicht teilnehmenden Gebieten im Wesentlichen dieselben Zölle und Handelsvorschriften anwenden"

und diese dürfen gemäß Abs. 5 a)

„in ihrer Gesamtheit nicht höher oder einschränkender [sein] als die allgemeine Belastung durch die Zölle und Handelsvorschriften, die in den teilnehmenden Gebieten vor der Bildung der Zollunion bestand".

Zunächst folgt hieraus, dass eine Zollunion nicht über einen einheitlichen Zolltarif verfügen muss, dass aber im Wesentlichen dieselben Zollsätze zur Anwendung kommen müssen. Für die Europäische Union gelten darüber hinaus infolge ihrer eigenen Mitgliedschaft in der WTO auf Grundlage des Art. X:3 a) GATT besonders strenge Anforderungen zur „einheitlichen An-

---

21 Vgl. *Mitchell/Lockhart*, Legal Requirements for PTAs under the WTO, in: Lester/Mercurio (Hrsg.) Bilateral and Regional Trade Agreements, 2009, S. 96 ff.; *Niedrist*, Präferenzabkommen im Europarecht und im Welthandelsrecht, 2009, S. 220 ff.

wendung ihrer Gesetze", wie die WTO-Streitbeilegungsorgane in dem Verfahren *EG-Ausgewählte Zollfragen*[22] festgehalten haben.

Die Beurteilung, ob die durch die Teilnehmer einer Zollunion angewendeten Zölle und sonstigen Handelsvorschriften in ihrer Gesamtheit höher oder einschränkender sind als vor der Errichtung der Zollunion, stellt eine höchst komplexe Tatsachenfrage dar, die bereits für Zölle überaus schwierig zu beantworten ist. Die Vereinbarung von 1994 legt in ihrer Ziffer 2 insoweit fest, dass eine Gesamtbewertung der gewogenen durchschnittlichen Zollsätze und der tatsächlich erhobenen Zölle auf der Grundlage von Einfuhrstatistiken für einen repräsentativen Zeitraum stattfindet. Diese Statistiken sind von der Zollunion aufgefächert nach Tariflinien und WTO-Ursprungsländern vorzulegen. Die eigentliche Berechnung wird dann durch das WTO-Sekretariat durchgeführt, wobei die im Rahmen der Uruguay-Runde für die Bewertung der zolltariflichen Angebote genutzte Methode zur Anwendung kommt. Für andere Handelsregelungen als Zölle wird auf die Notwendigkeit einer Einzelfallprüfung verwiesen.

III. Interimsabkommen

Eine Zollunion kann aus praktischen Gründen kaum innerhalb einer logischen juristischen Sekunde eingeführt werden. Vielmehr bedürfen die Wirtschaftsteilnehmer regelmäßig einer Anpassungsphase, die umso länger ausfällt, je höher die abzubauenden Handelsschranken sind. Das GATT lässt hierzu Interimsabkommen ausdrücklich zu. Allerdings gelten *mutatis mutandis* für diese ebenfalls die Anforderungen des Art. XXIV:5 a GATT an das externe Handelsregime der Zollunion. Das Interimsabkommen muss zudem einen Plan und ein Programm für die Errichtung der Zollunion beinhalten und im Regelfall binnen eines Zeitraums von zehn Jahren die Zollunion vollumfänglich erreichen.

F. Die formellen „Voraussetzungen" der Anerkennung: das Notifizierungsverfahren für Zollunionen und die „Prüfung" im Committee on Regional Trade Agreements (CRTA)

Einer der wesentlichen Nachteile aus der weltweiten Verbreitung von regionalen Handelsabkommen liegt in der durch diese bewirkten Unübersichtlichkeit der Handelsbeziehungen zwischen den Mitgliedern.[23] So hängen sowohl

---

22 Panel, *European Communities – Selected Customs Matters*, WT/DS315/R; Appellate Body, *European Communities – Selected Customs Matters*, WT/DS315/AB/R.
23 Vgl. den Überblick von *Fiorentino/Crawford/Toqueboeuf*, The landscape of regional trade agreements, in: Baldwin/Low (Hrsg.), Multilateralizing Regionalism, S. 28 ff.

die Beurteilung von Marktzutrittschancen als auch Investitionsvorhaben in anderen Ländern maßgeblich von den von diesem jeweils abgeschlossenen oder beabsichtigten Freihandels- oder Zollunionsabkommen ab. Das WTO-Recht reagiert auf dieses Problem hinsichtlich regionaler Handelsabkommen im Einklang mit dem auch sonst geltenden Transparenzprinzip. So verlangt Art. XXIV:7 a) GATT jedem WTO-Mitglied, das beschließt, einer Zollunion beizutreten, ab, dies unverzüglich der WTO zu notifizieren. Durch den Transparenzmechanismus von 2006 wurde diese Notifizierungspflicht im Hinblick auf den maßgeblichen Zeitpunkt präzisiert. Danach sollen die WTO-Mitglieder im Rahmen einer frühzeitigen Bekanntmachung möglichst bereits die Aufnahme von Verhandlungen anzeigen, die auf den Abschluss eines Abkommens gerichtet sind. Die eigentliche Notifizierung soll „so früh wie möglich", d.h. im Regelfall unmittelbar nach der völkerrechtlichen Ratifizierung und in jedem Fall vor der eigentlichen Anwendung des Abkommens erfolgen.[24]

Auf die Notifikation hin werden die Zollunion bzw. das Interimsabkommen auf die Vereinbarkeit mit den Bestimmungen des Art. XXIV GATT sowie der Vereinbarung vom 1996 gegründeten Committee on Regional Trade Agreements (CRTA) überprüft. Der Transparenzmechanismus benennt als Regelzeitraum für diese Überprüfung eine Frist von einem Jahr. Während dieser wird seit 2006 vom WTO-Sekretariat eine Beschreibung des Abkommens (Factual Presentation) erarbeitet, die dem CRTA die Überprüfung erleichtern soll. Auf dem Papier kommt dem CRTA die Befugnis zu, Vorschläge für Empfehlungen an die Mitglieder einer Zollunion zu unterbreiten, um die Vereinbarkeit der Zollunion oder des Interimsabkommens mit den einschlägigen Bestimmungen sicherzustellen. Das im CRTA zur Anwendung kommende Consensus-Verfahren hat in der Vergangenheit jedoch dazu geführt, dass das CRTA noch in keinem Fall zu einer einvernehmlichen Bewertung eines Abkommens – weder positiv noch negativ – gekommen ist.[25] Auch aus der Zeit vor Gründung der WTO werden nur zwei Fälle berichtet, in denen die GATT-Vertragsparteien ein Abkommen für GATT-konform erachteten.[26]

---

24 Vgl. hierzu auch *Herrmann*, Bilaterale und regionale Handelsabkommen als Herausforderung des multilateralen Handelssystems (WTO), in: Ehlers/Wolffgang/Schröder (Hrsg.), Rechtsfragen internationaler Investitionen, 2009, S. 227 f.

25 *Herrmann*, Bilaterale und regionale Handelsabkommen als Herausforderung des multilateralen Handelssystems (WTO), in: Ehlers/Wolffgang/Schröder (Hrsg.), Rechtsfragen internationaler Investitionen, 2009, S. 227.

26 Es handelte sich hierbei zum einen um ein Interimsabkommen zwischen Südafrika und Südrhodesien und zum anderen um die Errichtung einer Zollunion zwischen Tschechien und der Slowakei anlässlich der Auflösung und damit des Untergangs der CSFR, für weitere Nachweise s. *Herrmann*, Bilaterale und regionale Handelsabkommen als Herausforderung des multilateralen Handelssystems (WTO), in: Ehlers/Wolffgang/Schröder (Hrsg.), Rechtsfragen internationaler Investitionen, 2009, S. 227, Fn. 31.

Das GATT macht die Beurteilung durch das CRTA allerdings auch nicht zu einer notwendigen Voraussetzung für die Durchführung oder Legalität eines Abkommens. Vielmehr sind die rechtlichen Konsequenzen, die sowohl Empfehlungen zur Änderung eines Abkommens als auch ein positiver Befund der Vereinbarkeit hätten, im WTO-Recht nicht geregelt und im Hinblick auf eine etwaige Bindungswirkung für die WTO-Mitglieder und die WTO-Streitbeilegungsorgane unklar.[27]

G. Kompensationsverhandlungen

Das Erfordernis, dass die von einer Zollunion nach ihrer Gründung angewendeten Zölle nur in ihrer Gesamtheit nicht höher sein dürfen als vor der Errichtung, bringt es mit sich, dass die Einfuhrzölle jedenfalls für einzelne Waren und einzelne Mitglieder der Zollunion durchaus auch erhöht werden können. Derartigen Erhöhungen stehen aber an sich die ursprünglich von dem jeweiligen Mitglied gemachten Zollzugeständnisse entgegen, für die ja andere WTO-Mitglieder im Gegenzug ebenfalls Zollsenkungen durchgeführt haben. Art. XXIV:6 GATT ordnet insoweit an, dass die Absicht eines WTO-Mitglieds, aus Anlass der Errichtung einer Zollunion oder des Beitritts zu einer solchen einen gebundenen Zoll über die Höhe des jeweiligen Zugeständnisses hinaus zu erhöhen, Kompensationsverhandlungen erforderlich macht. Die näheren Regelungen hierüber finden sich in Ziffer 5 und 6 der Vereinbarung von 1994. Danach müssen die Verhandlungen vor der Erhöhung der Zölle eingeleitet werden. Die von anderen Mitgliedern der Zollunion innerhalb der fraglichen Tariflinie vorzunehmenden Zollsenkungen sind im Rahmen der Verhandlungen gebührend zu berücksichtigen. Gegebenenfalls ist ein Ausgleich in einer anderen Tariflinie zu leisten, durch den ein drittes WTO-Mitglied einen Ausgleich für die verlorengegangenen Vorteile erhält. Der im Rahmen dieser Verhandlungen anzustrebende „allseitig zufriedenstellende Ausgleich" ist jedoch wiederum keine Bedingung für die Errichtung der Zollunion. Soweit eine Einigung nicht zustande kommt, kann das betroffene dritte WTO-Mitglied selbst gleichwertige Zugeständnisse einseitig zurücknehmen. Umgekehrt hat kein WTO-Mitglied, das an einer Zollunion teilnimmt, Anspruch auf reziproke Zugeständnisse von anderen WTO-Mitgliedern, wenn es im Rahmen der Errichtung der Zollunion Zölle senken muss.

---

27 Vgl. auch *Herrmann*, Bilaterale und regionale Handelsabkommen als Herausforderung des multilateralen Handelssystems (WTO), in: Ehlers/Wolffgang/Schröder (Hrsg.), Rechtsfragen internationaler Investitionen, 2009, S. 227.

H. Überprüfung von Zollunionen durch die WTO-Streitbeilegungsorgane

Vor dem Hintergrund der ineffektiven Kontrolle der Errichtung von Zollunionen durch das CRTA kommt der Frage ihrer Überprüfbarkeit im Rahmen der – deutlich effektiveren – WTO-Streitbeilegung besondere Bedeutung zu. Ziffer 12 der Vereinbarung von 1994 eröffnet die Streitbeilegung ausdrücklich auch für Fragen über die Auslegung und Anwendung von Art. XXIV GATT sowie der Vereinbarung. Problematisch ist allerdings die Reichweite der Prüfungskompetenz der Streitbeilegungsorgane. In dem bislang einzigen einschlägigen Verfahren *Türkei – Textilien* war das Panel[28] insoweit davon ausgegangen, dass die Überprüfung der Zollunion EG-Türkei als solcher am Maßstab des GATT nicht in die Kompetenz der Streitbeilegung falle, da für diese Aufgabe gerade das CRTA gegründet worden sei. Zudem könne eine Zollunion selbst keine „Maßnahme" sein, die in den Terms of Reference eines Panels in Bezug genommen werden könnte. Der Entscheidung des Appellate Body[29] in der gleichen Rechtssache wird überwiegend eine gegenläufige Tendenz entnommen, nach der auch die generelle Überprüfung eines Abkommens in der Streitbeilegung möglich ist.

Diese Überprüfung ist inzident sogar zwingend erforderlich. Art. XXIV:5 GATT stellt eine Ausnahmevorschrift dar, die geeignet ist, Verstöße gegen andere GATT-Vorschriften, insbesondere den Meistbegünstigungsgrundsatz nach Art. I GATT, zu rechtfertigen. Diese Rechtfertigung kann aber nicht bereits dann eingreifen, wenn sich ein WTO-Mitglied auf Art. XXIV:5 GATT beruft. Vielmehr müssen die oben beschriebenen näheren Voraussetzungen für die Anwendung der Rechtfertigung vorliegen. Diese Überprüfung ist originäre Aufgabe der Streitbeilegungsorgane.[30] Zwar ist die prinzipale Kontrolle von Integrationsabkommen dem CRTA vorbehalten, die Inzidentkontrolle durch Panel und Appellate Body bleibt aber in vollem Umfang möglich. Inwieweit die Streitbeilegungsorgane bei dieser Kontrolle an etwaige Feststellungen oder Empfehlungen des CRTA gebunden wären, bildet angesichts der fortdauernden Ineffektivität des Kontrollverfahrens eine hypothetische Frage, die keiner Beantwortung bedarf.

---

28 Panel, *Turkey – Restrictions on Imports of Textile and Clothing Products*, WT/DS34/R, Rn. 9.52 f.
29 Appellate Body, *Turkey – Restrictions on Imports of Textile and Clothing Products*, WT/DS34/AB/R, Rn. 60.
30 *Herrmann*, Bilaterale und regionale Handelsabkommen als Herausforderung des multilateralen Handelssystems (WTO), in: Ehlers/Wolffgang/Schröder (Hrsg.), Rechtsfragen internationaler Investitionen, 2009, S. 232 ff.; *Herrmann/Weiß/Ohler*, Welthandelsrecht, 2. Aufl. 2007, Rn. 622 ff.; kritisch hierzu *Mathis*, Regional Trade Agreements in the GATT/WTO, 2001, S. 255 ff.

I. Schluss

Die Zollunion zwischen Russland, Weißrussland und Kasachstan unterliegt bislang nicht den Anforderungen des Art. XXIV GATT, da keines der drei Länder Mitglied der WTO ist. Die Anforderungen wären in dieser Form nur dann unmittelbar einschlägig, wenn die Zollunion von den drei Ländern nach ihrem jeweiligen individuellen Beitritt errichtet worden wäre. Nur unter diesen Voraussetzungen hätte die Zollunion dann auch der lediglich eingeschränkten, oben beschriebenen Kontrolle durch die WTO-Mitglieder im CRTA unterlegen. Nun wird die Zollunion zum Gegenstand der Beitrittsverhandlungen zwischen den drei Teilnehmerländern und den WTO-Mitgliedern werden. Etwaige WTO-Inkompatibilitäten der Zollunion, also Abweichungen von den Vorgaben des Art. XXIV GATT, werden die WTO-Mitglieder kaum hinzunehmen bereit sein und werden diesbezügliche Änderungen zur Bedingung für den Beitritt machen. Sollte zudem der Beitritt der drei Länder nicht zeitgleich erfolgen, käme Art. XXIV GATT selbst für die Beurteilung der Zollunion nicht unmittelbar in Betracht, weil dieser Zollunionen nur zwischen WTO-Mitgliedern überhaupt erlaubt. Abkommen mit Drittstaaten erfordern gemäß Art. XXIV:10 GATT ein positives Zustimmungsvotum der WTO-Mitglieder (der Ministerkonferenz oder des Allgemeinen Rates), das mit einer Zweidrittelmehrheit verabschiedet werden müsste.

Die Zollunion als potenzielles Mitglied der Welthandelsorganisation

Reg.-Dir. Dr. Hasso Rieck, LL.M.,
Bundesministerium für Wirtschaft und Technologie, Bonn[1]

A. Einleitung

Dieser Beitrag[2] zu dem 15. Außenwirtschaftsrechtstag über Rechtsfragen der Eurasischen Zollunion behandelt am Beispiel der im Entstehungsprozess befindlichen Eurasischen Zollunion die Frage, ob eine Zollunion als potenzielles Mitglied der WTO angesehen werden kann und beleuchtet die aktuelle Situation im Lichte der anhängigen einzelstaatlichen WTO-Beitrittsverfahren der Russischen Föderation, der Republik Belarus und der Republik Kasachstan.

B. Zulässigkeit des WTO-Beitritts von Staaten und gesonderten Zollgebieten

Zunächst stellt sich die Frage, ob eine Zollunion überhaupt der WTO beitreten kann. Eine erste Antwort darauf, wer Mitglied der WTO werden kann, gibt Art. XII Abs. 1 Satz 1 des Übereinkommens zur Errichtung der WTO vom 15. April 1994[3] (im weiteren: WTO-Abkommen). Danach kann „jeder Staat oder jedes gesonderte Zollgebiet, der/das in der Wahrnehmung seiner Außenhandelsbeziehungen und hinsichtlich der übrigen in diesem Übereinkommen und in den Multilateralen Handelsübereinkommen behandelten Angelegenheiten volle Handlungsfreiheit besitzt,"[4] dem WTO-Abkommen beitreten; dazu werden die Bedingungen für diesen Beitritt zwischen dem Beitrittskandidaten und der WTO ausgehandelt und vereinbart. Der Beitritt gilt dann gemäß Art. XII Abs. 1 Satz 2 WTO-Abkommen für das WTO-Ab-

---

1 Regierungsdirektor in der Abteilung für Außenwirtschaftspolitik des Bundesministeriums für Wirtschaft und Technologie, Bonn sowie Lehrbeauftragter am Europa-Institut der Universität des Saarlandes, Saarbrücken.
2 Der Text basiert auf einem Vortrag, den der Verfasser am 14.10.2010 in Münster gehalten hat.
3 BGBl. 1994 II, S. 1625 ff.; EU-ABl. L 1994, 336/3ff.
4 Näher dazu *Rieck*, Das Beitrittsverfahren zur Welthandelsorganisation WTO, ZEuS 2003, 153 ff.

kommen selbst und für die Multilateralen Abkommen in dessen Anlagen, also etwa für das Allgemeine Zoll- und Handelsabkommen 1994 (GATT 1994), das Übereinkommen über technische Handelshemmnisse (TBT-Abkommen) oder das Übereinkommen über Subventionen und Ausgleichsmaßnahmen (SCM-Abkommen).

C. Der Stand der WTO-Beitrittsverhandlungen mit den einzelnen Staaten der Zollunion

Der Regelfall in der Praxis der WTO-Beitritte ist die erste Alternative in Art. XII Abs. 1 Satz 1 WTO-Abkommen – also der Beitritt von Staaten. Auch die Russische Föderation, die Republik Belarus und die Republik Kasachstan haben bereits vor längerem – jeweils einzeln – je einen Antrag auf Beitritt zur WTO gestellt und verhandeln – jeweils einzeln – über die Bedingungen ihres jeweiligen WTO-Beitritts.

I. Das Beitrittsverfahren Russlands

Das Beitrittsverfahren Russlands[5] – des größten verbleibenden Nicht-WTO-Mitglieds[6] – begann mit Eingang des Antrags im Juni 1993, also noch zurzeit des GATT. An dem Entwurf des Berichts der WTO-Beitrittsarbeitsgruppe wird weiterhin gearbeitet. Die bilateralen Verhandlungen der EU mit Russland über dessen WTO-Beitritt mündeten bereits 2004 in ein Protokoll. Allerdings sind einige offene multilaterale Fragen verblieben, so z. B. die Forderung nach dem Abbau der Exportzölle[7] für Holz und die Abschaffung unterschiedlicher Eisenbahntransport-Gebühren für in- und ausländische Ziele. Im Hinblick auf den angestrebten WTO-Beitritt Russlands sehr problematisch sind auch die von Premierminister *Putin* angekündigten Pläne zur sukzessiven Anhebung der KFZ-Zölle, um KFZ-Hersteller zur Produktion in Russland zu bewegen. Dieses Vorgehen könnte im Widerspruch zu bereits im Zusammenhang mit dem angestrebten WTO-Beitritt getroffenen Vereinbarungen stehen, wonach Russland seine KFZ-Zölle ab dem WTO-Beitritt binnen sieben Jahren von 30 auf 15% reduzieren muss.[8] In den vergangenen Jahren hat es bereits eine Reihe von Zollerhöhungen auf etliche Agrar- und

---

5 Überblick über öffentlich zugängliche Beitrittsdokumente in: WTO-Dokument WT/ACC/RUS/11/Rev.4 vom 9.12.1997, zum Überblick über das Beitrittsverfahren s. www.wto.org/english/thewto_e/acc_e/a1_russie_e.htm.
6 *Hilf/Oeter-Hilf*, WTO-Recht, 1. A., 2005, S. 161 Rn. 54.
7 Zu Exportzöllen vgl. auch die Kritik von Belarus an dem russischen Exportzoll auf die Lieferung von Ölprodukten nach Belarus, *GUS-Republiken Aktuell*, 15.6.2010, Nr. 112, Belarus: Minsk kritisiert russische Handelsbarrieren.
8 Vgl. Financial Times, 31.8.2010, S.4: „Russia car tariff hits WTO bid".

Industrieprodukte gegeben, so auf Erntemaschinen, Stahl, Chemikalien, Milch, Mais und Zucker.

II. Das Beitrittsverfahren der Republik Belarus

Das Beitrittsverfahren von Belarus[9] begann mit dem Antragseingang am 23.9.1993, also ebenfalls noch zurzeit des GATT. Es läuft bisher aber offenbar ohne rechten Schwung, so dass es sich immer noch in einem recht frühen Stadium befindet. Ein *Draft Working Party Report* wurde noch nicht zirkuliert. Aus den Reihen der WTO-Mitglieder gibt es Forderungen nach substanziell verbesserten Marktzugangsangeboten sowie nach der Beendigung von diskriminierenden Zollprozeduren.

III. Das Beitrittsverfahren Kasachstans

Kasachstans Antrag auf WTO-Beitritt ging am 26.1.1996 ein.[10] Die bilateralen Gespräche der EU mit Kasachstan sind noch nicht abgeschlossen. Ebenso wird an dem Bericht der WTO-Beitrittsarbeitsgruppe weiterhin gearbeitet.

D. Die Gründung der Eurasischen Zollunion

Diese drei genannten WTO-Beitrittskandidaten sind zugleich die Mitglieder der im Gründungsprozess befindlichen Eurasischen Zollunion, die derzeit noch von Verhandlungen über Ausnahmeregelungen geprägt ist.[11] Die Gründung dieser Zollunion wurde zum 1.1.2010 beschlossen. Seitdem gibt es grundsätzlich einen einheitlichen Zolltarif für Einfuhren, wobei es aber bisher z.B. keine einheitliche Regelung für die Waren der Automobil- und Flugzeugindustrie gibt; auch sind Sonderregelungen für Kasachstan zum Teil vorübergehend vereinbart, zum Teil wird noch darüber verhandelt. Weitere zeitlich befristete Ausnahmen betreffen Produkte, auf die Antidumping- oder Antisubventionszölle erhoben werden oder gegen die Schutzmaßnahmen bestehen bzw. entsprechende Untersuchungen laufen. Hier sollen die bestehenden nationalen Regelungen in ein harmonisiertes Regelwerk überführt werden; bis dahin bestehen die nationalen Anwendungsmöglichkeiten fort. Auch der Abbau der nichttarifären Handelshemmnisse ist erst teilweise erfolgt.

---

9 Zum Überblick über dieses Verfahren s. www.wto.org/english/thewto_e/acc_e/a1_belarus_e.htm, Überblick über öffentlich zugängliche Dokumente s. zuletzt WTO-Dokument WT/ACC/BLR/3/Rev.1 vom 15.4.1998.

10 Zum Überblick über dieses Verfahren s. www.wto.org/english/thewto_e/acc_e/a1_kazakhstan_e.htm , Überblick über öffentlich zugängliche Beitrittsdokumente s. zuletzt WTO-Dokument WT/ACC/KAZ/7/Rev.3 vom 3.7.2001.

11 *Wolffgang*, Im Osten was Neues, AW-Prax 7/2010, 253.

Das für den 1.7.2010 vorgesehene Inkrafttreten des gemeinsamen Zollkodex verzögerte sich bis zum 6. 7. 2010. Der freie Warenverkehr innerhalb der Zollunion ist erst eingeschränkt möglich. Der Abbau der Zollgrenze zwischen Russland und Kasachstan ist erst für den 1.7.2011 vorgesehen, da noch einige Ausnahmen im Warenverkehr zwischen den Ländern bestehen. Weiterhin ist die Bildung eines gemeinsamen Zollgebiets noch wegen noch bestehender unterschiedlicher, noch nicht angeglichener Handelsregelungen der drei Mitgliedstaaten der Zollunion mit Drittstaaten erschwert.[12] So steht z. B. Russland auf dem Standpunkt, dass die russischen Ausfuhrzölle für Öl und Ölprodukte innerhalb der Zollunion erst mit der Ratifizierung der Vereinbarung über einen gemeinsamen Wirtschaftsraum ab dem 1.1.2012 abgeschafft werden könnten.[13]

E. Auswirkungen auf die WTO-Beitrittsverfahren

Die genannten drei individuellen WTO-Beitrittsverfahren sind – wie bereits dargelegt – unterschiedlich weit fortgeschritten. Aber sie sind weiterhin bei der WTO anhängig.[14] So hat es gerade in jüngster Zeit z.B. zwischen den USA und Russland im Zusammenhang mit den Verhandlungen über dessen WTO-Beitritt eine gewisse Annäherung auf höchster politischer Ebene gegeben.[15] Und Russland hat sich das äußerst ehrgeizige Ziel gesetzt, die Verhandlungen über einen WTO-Beitritt bis zum Jahresende 2010 abzuschließen.[16] Allerdings muss der Bericht der WTO-Beitrittsarbeitsgruppe Russland

---

12 Näher zum Ganzen Germany Trade&Invest (Hrsg.) Zollnews 8/2010, S. 14ff; *Wolffgang*, Im Osten was Neues, AW-Prax 7/2010, 253. Zu den Anfangsschwierigkeiten s. a. Ost- und Mitteleuropa Verein e. V., Mitteilung vom 15.6.2010, Neues zur Zollunion – Das Verwirrspiel geht weiter, http://www.com/data/docs/100615_kurzinfo_Zollunion.pdf [Stand: 16.6.2010]. Zur Website der Eurasischen Zollunion s. www.tsouz.ru, dort auch Zugang zu dem neuen Zolltarif und dem Verzeichnis derjenigen Waren, die bei der Einfuhr in die oder der Ausfuhr aus den Mitgliedstaaten der Eurasischen Zollunion Verboten oder Beschränkungen unterliegen; weiterhin Zugang zu dem Einheitlichen Zolltarifverzeichnis (Ediny Tamoshenny Tarif): www.tsouz.ru/db/ettr/Pages/default.aspx sowie zu der Liste der nichttarifären Regelungen: www.tsouz.ru/db/entr/Pages/default.aspx.
13 Ost- und Mitteleuropa Verein e. V., Mitteilung vom 15.6.2010, Neues zur Zollunion – Das Verwirrspiel geht weiter, http://www.com/data/docs/100615_kurzinfo_Zollunion.pdf [Stand: 16.6.2010].
14 Auch bei Zugehörigkeit eines Staats zu einer Zollunion kann dieser Staat noch der WTO beitreten, näher *Weiß/Herrmann-Weiß*, Welthandelsrecht, 1. A., 2003, S. 82 Rn. 163 m. w. N.
15 Näher s. Washington Trade Daily Nr. 196, 4.10.2010: „US, Russia agree on WTO accession". Zugleich erinnerte die Erklärung des USTR Russland aber daran, „*that other outstanding issues ... also need to be settled – with respect to enforcement of intellectual property rights, trade in meat and other agricultural products and Russia's regulation of imports of products containing encryption technology*", ibid.
16 Handelsblatt Nr. 98, 25.5.2010, S. 22f., danach hält der stellvertretende Wirtschaftsminister *Medwedkow* einen WTO-Anschluss Russlands bis Ende 2010 für vorstellbar; „Für meine Regierung hat der Beitritt jetzt Priorität", ibid.

infolge der Eurasischen Zollunion nochmals überarbeitet werden. Denn seit Anfang Juli 2010 ist in Russland der gemeinschaftliche Zollkodex der Zollunion unmittelbar anzuwenden. Nur in Fällen, in denen der nationale Zollkodex den Gemeinschaftsregelungen nicht widerspricht, ist das nationale Recht weiterhin gültig.

Der vorgenannte gemeinschaftliche Zollkodex der Zollunion regelt indes nur die Kernfragen des Zollrechts und sieht ausdrücklich die Vereinbarung weiterer Abkommen vor.[17]

Zumindest zeitweise gab es Bestrebungen, die drei individuellen Beitrittsverfahren verstärkt zu koordinieren und womöglich sogar in einen gemeinsamen Beitritt einmünden zu lassen. So schlug der russische Premierminister *Putin* einen WTO-Beitritt Russlands im Verbund mit Weißrussland und Kasachstan vor.[18] Dies führt zu der Frage, ob ein solcher gemeinsamer Beitritt möglich wäre – und wenn ja, unter welchen Voraussetzungen und in welcher Form.

Faktisch hätte das Anstreben eines gemeinsamen Beitritts allerdings zur Folge, dass der bisher am weitesten fortgeschrittene Beitrittskandidat am längsten auf das Aufschließen des am weitesten zurückliegenden Kandidaten zum Zweck des zukünftigen gemeinsamen Vorankommens des Verbunds insgesamt in Richtung des gemeinsamen Ziels warten müsste. Gerade der am weitesten fortgeschrittene Beitrittskandidat würde dann also den größten Zeitverlust erleiden. Dieser dürfte durchaus die Größenordnung von Jahren erreichen.[19]

F. Beitrittsszenarien

I. Der WTO-Beitritt der Einzelstaaten

In rechtlicher Hinsicht noch am verhältnismäßig leichtesten zu realisieren, wenn auch in der Vorbereitung komplex und zeitaufwändig, wäre ein Individual-Beitritt der drei einzelnen Staaten zur WTO zum selben Datum. Die WTO würde also an einem Tag gleich drei Staaten als drei neue Mitglieder gewinnen. Wir gehen weiterhin davon aus, dass der Weg individueller Beitritte angestrebt wird, wenn auch nicht unbedingt zum selben Datum. In jedem Fall wäre es ein sehr anspruchsvolles Unterfangen für die drei Beitrittskandidaten, sicherzustellen, dass die Vereinbarungsergebnisse der jeweiligen bilateralen Verhandlungen inhaltsgleich ausfallen und somit im Ergebnis auch inhaltsgleiche Listen der Zollabbauverpflichtungen enthalten.

---

17 Näher *Wolffgang*, Im Osten was Neues, AW-Prax 7/2010, 253.
18 Handelsblatt Nr. 98, 25.5.2010, S. 22 f., 23.
19 Vgl. dazu a. Germany Trade&Invest (Hrsg.), Zoll Spezial 2/2010, S. 33 ff., 34.

II. Der WTO-Beitritt einer Zollunion

Wie aber, wenn etwas anderes gewollt wäre – ein Beitritt als Zollunion? Erinnern wir uns dafür an die zweite Alternative in Art. XII Abs. 1 Satz 1 WTO-Abkommen – den Beitritt von gesonderten Zollgebieten,[20] die die dort genannten, eingangs zitierten Voraussetzungen erfüllen. Diese sollen sicherstellen, dass das gesonderte Zollgebiet im Falle seines WTO-Beitritts die dadurch eingegangenen Verpflichtungen dann auch tatsächlich erfüllen kann.[21] Als derartiges gesondertes Zollgebiet ist Chinesisch Taipeh[22] am 1. Januar 2002 Mitglied der WTO geworden.[23]

1. Die Behandlung einer Zollunion als gesondertes Zollgebiet i. S. v. Art. XII WTO-Abkommen

Demgegenüber sind Zollunionen im Wortlaut von Art. XII WTO-Abkommen nicht ausdrücklich als beitrittsberechtigt aufgeführt. Allerdings werden sie dort auch nicht ausdrücklich davon ausgeschlossen. Kann eine Zollunion also unter die Alternative „gesondertes Zollgebiet" in Art. XII Absatz 1 Satz 1 WTO-Abkommen subsumiert werden? Eine Zollunion setzt gemäß Art XXIV Abs. 8 lit a GATT 1994 neben der Beseitigung der Binnenzölle durch die Errichtung eines einzigen Zollgebiets auch die Beseitigung der beschränkenden Handelsvorschriften voraus – für annähernd den gesamten Handel oder wenigstens für annähernd den gesamten Handel mit den aus den Teilnehmerstaaten stammenden Waren. Und die Mitglieder der Zollunion müssen grundsätzlich im Außenhandel im Wesentlichen dieselben Zölle und Handelsvorschriften anwenden. Kurz: Neben einem einheitlichen Zollgebiet muss zusätzlich eine gemeinsame Zoll- und Außenwirtschaftspolitik ihrer Mitgliedstaaten bestehen.[24]

Bei der Beantwortung der Frage, ob eine Zollunion unter die Alternative „gesondertes Zollgebiet" in Art. XII WTO-Abkommen subsumiert werden kann, ist aus systematischer Sicht auch Art. XI Abs. 1 WTO-Abkommen zu berücksichtigen. In dieser Bestimmung ist u. a. vereinbart, dass „die Europäischen Gemeinschaften, die dieses Übereinkommen und die Multilateralen Handelsübereinkommen annehmen und für welche Listen von Zugeständnissen und

---

20 Ein Zollgebiet ist gemäß Art. XXIV Abs. 2 GATT „jedes Gebiet, in dem für einen wesentlichen Teil seines Handels mit anderen Gebieten ein eigener Zolltarif oder sonstige eigene Handelsbestimmungen bestehen".
21 *Hilf/Oeter-Hilf*, WTO-Recht, 1. A., 2005, S. 157 Rn. 47.
22 *Separate Customs Territory of Taiwan, Penghu, Kinmen and Matsu.*
23 Beitrittsprotokoll s. WTO-Dokument WT/L/433 v. 23.11.2001. Näher dazu *Rieck*, Das Beitrittsverfahren zur Welthandelsorganisation WTO, ZEuS 2003, 153 ff., 162f. Die Sonderverwaltungszonen *Hongkong, China* und *Macao, China* sind bereits seit 1.1.1995 WTO-Mitglieder, also ursprüngliche Mitglieder.
24 Näher dazu etwa *Weiß/Herrmann-Herrmann*, Welthandelsrecht, 1. A., 2003, S. 244 Rn. 602, 248 ff. Rn. 611, 614 f.

Verpflichtungen dem GATT 1994[25] sowie Listen spezifischer Verpflichtungen dem GATS[26] beigefügt sind," ursprüngliches Mitglied der WTO werden. Die damaligen Europäischen Gemeinschaften – die EG – haben von dieser Möglichkeit Gebrauch gemacht und haben das WTO-Abkommen gemäß dessen Art. XIV angenommen. Sie wurden am 1. Januar 1995 formelles Mitglied der WTO. Seit dem 1. Dezember 2009 hat infolge des Vertrags von Lissabon die Europäische Union[27] – die EU – als Rechtsnachfolgerin der EG[28] diese Mitgliedschaft in der WTO inne. Die EU ist also WTO-Mitglied - neben den 27 Mitgliedstaaten der EU.[29] Und die EU ist eine Zollunion mit einem Gemeinsamen Zolltarif[30] und mit einer gemeinsamen Handelspolitik.[31] Genau das macht diese Konstellation für diese Betrachtung interessant.

Die WTO hat also bereits eine Zollunion mit den vorgenannten Qualifikationen – einem Gemeinsamen Zolltarif und einer gemeinsamen Handelspolitik – als originäres Mitglied in ihren Reihen. Dies ist ein wichtiges Argument dafür, dass auch etwaigen anderen – entsprechend qualifizierten – Zollunionen die Möglichkeit eines Beitritts zur WTO nicht grundsätzlich verwehrt werden kann – wenn sie denn einen vergleichbaren Integrationsgrad erreicht haben und die Voraussetzungen erfüllen.

Hinzu kommt ein *argumentum a minore ad maius*: wenn schon sowohl einzelne Staaten als auch gesonderte Zollgebiete, die in der Wahrnehmung ihrer Außenhandelsbeziehungen und hinsichtlich der übrigen in dem WTO-Abkommen und in den Multilateralen Handelsübereinkommen behandelten Angelegenheiten volle Handlungsfreiheit besitzen, der WTO gemäß Art. XII Abs. 1 Satz 1 WTO-Abkommen beitreten können, dann muss dies erst recht für eine Gruppe von Staaten gelten, die ja schon jeder für sich allein die Möglichkeit zum WTO-Beitritt haben, wenn sie gemeinsam eine Zollunion

---

25 General Agreement on Tariffs and Trade 1994.
26 General Agreement on Trade in Services.
27 http://www.wto.org/english/thewto_e/countries_e/european_communities_e.htm
28 Vgl. Art. 1 letzter Satz des am 1. Januar 2009 in Kraft getretenen Vertrags über die Europäische Union.
29 Für das Stimmrecht bei einer Beschlussfassung verfügen die Europäischen Gemeinschaften gemäß Art. IX Abs. 1 Satz 3 WTO-Abkommen „über eine Anzahl von Stimmen, die der Anzahl ihrer Mitgliedstaaten, die Mitglieder der WTO sind, entspricht". Danach verfügt die EU über 27 Stimmen. Näher zu den EG als Mitglied der WTO s. *Weiß/Herrmann-Weiß*, Welthandelsrecht, 1. A., 2003, S. 61 ff., Rn. 117 f.
30 Rechtsgrundlage der Kombinierten Nomenklatur (KN) ist die Verordnung des Rats (EWG) Nr. 2658/87 betreffend die zollrechtliche und statistische Nomenklatur und den Gemeinsamen Zolltarif. Der Anhang I dieser Verordnung wird jährlich aktualisiert und im Amtsblatt L der EU veröffentlicht, s. jüngst die ab 1. Januar 2010 gültige Fassung des Anhangs I in Verordnung (EG) Nr. 948/2009 der Kommission vom 30.9.2009, veröffentlicht im Amtsblatt der EU Nr. L 287 vom 31.10.2009, S. 1 ff.
31 Art. 207 Vertrag über die Arbeitsweise der Europäischen Union (AEUV), EU-ABl. C 2008, 115/47 ff.

mit den genannten Qualifikationen vereinbaren und tatsächlich praktizieren.[32] Für sie ist demnach die Möglichkeit eines Beitritts[33] gemäß Art. XII Abs. 1 Satz 1 WTO-Abkommen zu bejahen, wenn die dort genannten Voraussetzungen erfüllt sind. Dafür sprechen weiterhin auch die Absätze 4 und 5 von Art. XXIV GATT, die die regionale Integration in Form einer Zollunion als Abweichung vom Meistbegünstigungsprinzip des Art. I GATT zulassen.[34]

Die im Wege der systematischen Interpretation hergeleitete Möglichkeit zum WTO-Beitritt für eine entsprechend qualifizierte Zollunion darf aber aus ebensolchen systematischen Gründen nicht weiter reichen als die erörterte Regelung in Art. XI Abs. 1 WTO-Abkommen zu der ursprünglichen zusätzlichen WTO-Mitgliedschaft der EU. Wenn schon diese ursprüngliche zusätzliche WTO-Mitgliedschaft der EU nur unter bestimmten Voraussetzungen möglich war, muss dies erst recht auch für eine entsprechend qualifizierte, später der WTO beitretende Zollunion gelten. Daraus sind konkret zwei Folgerungen abzuleiten:

1. Erstens müssten sämtliche Mitglieder dieser entsprechend qualifizierten Zollunion ihrerseits jeweils selbst Mitglied der WTO sein. Anderenfalls würde durch den Zollunions-Beitritt von Staaten, die nicht zugleich Mitglied der WTO sind, eine neue Kategorie der nur mittelbaren oder indirekten WTO-Mitgliedschaft entstehen, denn diese neuen Zollunions-Mitglieder hätten nur mittelbar durch die Zollunion, nicht aber unmittelbar aus eigener WTO-Mitgliedschaft selbst auf direktem Weg Rechte und Pflichten gegenüber der WTO.

2. Und zweitens müsste im Zusammenhang mit dem Beitritt dieser Zollunion eine Stimmrechtsregelung vereinbart werden, die derjenigen für die EG bzw. jetzt für die EU in Art. IX Abs. 1 Satz 3 WTO-Abkommen entspricht. Danach verfügen die Europäischen Gemeinschaften bzw. jetzt die EU für das Stimmrecht bei einer Beschlussfassung „über eine Anzahl von Stimmen, die der Anzahl ihrer Mitgliedstaaten, die Mitglieder der WTO sind, entspricht". Eine zusätzliche Absicherung enthält die Fußnote 2 in Art. IX Abs. 1 Satz 3 WTO-Abkommen: „Die Anzahl der Stimmen der Europäischen Gemeinschaften und ihrer Mitgliedstaaten darf die Anzahl der Mitgliedstaaten der Europäischen Gemeinschaften in keinem Fall übersteigen." Dementsprechend verfügt die EU aktuell über 27 Stimmen. Auch eine andere Zollunion als später der WTO beitretendes Mitglied dürfte dort also keine zusätzliche Stimme erhalten.

---

32 Eine Qualifikation als Staat ist dafür also nicht erforderlich.
33 Hierzu wäre zunächst ein entsprechender Beitrittsantrag an die WTO erforderlich, woraufhin der Allgemeine Rat der WTO über den Antrag beraten und über die Einsetzung einer Beitrittsarbeitsgruppe beschließen würde.
34 Näher dazu *Weiß/Herrmann*, Welthandelsrecht, 1. A., 2003, S. 165 Rn. 402 (*Weiß*), S. 245, Rn. 604 (*Herrmann*), S. 248 f. Rn. 610 f. m. w. N. (*Herrmann*).

2. Folgerungen für die Eurasische Zollunion

Was bedeutet dies nun für die im Gründungsprozess befindliche Eurasische Zollunion? Die Schaffung der rechtlichen und tatsächlichen Voraussetzungen für die Eurasische Zollunion ist noch im Gange. Der Aufbau der rechtlichen Basis, der entsprechenden Normen, für das Funktionieren des einheitlichen Zollgebiets der Mitgliedstaaten der Eurasischen Zollunion soll bis Ende 2010 abgeschlossen werden.[35] Insgesamt sind die Voraussetzungen für etwaige Verhandlungen über einen WTO-Beitritt der Eurasischen Zollunion derzeit nicht vollumfänglich erfüllt.

Es ist durchaus erfreulich und begrüßenswert, wenn die Eurasische Zollunion sich an der EU orientieren will und damit zu erkennen gibt, dass sie sehr hohe und weitreichende Standards anstrebt. Für das Erreichen dieses Ziels ist mit einem langfristigen Prozess zu rechnen. Die Entwicklungsgeschichte des europäischen Integrationsprozesses kann aber als ermutigendes Beispiel dafür dienen, dass eine Zollunion eine Dynamik zur Vertiefung der wirtschaftlichen Integration ihrer Mitgliedstaaten, etwa in Richtung eines Binnenmarkts, entfalten kann.

Allerdings gibt es auch noch eine Reihe offener Fragen und auch einige problematische Punkte. So sind offenbar zunächst eine Auflistung sämtlicher von den Mitgliedstaaten der Eurasischen Zollunion angewandten Exportzölle und danach deren Vereinheitlichung vorgesehen. Diese sollen also offenbar fortgeführt werden. Weiterhin ist unsere große Aufmerksamkeit für die Bildung dieser Zollunion mit der Sorge verbunden, dass die Ausgestaltung dieser Zollunion – namentlich die konkreten Zollsätze[36] – im Vergleich zu der Lage vor der internationalen Finanz- und Wirtschaftskrise eine deutliche Netto-Verschlechterung der Situation im Handel mit Deutschland und mit der EU insgesamt darstellt. Nach einer ersten Schätzung geht es bei angenommenem konstanten Handelsvolumen um jährlich Hunderte von Millionen Euro, ja fast schon eine Milliarde Euro an zusätzlicher Zollbelastung. Dadurch werden vor allem wichtige deutsche Exportsektoren belastet.

---

35 *Rödl&Partner*, Eilmeldung, Ausgabe 22.7.2010, Zollgesetzbuch der Zollunion, S. 2. So sollte das neue Zollgesetzbuch der Zollunion mit allen Korrekturen in Russland am 1. Oktober 2010 in Kraft treten, ibid.
Die Russische Föderation, Belarus und Kasachstan haben sogar über die Zollunion hinaus weitergehende Pläne: so wurde die Schaffung eines einheitlichen Wirtschaftsraums mit freiem Verkehr von Waren, Dienstleistungen, Arbeitskräften und Kapital bis spätestens 1.1.2012 in Aussicht gestellt und es wird sogar ein Binnenmarkt nach EU-Vorbild angestrebt, vgl. a. *Wolffgang*, Im Osten was Neues, AW-Prax 7/2010, S. 253.
36 Vgl. z.B. die Zollerhöhungen auf Verschlüsse aus Kunststoffen sowie auf runderneuerte oder gebrauchte Luftreifen aus Kautschuk durch die Entscheidungen Nr. 346 und Nr. 347 der Kommission der Zollunion vom 17.8.2010, näher dazu *Zollnews* 09/2010 der gtai, S. 18f.

Wenn zuvor – unter Verweis auf die internationale Finanz- und Wirtschaftskrise – vorübergehend eingeführte Zollerhöhungen[37] anlässlich der Schaffung einer Zollunion in deren einheitlichen Zolltarif übernommen werden und damit auf Dauer festgeschrieben werden, dann ist das ein ernstes Problem und nicht akzeptabel. Zudem widerspricht es dem GATT- und WTO-Grundgedanken des Zollabbaus, wenn die Angleichung verschiedener Zollsätze unter den Mitgliedern einer Zollunion – hier der Eurasischen Zollunion – in vielen Fällen durch eine Anhebung der niedrigeren Zollsätze auf das Niveau des Mitglieds mit dem höchsten Zollsatz erfolgt.[38] So musste Kasachstan, das zuvor über ein vergleichsweise liberales Außenhandelsregime verfügte, für rund 5000 Warenpositionen die Einfuhrzölle anheben; betroffen sind z. B. KFZ, Möbelbeschläge, bestimmte Medizinprodukte, bestimmte Agrarwaren und bestimmte chemische Produkte.[39] Darüber sind auch andere Staaten besorgt. In der Folge wird diese Problematik auch bereits auf hoher EU-Ebene mit den genannten WTO-Beitrittskandidaten erörtert. Und schließlich entspricht es einer guten Übung, dass WTO-Beitrittskandidaten sich während des laufenden Beitrittsprozesses derartiger Maßnahmen enthalten.

3. *Handlungsoptionen der Eurasischen Zollunion und der Mitgliedstaaten*

Insgesamt betrachtet besteht also noch eine gewisse Unklarheit über das weitere Vorgehen der drei WTO-Beitrittskandidaten Russland, Belarus und Kasachstan. Der Weg eines jeweiligen einzelstaatlichen, möglichst zügigen Beitritts zur WTO steht in einem gewissen Spannungsverhältnis zu der im Gründungsprozess befindlichen Eurasischen Zollunion.

a) Eine stärkere Koordinierung und Harmonisierung der drei einzelnen Beitrittsverfahren wäre zum Preis einer Verzögerung möglich.

b) Rechtlich denkbar, aber am aufwändigsten zu realisieren wäre ein auf eine WTO-Mitgliedschaft ihrer Mitglieder aufbauender WTO-Beitritt der Eurasischen Zollunion gemäß Art. XII Abs. 1 Satz 1 WTO-Abkommen nach vollständiger Schaffung der rechtlichen und tatsächlichen Voraussetzungen und Erlangen der entsprechenden Akzeptanz innerhalb der WTO-Mitgliedschaft. Will man der hier vertretenen Auffassung nicht folgen, dann bliebe für die Eröffnung der Möglichkeit zu dem WTO-Beitritt einer Zollunion im Ergebnis nur der noch anspruchsvollere Weg einer ausdrücklichen Änderung des WTO-Abkommens, insbesondere von dessen

---

37 Des weiteren wird die Wirksamkeit derartiger Schutzmaßnahmen für die heimische Industrie und deren Wettbewerbsfähigkeit kritisch gesehen.

38 Vgl. zum Ganzen auch *Hilf/Oeter-Bender*, WTO-Recht, 1. A., 2005, S. 181 Rn. 40. „Die Gründung des regionalen Handelsabkommens muss somit insgesamt zu einer ökonomischen Effizienzsteigerung führen", ibid.

39 Näher dazu Germany Trade&Invest (Hrsg.), Zoll Spezial 2/2010, S. 33ff.

Art. XII und IX, gemäß Art. X WTO-Abkommen. Dabei setzt das Inkrafttreten einer Änderung von Art IX WTO-Abkommen sogar die Annahme durch alle WTO-Mitglieder voraus, vgl. Art. X Abs. 2 WTO-Abkommen.

c) Es gibt aber auch Möglichkeiten unterhalb der Schwelle einer förmlichen WTO-Mitgliedschaft einer Zollunion, wenn deren Mitglieder zugleich WTO-Mitglieder sind. So kann eines dieser WTO-Mitglieder – nach entsprechender Bevollmächtigung – in der WTO zugleich auch im Namen derjenigen anderen WTO-Mitglieder sprechen, die ebenfalls Mitglied der Zollunion sind. Es kann also einen gemeinsamen Sprecher für mehrere WTO-Mitglieder geben. Dies wird in der WTO häufig praktiziert.[40] Eine solche Sprecherrolle kann sich auch auf informelle Gruppierungen beziehen,[41] abwechselnd von verschiedenen WTO-Mitgliedern der jeweiligen Gruppierung wahrgenommen werden, aber auch auf einzelne Anlässe, Themen oder Themengebiete beschränkt werden.

d) Grundsätzlich vorstellbar ist auch eine spezielle gewohnheitsrechtliche Entwicklung, vergleichbar mit derjenigen zu den EG im GATT. Die EG traten dem GATT 1947 zwar niemals formal bei, sie waren also keine Vertragspartei. Aber sie nahmen – von dessen Vertragsparteien akzeptiert – seit den 70er Jahren des vorigen Jahrhunderts weitgehend die Mitgliedschaftsrechte der EG-Mitgliedstaaten im GATT wahr.[42]

G. Ergebnis

Im Ergebnis ist die Antwort auf die Ausgangsfrage nach einer Zollunion als potenziellem WTO-Mitglied also ein bedingtes Ja. Eine solche WTO-Mitgliedschaft ist bei Erfüllung der genannten Voraussetzungen denkbar; aber es wäre gewissermaßen eine mittelbare, eine mediatisierte Mitgliedschaft, die bedingt ist durch die WTO-Mitgliedschaft der Mitglieder dieser Zollunion und durch die von ihnen bei ihrem WTO-Beitritt eingegangenen Verpflichtungen.

Den drei genannten Beitrittskandidaten und der WTO mit ihren Mitgliedern ist abschließend zu wünschen, dass es ihnen gelingen möge, die noch bestehenden Probleme zu lösen und allseits zufriedenstellende Verhandlungsergebnisse zum wechselseitigen Nutzen zu erzielen.

---

40 Vgl. z. B. den Jahresbericht des Allgemeinen Rats der WTO, WT/GC/121/Add.1 vom 18.2.2010, S. 2 Nr. 3 ("The representatives of Tanzania (on behalf of the LDCs); Bangladesh; Zambia; European Union; Egypt (on behalf of the African Group); … spoke.") und S. 3 Nr. 7 („The representative of Barbados (on behalf of the SVEs) spoke.").
41 Vgl. z. B. WT/GC/126 vom 8.2.2010: „Communication from Gabon on Behalf of the Informal Group of Developing Countries".
42 Näher dazu etwa *Weiß/Herrmann-Weiß*, Welthandelsrecht, 1. A., 2003, S. 60 f., Rn. 114 f. m.w.N. in Fn. 1.

Probleme des Beitritts einzelner Mitglieder der Zollunion zu der Welthandelsorganisation aus russischer Sicht

Dr. Natalia Laychenkova,
Saratower Staatsuniversität für Wirtschaft und Sozialwesen,
Saratow, Russland

A. Einleitung

Die Russische Föderation als Subjekt der internationalen Wirtschafts- und Handelsbeziehungen erlebt gegenwärtig radikale Veränderungen. Der Grund dafür sind Entwicklungen der globalen Märkte, welche neue Bedingungen für die einzelnen Staaten diktieren.

Der 1. Juli 2010 bildete den Ausgangspunkt für eine prinzipiell neue Zollpolitik der Russischen Föderation, der Republik Weißrussland und der Republik Kasachstan, die sich zu einer Zollunion im Rahmen der Eurasischen Wirtschaftsgemeinschaft zusammengeschlossen haben. Die Zollunion selbst als eine Integrationsform sowie die Beteiligung der genannten Staaten an der Zollunion werfen viele rechtliche Fragen auf, die zeitnahe, aber durchaus nicht unüberlegte Entscheidungen erfordern. Dies betrifft vor allem den angestrebten WTO-Beitritt der drei Unionsländer. Werden Russland, Weißrussland und Kasachstan ihre individuellen Beitrittsverfahren in einen gemeinsamen Beitritt einmünden lassen? Welche der Varianten wird die WTO-Mitglieder zufriedenstellen? Wie kann man das Beitrittsverfahren optimieren? Diese und andere Fragen beschäftigen zurzeit die Mitgliedstaaten der Zollunion.

B. Die Geschichte der WTO-Beitrittsverfahren

Jeder Unionsstaat hat bereits vor längerem je einen Antrag auf Beitritt zur WTO gestellt. Die Russische Föderation hat ihr Beitrittsverfahren im Jahre 1993 initiiert, als es noch keine WTO gab, sondern das GATT. Zuvor hatte die UdSSR einen Antrag auf Beobachterstatus im Rahmen der Uruguay-Runde gestellt, welcher Ende der 1980er Jahre von den USA abgelehnt worden war. Der Grund dafür war die sowjetische Planwirtschaft, die nach amerikanischer Auffassung mit den Prinzipien des Freihandels nicht vereinbar war. Erst 1990 erhielt die Sowjetunion den Beobachterstatus.

Die Russische Föderation hat heute nach 17 Jahren komplizierter Beitrittsverhandlungen nur den Beobachterstatus. Besondere Schwierigkeiten für die Verhandlungen der Russischen Föderation über den WTO-Beitritt gab es von Seiten Georgiens, das eine eigene Position zu Abchasien und Südossetien vertritt.

Der WTO-Beitritt stellt für die Russische Föderation eine der Prioritäten der nationalen außenwirtschaftlichen Politik dar. Die WTO-Mitgliedschaft würde es Russland erlauben, an der Schaffung der neuen Welthandelsregeln aktiv mitzuwirken und sich zahlreiche Vorteile zu sichern, unter anderem den Zugang zu Auslandsmärkten und zu den WTO-Streitbeilegungsmechanismen.

Allerdings wurden in der Literatur und in der Presse gerade entgegengesetzte, negative Meinungen geäußert. So behaupten die Vertreter des Russischen Verbandes der Industriellen und Unternehmer, dass drei bis fünf Jahre nach einem WTO-Beitritt die Russische Föderation etwa 18 ihrer Industriezweige, insbesondere in der Maschinen-, Leicht- und Pharmaindustrie, einbüßen werde. Dies würde nach Meinung des Verbandes zu einer massiven Steigerung der Arbeitslosigkeit führen.

Auch Weißrussland und Kasachstan sind in ihren Beitrittsbemühungen nicht weiter als Russland gediehen. Ihre Anträge sind 1993 bzw. 1996 bei der WTO eingegangen. Ähnlich wie Russland fordert Kasachstan die Gewährleistung einiger Vorteile, welche die kasachische Wirtschaft vor negativen Auswirkungen des WTO-Beitritts schützen können, insbesondere eine Übergangsperiode von fünf bis sieben Jahren für die Angleichung der nationalen Gesetzgebung an die WTO-Standards.

C. Der WTO-Beitritt angesichts der Eurasischen Zollunion

Heutzutage lautet aber die Frage im Zusammenhang mit einem Beitritt Russlands zur WTO nicht „Beitreten oder nicht beitreten?", sondern „Wann beitreten und unter welchen Bedingungen?".

Als die Mitgliedstaaten sich über die Bildung der Zollunion endgültig geeinigt hatten, wurde sofort eine Erklärung über den gemeinsamen WTO-Beitritt – den Beitritt als Zollunion – abgefasst. Nach Maßgabe der Erklärung der russischen Regierung ist Russland seit der Bildung der Zollunion kein juristisch selbstständiger Gesprächspartner für die Beitrittsverhandlungen mehr. Die Zollunion selbst soll der neue Gesprächspartner werden.

Obwohl die politische Führung Russlands dieses Szenario sofort verlauten ließ, ist ein weiterer Umstand beachtenswert: Der WTO fehlt bisher die Erfahrung der Aufnahme einer Zollunion als solcher (jedoch gibt es auch kein direktes Verbot eines solchen Beitritts). Es ist auch davon auszugehen, dass ein solcher Präzedenzfall nicht geschaffen wird. Der gemeinsame WTO-Beitritt dreier Staaten hätte faktisch zur Folge, dass sämtliche Ergebnisse der langjährigen Verhandlungen über den WTO-Beitritt durch die einzelnen Staaten nicht mehr berücksichtigt werden könnten. Jedoch wäre für Kasachstan und Weißrussland der gemeinsame WTO-Beitritt vorteilhafter, da sie zusammen mit Russland eine stärkere Position im Rahmen der Verhandlungen zum WTO-Beitritt einnehmen könnten.

Andererseits gibt es die (theoretisch optimale) Variante des individuellen und gleichzeitigen Beitritts aller drei Länder zur WTO. Sie ist allerdings in der Praxis schwer realisierbar, denn in den WTO-Verhandlungen bleibt Weißrussland deutlich hinter Russland und Kasachstan zurück.

In diesem Zusammenhang könnte folgende Beitrittsvariante als die vorteilhafteste Lösung angesehen werden. Die Russische Föderation, die Republik Weißrussland und die Republik Kasachstan können der WTO entweder individuell oder gemeinsam beitreten; dies ist jetzt nur noch eine Verfahrensfrage. Es ist viel wichtiger, dass jedes der Zollunionmitglieder im Falle eines individuellen Beitritts zu identischen Bedingungen, ohne irgendwelche Abweichungen, selbst wenn sie im Interesse des jeweiligen Staates sind, der WTO beitritt. Jeder der Unionsstaaten sollte sich bewusst sein, dass er nicht selbstständig und als ein unabhängiges Subjekt, sondern als ein Mitglied der Zollunion der WTO beitritt.

Die Hauptaufgabe, die sich jedem der drei Staaten stellt, liegt darin, den WTO-Beitritt zu vorteilhaften Bedingungen zu verwirklichen. Ein bestimmtes Beitrittsdatum ist nicht zwingend geboten; der Beitritt der Russischen Föderation, der Republik Kasachstan und der Republik Weißrussland zur WTO sollte zum günstigsten Zeitpunkt verwirklicht werden.

Diskussion

Zusammenfassung:
Sönke Sievers,
Doktorand am Institut für öffentliches Wirtschaftsrecht,
Universität Münster

Die Diskussion wies zwei Schwerpunkte auf: Es stand sowohl die Frage nach dem Verhältnis der nationalen zur durch die Zollunion gesetzten supranationalen Rechtsebene im Mittelpunkt des Interesses, als sich auch Diskussionsbeiträge mit der WTO-rechtlichen Einbindung der Zollunion und deren Mitgliedstaaten beschäftigten. Hierbei war vor allem fraglich, ob die Union selbst Mitglied der Welthandelsorganisation werden könne.

Die Diskussion eröffnete Herr *Prof. Dr. Czyzowicz* (Handelshochschule Warschau) mit der Anmerkung, dass die Entscheidung, ob die Zollunion als solche der WTO beitrete oder eine individuelle Aufnahme der drei Einzelstaaten erfolge, rein politische Natur sei. Alle rechtlichen Voraussetzungen eines Einzelbeitritts seien von der Russischen Föderation bereits erfüllt und die Akzeptanz bei den übrigen Mitgliedstaaten erlangt worden.

Herr *Mendel* warf anschließend die Frage nach dem Verhältnis der im unionalen Zollkodex enthaltenen Normen zu den jeweils nationalstaatlichen Rechtsakten auf. Er bat um Klarstellung, ob eine Normenhierarchie dahingehend angenommen werden könne, dass zunächst Regelungen des Zollkodex sowie konkretisierende Entscheidungen der supranationalen Kommission herangezogen werden müssten, bevor ergänzend die jeweils einzelstaatlichen Normen zu betrachten seien. Letzteres gestalte sich derzeit wegen Reformarbeiten in Kasachstan und in der Russischen Föderation für den Rechtsanwender besonders schwierig.

Reg.-Dir. *Dr. Rieck* (Bundesministerium für Wirtschaft und Technologie, Bonn) ging auf die Frage nach einem möglichen WTO-Beitritt der Zollunion oder der Einzelstaaten ein. Diesbezüglich erhältliche Informationen seien teilweise widersprüchlich gewesen. Es seien jedenfalls drei einzelne Beitrittsersuche Kasachstans, der Russischen Föderation und Weißrusslands bei der WTO anhängig. Die Beitrittsverhandlungen erfolgten einerseits mit der WTO selbst und andererseits in bilateraler Weise mit einzelnen WTO-Mitgliedern wie den Vereinigten Staaten oder der Europäischen Union. Diese zweiseitigen Gespräche, in welchen beispielsweise Fragen des geistigen Eigentums derzeit noch ungeklärt seien, müssten vor sich anschließenden multilateralen Beitrittsverhandlungen zu einem erfolgreichen Abschluss gebracht werden. Die bereits seit Jahren geführten Verhandlungen mit den drei Staaten ließen indes den Schluss zu, dass ein jeweils einzelstaatlicher Beitritt wahrscheinlicher sei als eine Einbindung der Zollunion als solcher.

Herr *Prof. Dr. Herrmann* (Universität Passau) ging im Folgenden auf die angesprochenen Aspekte ein und stellte heraus, dass durch einen WTO-Beitritt Russlands nicht nur das Interesse verschiedener Staaten befriedigt werde, WTO-rechtliche Normen gegenüber Russland durchzusetzen, sondern dass vielmehr Russland selbst größter Profiteur eines solchen Beitrittes sein würde. Wie auch im Falle Chinas, das seine Währung seit langem unterbewertet halte, biete die WTO gerade Schutz vor ökonomisch angezeigten, aber WTO-rechtlich unzulässigen Gegenmaßnahmen anderer Staaten. Ein WTO-Beitritt Russlands könne zudem durch die Verbesserung der Rechtssicherheit für Handelspartner und Investoren in Russland einerseits und durch die Erschließung und Sicherung neuer Absatzmärkte für russische Produkte andererseits einen bedeutenden Beitrag zur dringend erforderlichen Diversifizierung der russischen Volkswirtschaft leisten. Aus beidem folge dann die Entwicklung russischer Industrieproduktionsanlagen. Die derzeitige völlige Abhängigkeit von den Exportprodukten Gas und Öl berge die als „Dutch Disease" bekannten, erheblichen Risiken.

Eine parallele WTO-Mitgliedschaft von Zollunion und deren Mitgliedstaaten hielt Herr *Prof. Dr. Herrmann* (Universität Passau) in Abgrenzung zur von Herrn Reg.-Dir. Dr. *Rieck* vertretenen These für höchst unwahrscheinlich. Abgesehen von einer dann erforderlichen und nur sehr unwahrscheinlichen Änderung des Art. 9 des WTO-Übereinkommens beabsichtige Russland eine solche Parallelität nicht und es sei hieraus auch kein Nutzen für Russland ersichtlich. Russland sei vielmehr daran interessiert, eine alleinige Mitgliedschaft der Zollunion zu erreichen. Eine solche habe den für Russland vorteilhaften Effekt, dass die im Verhältnis der drei Mitgliedstaaten gewährten Vergünstigungen als interne Rechtsfragen nicht mehr dem WTO-rechtlichen Meistbegünstigungsprinzip unterlägen. Eine solche alleinige Mitgliedschaft der Union hielt *Herrmann* jedoch für rechtlich ausgeschlossen. Es sei in der WTO-Judikatur anerkannt, dass eine Zollunion kein selbstständiges Zollgebiet darstelle, womit es schon an einer der grundlegendsten WTO-rechtlichen Voraussetzungen fehle. Aufgrund des geltenden „single undertaking approach"-Prinzips umfasse ein WTO-Beitritt neben der Annahme des GATT[1] auch stets GATS[2] und TRIPS[3]. Für die Bereiche des Zugangs von Dienstleistungen und des Schutzes geistigen Eigentums sei jedoch eine Kompetenz der Zollunion nicht erkennbar. Damit müssten im Falle der Zollunion die anderen

---
1 General Agreement on Tariffs and Trade.
2 General Agreement on Trade in Services.
3 Trade-Related Aspects of Intellectual Property Rights.

WTO-Staaten den Beitritt eines Mitglieds akzeptieren, welches selbst nicht für die Wahrung der eingegangenen Verpflichtungen einstehen oder im Rahmen eines Streitbeilegungsverfahrens zu deren Erfüllung verpflichtet werden könnte. Allein dies mache einen Beitritt der Zollunion unvorstellbar.

Herr *Prof. Dr. Ehlers* (Universität Münster) kam anschließend auf das Verhältnis des nationalen zum supranationalen Recht der Zollunion zurück und warf die Frage auf, ob im Kollisionsfalle – dem Recht der EU vergleichbar – von einem Vorrang des supranationalen Rechts ausgegangen werden könne. Ein solcher Vorrang sei wohl eher nicht zu erwarten.

Herr *Prof. Dr. Kozyrin* (Hochschule für Wirtschaft, Moskau) erklärte daraufhin, dass Grundsätze des Vorranges einer Norm durch die Zollunion zu regeln seien. Ebenso sei festzuschreiben, welche Regelungskompetenzen dann auf der nationalen Ebene verblieben. Derzeit sei zwar faktisch der Vorrang des unionalen Rechts erklärt, doch fehle es noch an der Akzeptanz dieses Grundsatzes in den Mitgliedstaaten. Kollisionspotential zeige sich vor allem in der Zoll- und Steuergesetzgebung. Bis die genannten Schwierigkeiten beseitigt seien, müsse – vorbehaltlich der Verwirklichung denkbarer Alternativen – vorübergehend auf das geltende nationale Recht abgestellt werden.

Die fehlende genaue Abgrenzung von nationalstaatlichen und unionalen Kompetenzen begründe Rechtsunsicherheit, welche im Einzelfall dazu führen könne, dass Zollpflichtige die Erhebung von Gebühren erfolgreich verweigern könnten. Bei der Klärung dieser Kompetenzkonflikte dürfe der Vorrang des unionalen Rechts jedoch nicht in Frage gestellt werden.

Die Stellung Weißrusslands in der Zollunion

Dr. Gennadiy Brovka,
Technische Universität Minsk, Weißrussland

A. Der Stand der rechtlichen Basis der Zollunion und die Perspektiven ihrer Entwicklung

Gemäß den Entscheidungen des Zwischenstaatlichen Rats der EURASEC N 313 (vom 16. August 2006) und N 1 (vom 6. Oktober 2007) wurden auf der Sitzung des Zwischenstaatlichen Rats am 25. Januar 2008 in Moskau von den Ministerpräsidenten der Republik Weißrussland, der Republik Kasachstan und der Russischen Föderation folgende Abkommen unterzeichnet, die unmittelbar die Kompetenz der Zollbehörden betreffen:

– Abkommen über die Führung der Zollstatistik des Außen- und Binnenhandels mit den Zollunionswaren;

– Abkommen über die Zollwertbestimmung der Waren, die über die Zollgrenze der Zollunion verbracht werden;

– Abkommen über die einheitlichen Regeln der Bestimmung des Ursprungslandes von Waren.

Nach dem Maßnahmenplan zur Errichtung der Zollunion im Rahmen der Eurasischen Wirtschaftsgemeinschaft (EURASEC), der vom Zwischenstaatlichen Rat der EURASEC – dem höchsten Organ der Zollunion – gebilligt wurde, wurden zum Zwecke der Vorbereitung der rechtlichen Basis der Zollunion im Rahmen der EURASEC und auf Grund der Bestimmungen des Internationalen Übereinkommens über die Vereinfachung und Harmonisierung der Zollverfahren vom 18. Mai 1973 in der Fassung vom Protokoll zur Änderung des Übereinkommens vom 26. Juni 1999 sowie auf Grund des Vertrags über die Errichtung des einheitlichen Zollgebiets und Gründung der Zollunion vom 6. Oktober 2007 am 12. Dezember 2008 in Moskau folgende Dokumente angenommen:

– Abkommen über die Arten der Zollprozeduren und Zollverfahren;

– Abkommen über das Anmeldeverfahren;

– Abkommen über das Zollabfertigungs- und Zollkontrollverfahren in den Mitgliedstaaten der Zollunion;

– Abkommen über das Verfahren der Zollwertanmeldung von Waren, die über die Zollgrenze der Zollunion verbracht werden;

- Abkommen über das Kontrollverfahren der Richtigkeit der Zollwertbestimmung von Waren, die über die Zollgrenze der Zollunion verbracht werden;
- Abkommen über das Verfahren der Berechnung und Entrichtung der Zollabgaben in den Mitgliedstaaten der Zollunion;
- Protokoll über den Austausch der Informationen, die für die Bestimmung und die Kontrolle des Zollwertes von Waren notwendig sind, zwischen den Zollbehörden der Republik Belarus, der Republik Kasachstan und der Russischen Föderation.
- Abkommen über die Regeln der Warenursprungsbestimmung aus den Entwicklungsländern und den am wenigsten entwickelten Ländern;
- Protokoll über die Gewährleistung der einheitlichen Anwendung der Regeln zur Zollwertbestimmung von Waren, die über die Zollgrenze der Zollunion verbracht werden.

Der Vertrag über den Zollkodex der Zollunion wurde auf der Sitzung des Zwischenstaatlichen Rates am 27. November 2009 in Minsk von den Präsidenten Weißrusslands, Kasachstans und Russlands unterzeichnet.

Laut den Punkten 2 und 3 der Entscheidung des Zwischenstaatlichen Rates N 17 „Über den Vertrag über den Zollkodex der Zollunion" (vom 27. November 2009) wurde das Protokoll über die Änderungen und Ergänzungen zum Vertrag über den Zollkodex der Zollunion zum Zwecke der Vorbereitung der rechtlichen Basis der Zollunion im Rahmen der EURASEC unterzeichnet.

Die Verabschiedung des Protokolls ist durch die Notwendigkeit der Abschaffung der Zollabfertigung in Bezug auf Waren, die aus Drittstaaten kommen und in den freien Verkehr auf dem Gebiet der Republik Weißrussland, der Republik Kasachstan und der Russischen Föderation überführt werden, bedingt.

Gemäß dem Maßnahmenplan zum Inkrafttreten des Zollkodex der Zollunion[1] wurden folgende völkerrechtliche Abkommen auf der Sitzung des Zwischenstaatlichen Rates am 21. Mai 2010 in Sankt Petersburg angenommen:
- Abkommen über die gegenseitige Verwaltungshilfe der Zollbehörden der Mitgliedstaaten der Zollunion;
- Abkommen über die Anforderungen zum Informationsaustausch zwischen den Zollbehörden und anderen Staatsorganen der Mitgliedstaaten der Zollunion;
- Abkommen über die Vorlegung und den Austausch der Vorabinformationen über die Waren und die Transportmittel, die über die Zollgrenze verbracht werden;

---

[1] Entscheidung des Zwischenstaatlichen Rats N 17 (vom 27. November 2009).

- Abkommen über die Besonderheiten des Versandverfahrens von Waren, die auf dem Zollgebiet der Zollunion mit der Eisenbahn gefördert werden;
- Abkommen über die Gründe, die Bedingungen und das Verfahren der Fristenänderung der Zollentrichtung;
- Abkommen über einige Fragen der Sicherheitsleistung in Bezug auf Waren, die im Versandverfahren befördert werden, Besonderheiten der Vollstreckung der Zölle, Steuern und das Verfahren der Überweisung der vollstreckten Geldsummen in Bezug auf solche Waren.

Die Mitgliedstaaten haben die Unterzeichnung folgender Abkommen vereinbart:

- Abkommen über die Befreiung von der Anwendung einzelner Zollkontrollen von den Zollbehörden der Mitgliedstaaten der Zollunion;
- Abkommen über Besonderheiten der Personen-, Last- und Gepäckbeförderung in der Zollunion;
- Abkommen über die Besonderheiten der Zollvorgänge in Bezug auf Waren, die in internationalen Postsendungen verbracht werden;
- Abkommen über das einheitliche Register der Objekte des geistigen Eigentums der Mitgliedstaaten der Zollunion.

Zurzeit sind elf weitere Abkommen vereinbart; zwei Abkommen befinden sich noch in der Vorbereitungsphase.

Auf Grund der Entscheidung des Zwischenstaatlichen Rats der EURASEC vom 27. November 2009 N 15 sind verbindliche Entscheidungen der Kommission der Zollunion (Kommission) unmittelbar anzuwenden; solche Entscheidungen haben die Rechtskraft von Rechtsakten der zuständigen Staatsorgane der Mitgliedstaaten wie unmittelbar vor der Übertragung der betreffenden Befugnisse auf die Kommission.

Das erste Paket solcher Entscheidungen wurde am 20. Mai 2010 erlassen; das zweite am 17. Juni 2010.

Gegenwärtig gilt das folgende Umsetzungsverfahren der Entscheidungen der Kommission vom 20. Mai 2010:

1. Zuerst wurden die Struktureinheiten des Staatlichen Zollkomitees informiert, die für jede einzelne Entscheidung einen Plan der Umsetzungsmaßnahmen entwickeln. Der Plan bestimmt die verantwortlichen Personen, sieht Maßnahmen zum Informationsaustausch und Beratung der Zollstellen und andere Maßnahmen vor.
2. Verkündung der Entscheidungen der Kommission. Die Entscheidungen werden auf der Webseite des Staatlichen Zollkomitees sowie in den Zeitschriften „Tamozhnja i VED" und „Tamozhennij vestnik" veröffentlicht.

Im Folgenden sollte der Umsetzungsmechanismus der Entscheidungen der Kommission schrittweise durchgearbeitet werden, um ein schnelles Reagieren auf die gefassten Entscheidungen sicherzustellen. Unter Beachtung des Umstands, dass völkerrechtliche Abkommen im Rahmen der Zollunion unmittelbar anzuwenden sind, sollte ein einheitliches Realisierungsverfahren entwickelt werden.

B. Informationsaustausch im Rahmen der Zollunion. Vertretung der Zolldienste der Russischen Föderation und der Republik Kasachstan in der Republik Weißrussland

Laut der Vereinbarung zwischen der Republik Weißrussland und der Russischen Föderation über die einheitliche Zollverwaltung wurde eine Vertretung des Föderalen Zolldienstes der Russischen Föderation beim Zolldienst der Republik Weißrussland gegründet. Die Vertretung hat folgende Aufgaben:

– Sicherstellung der Durchführung der Vereinbarung im Rahmen ihrer Kompetenz;

– Abstimmung der Entscheidungen zwischen den Zolldiensten der Parteien, einschließlich der Entscheidungen über die Entwicklung der Infrastruktur, sowie operative Entscheidungen zur Effizienzerhöhung der Zollkontrollen;

– Organisation des Informationsaustausches in Fragen des Zollwesens;

– Organisation der Zusammenarbeit der Zolldienste der Parteien, einschließlich der gemeinsamen Zollkontrollen;

– Ausarbeitung der Vorschläge zur Vereinheitlichung der Zollgesetzgebung der Republik Weißrussland mit der Zollgesetzgebung der Russischen Föderation;

– Koordination der Ausbildung von Bediensteten des Zolldienstes der Republik Weißrussland in den Bildungseinrichtungen des Zolldienstes der Russischen Föderation;

– Koordination der Fragen der materiell-technischen Ausstattung des Zolldienstes der Republik Weißrussland.

Den Bestand, die Stärke und die Struktur der Vertretung bestimmt der Zolldienst der Russischen Föderation in Abstimmung mit dem Zolldienst der Republik Weißrussland. Zurzeit sind je eine Dienstperson des Föderalen Zolldienstes Russlands bei der Zollstelle Oschmjansk und der Zollstelle Brest in Weißrussland akkreditiert. Die Wiedereinführung der Akkreditierung bei den Zollstellen Gomel und Witebsk ist geplant.

Zudem wurde zur Erweiterung und Vertiefung der Zusammenarbeit der Zolldienste der Republik Weißrussland und der Republik Kasachstan in den grundlegenden Aspekten der Zollpolitik bei der kasachischen Botschaft in Weißrussland das Amt des ersten Sekretärs der Botschaft – Vertreter des Zolldienstes der Republik Kasachstan – geschaffen.

C. Realisierung des TIR-Abkommens und die Sicherheitsleistung im Versandverfahren

Gegenwärtig wird in der Kommission ein Entwurf der Vereinbarung zwischen den Regierungen Weißrusslands, Kasachstans und Russlands über die Besonderheiten der Anwendung des Übereinkommens über den internationalen Warentransport mit Carnet TIR („TIR-Übereinkommen 1975") vom 14. November 1975 im Zollgebiet der Zollunion von Experten der drei Länder vorbereitet.

Da es keinen Informationsaustausch mit dem Zolldienst Kasachstans gibt, und zum Zwecke der Risikominimierung wurde dem Zollkomitee der Republik Weißrussland angeboten, die Tatsache des Abgangs von Waren, die im Rahmen des Versandverfahrens befördert werden, aus dem Gebiet der Russischen Föderation über die russisch-kasachische Grenze zu fixieren. Zurzeit werden in dieser Angelegenheit Konsultationen durchgeführt.

D. Kaliningrader Transit

Im Rahmen der Zollunion wurde der Entwurf eines Abkommens über die Besonderheiten des Verbringens von Waren und Transportmitteln aus dem Kaliningrader Gebiet in das restliche Zollgebiet der Zollunion und umgekehrt vorbereitet. Das Verfahren, das vom Zollkodex und der genannten Vereinbarung vorgesehen ist, führt zu Komplikationen und zu einer Erhöhung der Zollformalitäten an den weißrussischen Übergangsstellen in Bezug auf einige Warenpositionen.

E. Zollkontrollen in der Zollunion

Der Zollkodex der Zollunion enthält Bestimmungen zum Risikomanagement und zur Risikoanalyse, die in einem besonderen Kapitel des Abschnitts „Zollkontrolle" zusammengefasst sind. Die Überführung von Waren ist nunmehr vor Abschluss der Zollkontrollen möglich.

Eine große Bedeutung hat die Regelung, dass Zollbehörden zum Zwecke der Effizienzerhöhung der zollamtlichen Überwachung mit anderen staatlichen Kontrollorganen sowie Wirtschaftsbeteiligten zusammenarbeiten und im Rahmen ihrer Kompetenz andere Kontrollen, u.a. Export-, Devisen- und Strahlungskontrollen, durchführen.

I. Die Dauer der zollamtlichen Überwachung

Zusätzlich zu den Regelungen des Zollkodex Weißrusslands ist im Zollkodex der Zollunion die Dauer der zollamtlichen Überwachung geregelt. Nach dem Zollkodex der Zollunion befinden sich die eingeführten Waren unter der zollamtlichen Überwachung bis zu dem Zeitpunkt, wenn:

– bedingt freigegebene Waren zu Unionswaren werden, nachdem Zölle und Steuern entrichtet wurden;

– Abfälle infolge der aktiven Veredelung als nicht mehr wirtschaftlich sinnvoll erfassbar eingestuft werden;

– ein Teil der ausländischen Waren, die in das Zollverfahren der aktiven Veredelung oder der Verarbeitung für den internen Verbrauch überführt sind, als Produktionsverluste eingestuft wird;

– Waren infolge einer Havarie bzw. höherer Gewalt oder auf Grund natürlichen Schwundes sowie in einigen anderen Fällen vernichtet werden.

Die Fristen der Aufbewahrung der Unterlagen, die für die Zollkontrollen notwendig sind, wurden nicht geändert. Um die Fristen der Zoll- und anderen Staatskontrollen zu verkürzen, stellen Zollbehörden die allgemeine Koordinierung der Kontrollhandlungen und ihre gleichzeitige Durchführung sicher. Anders als im Zollkodex Weißrusslands enthält der Zollkodex der Zollunion Bestimmungen über Waren, die keinen Zollkontrollen unterliegen.

II. Das Instrumentarium der Zollkontrolle

Der Zollkodex der Zollunion wie auch der Zollkodex Weißrusslands kennt zwölf Formen der Zollkontrolle (der Zollkodex Weißrusslands nennt sie Operationen). Es fehlt allerdings im Unionskodex eine Form wie die zollamtliche Erforschung. Neu ist dabei die Prüfung der Warenrechnung, die in der früheren Fassung des Zollkodex Weißrusslands vorgesehen war.

Es ist zu beachten, dass Zollkontrollen nach der Zollgesetzgebung der Zollunion und der Zollgesetzgebung der Mitgliedstaaten durchgeführt werden. Das bedeutet, dass z.B. dann, wenn der Zollkodex der Zollunion keine schriftliche Genehmigung für die Anordnung der Zollbeschau vorsieht, eine solche Genehmigung dennoch wegen der Anordnung durch den Zollkodex Weißrusslands notwendig ist.

Die Prüfung der Warenrechnung als eine Form der Zollkontrolle wird in folgenden Fällen durchgeführt: 1. bei der Anwendung der speziellen Vereinfachungen (wie etwa für die Zugelassenen Wirtschaftbeteiligten); 2. bei der bedingten Freigabe von Waren; 3. in Bezug auf Personen, die im Bereich des Zollwesens tätig sind; 4. in Bezug auf Waren, die in solche Zollverfahren überführt sind, welche eine Warenrechnung vorsehen.

Die zollamtliche Prüfung wird von der Zollbehörde des Mitgliedstaates durchgeführt, in dem die geprüfte juristische Person gegründet und (bzw. oder) registriert ist.

Die zollamtliche Begutachtung ist nach dem Zollkodex der Zollunion keine selbstständige Form der Zollkontrolle. Sie ist innerhalb von 20 Tagen seit dem Tag, an dem der Sachverständige erforderliche Unterlagen o.ä. bekommen hat, durchzuführen.

Die Überlassung von Waren sollte gemäß Art. 196 Zollkodex der Zollunion spätestens am auf den Tag der Einreichung der Zollerklärung folgenden Arbeitstag abgewickelt werden. Die Überlassung von Waren, auf welche keine Ausfuhrzölle angewandt werden, sowie von Waren, die in das Zollverfahren der vorübergehenden Ausfuhr überführt werden, sollte grundsätzlich innerhalb von vier Stunden seit dem Zeitpunkt der Registrierung der Zollerklärung erfolgen. Die genannten Fristen enthalten die Zeit für die Durchführung der Zollkontrollen und können höchstens auf bis zu zehn Tage, gerechnet ab dem Zeitpunkt der Zollanmeldung, verlängert werden.

III. Gegenseitige Verwaltungshilfe der Zollbehörden

Da der Zollkodex der Zollunion die Handlungen der Zolldienste der drei Staaten regelt, wurden spezielle Regelungen über die gegenseitige Verwaltungshilfe getroffen. Die gegenseitige Verwaltungshilfe erfasst u.a.:

– Informationsaustausch zwischen den Zollbehörden der Unionsstaaten;

– gegenseitige Anerkennung der Entscheidungen der Zollbehörden;

– Durchführung einzelner Zollkontrollformen von der Zollbehörde eines Mitgliedstaates im Auftrag der Zollbehörde eines anderen Mitgliedstaates.

Die Zollbehörden führen den Informationsaustausch durch zum Zwecke der Sicherstellung der Einhaltung der Zollgesetzgebung der Zollunion und der Gesetzgebung der Mitgliedstaaten, einschließlich der Zollkontrolle in Bezug auf Waren, die unter der zollamtlichen Überwachung befördert werden, Transportmitteln der internationalen Beförderung, die vorübergehend eingeführt werden, sowie der Bestätigung der Ausfuhr von Waren aus dem Zollgebiet der Zollunion.

Die Zollkontrolle der Einhaltung der Zollverfahrensbedingungen erfolgt durch die Zollbehörden des Mitgliedstaates, in dem die Waren überlassen werden. Falls sich die Waren in einem anderen Mitgliedstaat befinden, wird die Zollkontrolle im Rahmen der gegenseitigen Verwaltungshilfe durchgeführt.

IV. Die Einfuhr von Waren für den persönlichen Gebrauch

Das Verfahren der Einfuhr von Waren von natürlichen Personen ist im Kapitel 49 Zollkodex der Zollunion und im Abkommen über das Verbringen der Waren von natürlichen Personen über die Zollgrenze der Zollunion für den persönlichen Gebrauch und die Durchführung der Zollvorgänge, die mit deren Überlassung verbunden sind, vom 18. Juni 2010 (Abkommen) geregelt.

Kapitel 49 Zollkodex der Zollunion regelt das Verbringen von Waren für den persönlichen Gebrauch allgemein, während das genannte Abkommen konkrete Bestimmungen zur zollfreien Einfuhr, deren Kriterien sowie einheitliche Zoll- und Steuersätze enthält. Als Grundlage für das Abkommen wurde die in der Republik Weißrussland geltende Anordnung über das Verfahren des Verbringens von Waren für den persönlichen Gebrauch von natürlichen Personen über die Zollgrenze der Republik Weißrussland (Anordnung)[2] genommen. Die Regelungen über die zollfreien Wareneinfuhren wurden auf der Grundlage der günstigsten Vorschriften der Gesetzgebung der drei Parteien gefasst. Immerhin darf der nationale Gesetzgeber in Bezug auf Waren, die in internationalen Postsendungen, Last- oder Expresssendungen verbracht werden, andere Regelungen treffen. Es wurden alle früheren Vergünstigungen für natürliche Personen bei der Einfuhr von Waren für den persönlichen Gebrauch aufrechterhalten. Der Zollkodex der Zollunion enthält zudem Bestimmungen über Diplomaten- und Konsulargut.

Das Abkommen führt den Begriff „nichtteilbare Ware" ein, d.h. eine Ware, deren Gewicht nicht mehr als 35 Kilogramm beträgt. Diese Warenkategorie unterliegt dem so genannten Gesamtzoll, der sowohl Zölle als auch Mehrwertsteuern in sich einschließt. Das bisher geltende Verfahren der Einfuhr von Haushaltstechnik in die Republik Weißrussland wird damit aufrechterhalten.

Für alkoholische Getränke wurde der Grenzwert der zollfreien Einfuhr von zwei auf drei Liter erhöht; gleichzeitig ist der Zollsatz bei der Einfuhr von alkoholischen Getränken über den Grenzwert von 20 Euro auf zehn Euro pro Liter gesunken. Für Äthylalkohol beträgt der Zollsatz 22 Euro pro Liter.

Unter den Begriff „Auto- und Motorbeförderungsmittel" fallen Personenkleinbusse (Warenposition 8702), die für die Beförderung von nicht mehr als

---
2 Erlass des Präsidenten der Republik Weißrussland N 503 (vom 15.10.2007).

zwölf Personen bestimmt sind. Für diese Kategorie der Beförderungsmittel sowie für Busse mit einem Gesamtgewicht bis zu fünf Tonnen (Warenpositionen 8704 21 und 8704 31) und schneegängige Fahrzeuge, Quadrozyklen und Hydrozyklen werden Zölle und Steuern in Form des Gesamtzolls erhoben.

Es ist möglich geworden, ausländische Kraftfahrzeuge, die im Gebiet eines ausländischen Staats registriert sind, zoll- und steuerfrei einzuführen. Das gilt für Residenten bis zu sechs Monaten, sofern Sicherheit geleistet wird, und für andere Personen bis zu einem Jahr und ohne Sicherheitsleistung.

Die Zollabfertigung der Kraftfahrzeuge, die für die Überführung in den freien Verkehr eingeführt werden, erfolgt in dem Mitgliedstaat, dessen Bürger das Kraftfahrzeug einführt. Der gleiche Ansatz gilt in Bezug auf Waren, die von Personen verbracht werden, welchen Privilegien bei der Zollentrichtung gewährt werden. Solche Waren können ins Versandverfahren nur als mitgeführte Waren überführt werden. Alle anderen Waren für persönlichen Gebrauch werden an den Übergangsstellen abgefertigt.

Laut den Übergangsbestimmungen ist für Kraftfahrzeuge, die nach dem 1. Januar 2010 in die Republik Weißrussland oder in die Republik Kasachstan nach anderen Zollsätzen, als im russischen Zolltarif oder im Einheitlichen Zolltarif vorgesehen ist, eingeführt werden, die Zolldifferenz zu zahlen. Diese Differenz wird an der weißrussisch-russischen bzw. weißrussisch-kasachischen Grenze erhoben. Die Beschränkung gilt bis zum 1. Januar 2013.

Kraftfahrzeuge, die in Weißrussland oder Kasachstan registriert sind, können in das Gebiet Russlands vorübergehend von Personen, die in Weißrussland oder Kasachstan ansässig sind, eingeführt werden. Allerdings gelten dann Beschränkungen für die Verfügungsbefugnis.

Als Kriterium für die Einstufung der Waren zu Waren zum persönlichen Gebrauch wurde die Häufigkeit des Grenzübertritts der natürlichen Person und (bzw. oder) des Verbringens von Waren durch diese Person über die Zollgrenze beibehalten.

Insgesamt verschlechtern die Bestimmungen des Abkommens die Lage von Bürgern der Republik Weißrussland nicht, außer im Fall der Verzollung von ausländischen Kraftfahrzeugen.

Zollkodex der Republik Weißrussland	Zollkodex der Zollunion
Zollfreie Einfuhr von Waren im mitgeführten und nichtmitgeführten Reisegepäck im Gesamtwert von nicht mehr als 1.000 Euro und mit einem Gesamtgewicht von 35 Kilogramm	Zollfreie Einfuhr von Waren im mitgeführten und nichtmitgeführten Reisegepäck im Gesamtwert von nicht mehr als 1.500 Euro und mit einem Gesamtgewicht von 50 Kilogramm

Zollkodex der Republik Weißrussland	Zollkodex der Zollunion
Zollfreie Einfuhr von Waren in internationalen Postsendungen im Gesamtwert von nicht mehr als 120 Euro innerhalb eines Monats für je einen Empfänger	Zollfreie Einfuhr von Waren in internationalen Postsendungen im Gesamtwert von nicht mehr als 1.000 Euro mit einem Gesamtgewicht von nicht mehr als 31 Kilogramm innerhalb eines Monats für je einen Empfänger (nationale Regelungen können abweichen)
Zollfreie Einfuhr von Waren in Express-Postsendungen im Gesamtwert von nicht mehr als 10 Euro	Zollfreie Einfuhr von Waren in Express-Postsendungen im Gesamtwert von nicht mehr als 1.000 Euro und mit einem Gesamtgewicht von nicht mehr als 31 Kilogramm innerhalb eines Monats für je einen Empfänger (nationale Regelungen können abweichen)
Zölle nach dem einheitlichen Zollsatz (pro Stück oder pro Kilogramm) gelten für die Einfuhr einiger Baumaterialien, Sanitäranlagen und Haushaltstechnik	Ein Gesamtzoll gilt für die Einfuhr nichtteilbarer Waren mit dem Gesamtgewicht von nicht mehr als 35 Kilogramm
Einheitliche Zollsätze für Waren im Gesamtwert von mehr als 1.000 Euro und mit dem Gesamtgewicht mehr als 35 Kilogramm: 30% vom Warenwert, aber nicht weniger als 2 Euro je Kilogramm; 60% vom Warenwert, aber nicht weniger als 4 Euro je Kilogramm	Einheitliche Zollsätze für Waren im Gesamtwert von mehr als 1.500 Euro und mit einem Gesamtgewicht von mehr als 50 Kilogramm: 30% vom Warenwert, aber nicht weniger als 4 Euro je Kilogramm
Einfuhr von Kleinbussen mit mehr als 9 Sitzplätzen ist nicht erlaubt	Einfuhr von Kleinbussen mit mehr als 9, aber nicht mehr als 12 Sitzplätzen ist mit der Entrichtung des Gesamtzolls erlaubt
Einfuhr von Kleinbussen mit dem Gesamtgewicht von bis zu 5 Tonnen ist mit der Entrichtung von Zöllen nach den Sätzen, die für Personenkraftwagen vorgesehen sind, erlaubt	Einfuhr von Kleinbussen mit dem Gesamtgewicht bis zu 5 Tonnen ist mit der Entrichtung des Gesamtzolls erlaubt

V. Die Einfuhr von Waren im Rohrleitungstransport und über Starkstromleitungen

Die Besonderheiten des Verbringens von Waren über die Zollgrenze der Zollunion im Rohrleitungstransport und über Starkstromleitungen regelt Kapitel 47 Zollkodex der Zollunion. Diese Fragen sollten zusätzlich von dem noch im Entwurf befindlichen Abkommen über das Verfahren des Verbringens von Waren über Starkstromleitungen und im Rohrleitungstransport geregelt werden.

Kapitel 47 Zollkodex der Zollunion enthält folgende Grundbestimmungen:
1. Die Einfuhr ins Zollgebiet der Zollunion sowie die Ausfuhr aus diesem Gebiet von Waren, die über Starkstromleitungen und im Rohrleitungstransport verbracht werden, ist nach der Überlassung solcher Waren gemäß dem angemeldeten Zollverfahren erlaubt. Bei der Einreichung der Zollerklärung ist keine Gestellung erforderlich;
2. die Einfuhr und Ausfuhr von Waren, die über Starkstromleitungen verbracht werden (Elektroenergie), ist bereits vor der Zollanmeldung erlaubt. Die Zollanmeldung der Elektroenergie bei der Überführung in den freien Verkehr und ins Exportverfahren erfolgt nicht später als am 20. Tag des Folgemonats;
3. des Weiteren ist keine Feststellung der Nämlichkeit von Waren, die im Rohrleitungstransport verbracht werden, notwendig. Die Zollbehörde darf allerdings die Anzahl, die Beschaffenheit und andere Merkmale solcher Waren überprüfen.

Das Abkommen regelt detailliert die Fragen der Überführung von ausländischen Waren sowie Zollunionswaren, die über Starkstromleitungen und im Rohrleitungstransport über das Gebiet eines Nichtmitgliedstaates verbracht werden.

F. Die Stellung der Republik Weißrussland in Bezug auf Energieressourcen in der Zollunion

Der Bedarf des Binnenmarktes Weißrusslands für das Jahr 2010 wurde von der Russischen Föderation mit einem Volumen von acht Millionen Tonnen Erdöl eingeschätzt. Darin sind 6,3 Mio. Tonnen Erdöl, die Russland nach Weißrussland zollfrei liefert, und 1,7 Mio. Tonnen Erdöl, die unser Land selber gewinnt, enthalten. Wir glauben, dass es im Rahmen der Zollunion keine Kontingentierung für zollfreies Erdöl geben soll; die Parteien sollen zu den gleichen Marktbedingungen auf dem gemeinsamen Zollterritorium wirtschaften. Die Ausfuhrzölle sollten abgebaut werden.

Weißrussland besteht auch darauf, dass im Rahmen des Einheitlichen Wirtschaftsraums ein gemeinsamer Energiemarkt gebildet werden sollte. Der Sinn dieses weißrussischen Vorschlages besteht in der Angleichung der Preise für Energieressourcen für die Mitgliedstaaten des Einheitlichen Wirtschaftsraums bis zum Niveau der Weltpreise.

Heutzutage gibt es wesentliche Unterschiede zwischen den Energieträgerpreisen in den einzelnen Zollunionsstaaten. Wenn der Großhandelspreis für Gas für das russische Grenzgebiet Smolensk etwa 85 Dollar für 1000 Kubikmeter beträgt, zahlt unser Land für dieselbe Menge heute 194 Dollar. Allerdings will Russland diese Situation nicht ändern und die Preise für Energieressourcen im Rahmen des Einheitlichen Wirtschaftsraums nicht angleichen, d.h. weder die Preise für Energieressourcen für den Binnenmarkt erhöhen noch für Weißrussland wesentlich senken. Ab dem 1. Januar 2011 soll Weißrussland Gas aus Russland zum mitteleuropäischen Preis (abzüglich des Ausfuhrzolls und der Transportkosten) bekommen.

Die Einführung von Ausfuhrzöllen zwang Weißrussland dazu, den Import von Erdöl und Erdölprodukten zu senken. Im Januar und im August 2010 importierte Weißrussland insgesamt 8,36 Mio. Tonnen russischen Erdöls, dagegen in derselben Periode im Jahr 2009 14,5 Mio. Tonnen. 2010 hat Weißrussland auch den Import der Erdölprodukte im Vergleich mit dem vorangegangenen Jahr fast um zwei Drittel reduziert.

G. Informationstechnologien und Informationssysteme

Das wirksame Funktionieren der Zollunion ist ohne Anwendung von Informationstechnologien im Außen- und gegenseitigen Handel der Unionsstaaten nicht möglich. Viele völkerrechtliche Abkommen der Zollunion und Entscheidungen der Kommission sehen die Organisation der Informationszusammenarbeit in elektronischer Form zwischen den Zollverwaltungen der Republik Weißrussland, der Republik Kasachstan und der Russischen Föderation sowie zwischen Zollbehörden und anderen Staatsorganen in jedem Mitgliedstaat vor. Um den heutigen Anforderungen gerecht zu werden, ist die Modernisierung vorhandener bzw. die Entwicklung neuer Software erforderlich. Von 42 internationalen Abkommen und Entscheidungen der Kommission sehen nur drei Rechtsakte keine Entwicklungen bzw. Erneuerungen der IT-Systeme vor.

Die Kommission[3] hat folgenden Aufgaben Priorität bei der Entwicklung von Informationstechnologien zugewiesen: 1. Kontrolle des Zollversands; 2. Bestätigung der tatsächlichen Ausfuhr von Waren über die Außengrenzen der Mitgliedstaaten der Zollunion; 3. Erfassung und Kontrolle der vorübergehend in die Gebiete der Mitgliedstaaten eingeführten Transportmittel. In Durchführung der Vorgaben der Kommission haben die Zolldienste der Unionsstaaten am 11. März 2010 die Vorläufige Technologie der Informationszusammen-

---

3 Entscheidung der Kommission N 159 (vom 27. Januar 2010) „Über die Maßnahmen zur Gewährleistung der Abschaffung der Zollabfertigung an der kasachisch-russischen Grenze ab dem 1. Juli 2010 mit der Erhaltung der Zollkontrollen in Fristen, die in den Etappen und Fristen der Bildung des einheitlichen Zollgebiets der Zollunion genannt sind".

arbeit der Zollbehörden der Mitgliedstaaten der Zollunion bei der Kontrolle der Warenbeförderung im Zollgebiet der Zollunion gemäß dem Versandverfahren, das Schema der Informationszusammenarbeit für das Jahr 2010 sowie den Durchführungsplan für die Vorläufige Technologie vorbereitet.

Nach dem Durchführungsplan sollten die Zollverwaltungen der drei Staaten den Informationsaustausch ab dem 1. Juli 2010 beginnen. Allerdings hat Kasachstan im Rahmen der Expertenkonsultationen über die endgültige Abstimmung der Daten, die dem Austausch unterliegen, erklärt, dass sein Informationssystem nicht zum Datenaustausch mit den IT-Systemen der Zolldienste Weißrusslands und Russlands bereit ist. In diesem Zusammenhang sind die Zollorgane Weißrusslands und Russlands gezwungen, den Informationsaustausch im Rahmen der Zollversandkontrolle nach der bisher existierenden Technologie zu verwirklichen.

H. Verteilung und Überweisung der Zolleinnahmen

Die Verteilung und Überweisung der Zolleinnahmen, die nach dem Inkrafttreten des Zollkodex der Zollunion eingenommen werden, obliegt den Staatskassen der Mitgliedstaaten und nicht deren Zollverwaltungen. Nach Angaben des Finanzministeriums wurden gemäß Artikel 12 Abs. 1 Abkommen über Festlegung und Anwendung des Buchungs- und Verteilungsverfahrens der Einfuhrzölle (sowie anderen Abgaben und Steuern mit gleicher Wirkung) vom 20. Mai 2010 in der Nationalen Bank der Republik Weißrussland Konten in Tenge und russischen Rubel für die Buchung der auf die Staaten zu verteilenden Zölle eingerichtet. Auf der Grundlage von Vorschlägen der Nationalen Bank sowie der anderen betroffenen Staatsorgane wird zurzeit eine Haushaltsordnung erarbeitet, die u.a. Änderungen im Buchungsverfahren der Einfuhrzölle berücksichtigt.

Die Neuerungen, die im genannten Abkommen vom 20. Mai 2010 vorgesehen sind, erfordern eine Reihe zusätzlicher Vorbereitungsmaßnahmen, u.a.: Schließung der vorhandenen Bankkonten und Eröffnung eines neuen einheitlichen Kontos; Einführung neuer Abschnitte und Unterabschnitte der Einnahmeklassifikation des Haushalts der Republik Weißrussland für die Buchung und Verteilung der Einfuhrzölle; Information über die Neuerungen der Zollbehörden, Zollzahler sowie Banken zum Zwecke der Sicherstellung der erforderlichen Kontrollen. Für die Durchführung dieser Maßnahmen hat die Regierung am 21. Juni 2010 das Finanzministerium beauftragt.

I. Zollwertfragen

Die Zollwertbestimmung der Waren, die über die Zollgrenze der Zollunion verbracht werden, erfolgt nach den Regelungen des Abkommens über die

Zollwertfeststellung von Waren, die über die Zollgrenze der Zollunion verbracht werden[4]. Diese Regelungen sind mit den Normen des Gesetzes der Republik Weißrussland „Über den Zolltarif" identisch.

Da sich der Zollwert von Waren, die aus dem Zollgebiet der Zollunion ausgeführt werden, nach der nationalen Gesetzgebung der Unionsstaaten bestimmt, gelten der Erlass des Präsidenten der Republik Weißrussland N 474 „Über das Feststellungsverfahren des Zollwerts von Waren" (vom 25. Juli 2008) sowie die Anordnung des Staatlichen Zollkomitees der Republik Weißrussland N 96 (vom 12. Oktober 2006) weiter.

In Bezug auf Besonderheiten der Zollwertfeststellung von Waren, die in das Zollverfahren der Verarbeitung im Zollgebiet sowie das Zollverfahren der Verarbeitung für den internen Verbrauch überführt werden, gibt es noch keine Entscheidung der Kommission, die diese Fragen regeln würde. Bis zur Verabschiedung einer solchen Entscheidung bestimmt sich der Zollwert der Waren nach dem Erlass des Präsidenten der Republik Weißrussland N 399 „Über die Zollwertbestimmung von Waren, die sich unvermeidlich neben den Verarbeitungsprodukten bilden".

Insgesamt ist festzustellen, dass es keine grundlegenden Unterschiede in den Fragen der Zollwertbestimmung zwischen der Gesetzgebung der Zollunion und den normativen Rechtsakten der Republik Weißrussland gibt.

J. Ursprungsnachweise

Bis zur Verabschiedung einer entsprechenden Entscheidung der Kommission gelten bei der Einfuhr der Waren in die Republik Weißrussland die Regeln zur Feststellung des Warenursprungs im Rahmen des Abkommens über die Gründung der Freihandelszone vom 15. April 1994, des Abkommens zwischen der Regierung der Republik Weißrussland und der Republik Serbien über den Freihandel sowie der Erlass des Präsidenten der Republik Weißrussland N 699 „Über die Feststellung der Einfuhrzollsätze". Keine Ursprungsnachweise sind gemäß der Entscheidung der Kommission N 254 (vom 20. Mai 2010) erforderlich, wenn der Gesamtwert der eingeführten Waren 200 Euro nicht überschreitet.

Die Feststellung des Ursprungslandes von Waren, die aus dem Gebiet der Republik Weißrussland außerhalb der GUS-Staaten ausgeführt werden, erfolgt nach der nationalen Gesetzgebung der Republik Weißrussland, soweit nichts anderes von völkerrechtlichen Verträgen der Republik Weißrussland bestimmt ist.

---

[4] Das Abkommen ist zusammen mit dem Zollkodex der Zollunion in Kraft getreten.

K. Wareneinreihung

Die Einheitliche Warennomenklatur der Außenwirtschaftstätigkeit der Zollunion findet seit dem 1. Januar 2010 Anwendung. Das Inkrafttreten des Zollkodex der Zollunion bringt keine prinzipiellen Änderungen bei der Wareneinreihung mit sich.

L. Tätigkeit der Rechtsschutzorgane

Mit der Bildung der Zollunion sind folgende Entwicklungen zu erwarten: 1. Erhöhung der Anzahl der in die Republik Weißrussland erfolgenden Einfuhr von Waren, deren illegaler Verkehr in Russland und Kasachstan verbreitet ist; 2. Verschärfung der Situation illegaler Einfuhren von Kraftfahrzeugen in das Gebiet der Republik Weißrussland; 3. Zufluss von Drogen aus Südostasien, die in das Zollgebiet der Zollunion über Russland und Kasachstan gelangen. Ausgehend von den möglichen Folgen der Schmuggeltätigkeit für die nationalen Interessen der Republik Weißrussland, sollten die Zollbehörden sich auf die Verortung entstehenden Schmuggels konzentrieren. Es ist aber zugleich keine bedeutende Änderung der Arbeitsweise der Zollbehörden in ihrem polizeilichen Aufgabenbereich zu erwarten.

Von der Kommission wurden Vorschläge zu einheitlichen Prinzipien der Heranziehung zur straf- und verwaltungsrechtlichen Verantwortlichkeit vorbereitet. Diese Vorschläge finden sich im Abkommen über die Rechtshilfe und die Zusammenarbeit der Zollbehörden in Straf- und Verwaltungssachen sowie im Vertrag über die Besonderheiten der Straf- und Verwaltungsverantwortlichkeit für Verstöße gegen die Zollgesetzgebung der Zollunion und der Mitgliedstaaten wieder.

Im Rahmen des Komitees der Rechtsschutzabteilungen des Rats der Zolldienstleiter der GUS haben Russland und Kasachstan Maßnahmenpläne für die Jahre 2010 und 2011 abgestimmt.

Im nationalen Verwaltungsrecht wurden Änderungen vorgenommen, um die Rechtsschutzpraxis der Zollbehörden den Bedingungen der Zollunion anzupassen. Das Staatliche Zollkomitee hat zusammen mit den anderen betroffenen Staatsorganen einen Plan zur Schmuggel- und Kriminalitätsbekämpfung im Bereich der Außenwirtschaftstätigkeit vorbereitet. Zu diesen Zwecken sollte zudem eine informationelle Zusammenarbeit mit den Grenzstaaten aufgebaut werden.

M. Andere praktische Fragen der Zollunion

Die Zollunion zwischen Weißrussland, Kasachstan und Russland wirft viele praktische Rechtsfragen auf. So wird die Notwendigkeit der Sicherheitsleistung in Höhe von einer Million Euro am Ende der Übergangsperiode zur Senkung der Anzahl der Zollvertreter in Weißrussland führen. Ferner stellt die zollamtliche Überwachung der vorübergehenden Einfuhr von Transportmitteln in das Gebiet der Zollunion ein gemeinsames Problem dar. In diesem Bereich sind die Entwicklung von IT-Technologien und der Ausbau des Informationsaustausches über die Ausfuhr bzw. die Fristenverlängerung bzw. die Beendigung des Einfuhrverfahrens notwendig. Zudem ist die Einrichtung eines Datenaustauschsystems über die vorübergehend eingeführten Waren, die gemäß dem Zollkodex schriftlich anzumelden sind und für welche Zölle und Steuern wegen der Nicht-Wiederausfuhr entrichtet werden sollen, notwendig.

In der Zollunion ist die Frage der Verteilung der Zolleinnahmen zwischen den Mitgliedstaaten noch nicht endgültig gelöst. Die praktische Anwendung nichttarifärer Maßnahmen ist in der Zollunion erschwert. Die Gründe dafür sind das Fehlen von Genehmigungsmustern, Listen der Zertifizierungsorganisationen und bevollmächtigten Personen in Russland und Kasachstan sowie die mangelnde Nähe (und damit Einflussmöglichkeit) der russischen und kasachischen Wirtschaftsbeteiligten zu den Einfuhr- bzw. Ausfuhrzollstellen am weißrussischen Abschnitt der Zollgrenze.

In Weißrussland werden in der letzten Zeit vermehrt juristische Personen gegründet. Dies ist durch das Ansässigkeitsprinzip bedingt. Das von den Übergangsbestimmungen des Zollkodex vorgesehene Ansässigkeitsprinzip führt nämlich dazu, dass Wirtschaftsbeteiligte, die in Russland oder Kasachstan ansässig sind, keine Zollabfertigung in Weißrussland vornehmen können.

Eine Beschleunigung der Zollabfertigung von Waren, die aus Russland über weißrussische Ausfuhrzollstellen exportiert werden, würde durch die Einführung der Anfragetechnologie[5] über die in Russland abgefertigten Waren erreicht werden können.

Ein Entwurf für eine Technologie zollamtlicher Begleitung von Waren, die nach Russland kommen, wurde vorbereitet. Zudem wurde ein Garantiesystem im Versandverfahren in der Zollunion erarbeitet, das alternativ zum Garantiesystem im Rahmen des TIR-Verfahrens besteht.

Um Konfliktsituationen bei der Zollabfertigung von Waren, deren Verbringen über die Zollgrenze der Zollunion verboten oder beschränkt ist, vorzubeugen, sollten die Listen solcher Waren, die in der Entscheidung des Zwischenstaatlichen Rates N 19 „Über die einheitliche nichttarifäre Regulierung der Zollunion der Republik Weißrussland, der Republik Kasachstan und der Russischen Föderation" (vom 27. November 2009) nicht bestimmt sind, vereinheitlicht werden. Zu solchen Waren gehören beispielsweise Waffen, Muni-

---

5 Verordnung über das Nachweisverfahren der tatsächlichen Ausfuhr von Waren aus dem Gebiet des Unionsstaats vom 10. April 2009.

tion, Sprengmittel oder Waren, die Veterinär- bzw. Pflanzensanitärkontrollen unterliegen.

N. Durchführung des Protokolls über die einzelnen vorläufigen Ausnahmen von der Funktionsweise des einheitlichen Zollgebiets der Zollunion vom 5. Juli 2010

Das Protokoll stellt fest, in welchen Fällen Einfuhrwaren den Zollkontrollen, der Zollanmeldung sowie der Anwendung der Schutzmaßnahmen gemäß der Gesetzgebung der Republik Weißrussland unterliegen.

Laut Artikel 2 des genannten Protokolls können für Waren, die in der Russischen Föderation bzw. in der Republik Kasachstan in den freien Verkehr überführt sind, im nationalen Recht spezielle Schutz-, Antidumping-, Ausgleichs- und Gegenmaßnahmen vorgesehen werden. Zurzeit werden nach dem Gesetz „Über Maßnahmen zum Schutz der Wirtschaftsinteressen der Republik Weißrussland" Schutzmaßnahmen in Bezug auf Preformen und Karamell aus der Ukraine sowie in Bezug auf Glasnetze angewandt.

Ferner stellt Artikel 2 des genannten Protokolls fest, dass Waren, die in einem Mitgliedstaat in den freien Verkehr überführt sind, bei der Einfuhr in einen anderen Mitgliedstaat, in dem höhere Zollsätze gelten, den Zollkontrollen, der Zollanmeldung, der Zollentrichtung sowie anderen Maßnahmen in Abhängigkeit von dem Ursprungsland und von den Einfuhrbedingungen unterliegen. So herrscht beispielsweise in den Wirtschaftsbeziehungen zwischen der Russischen Föderation und der Republik Montenegro das Freihandelsprinzip. Da aber ein entsprechendes Abkommen zwischen der Republik Weißrussland und der Republik Montenegro fehlt, bereitet dies erhebliche Schwierigkeiten bei der Verzollung von montenegrinischen Waren, die in Russland in den freien Verkehr überführt sind.

Mit der Entscheidung N 335 „Über die Fragen des Funktionierens des einheitlichen Zollgebiets und der Anwendungspraxis der Mechanismen der Zollunion" (vom 17. August 2010) hat die Kommission die Mitgliedstaaten beauftragt, die Listen der Waren, auf die Schutz-, Antidumping-, Ausgleichs- und Gegenmaßnahmen sowie andere als im Einheitlichen Zolltarif festgelegte Zollsätze Anwendung finden, bis zum 1. September 2010 einzureichen. Das Staatliche Zollkomitee der Republik Weißrussland hat mit dem Brief N 01-1-2/7296 (vom 31. August 2010) die erforderlichen Informationen an das Sekretariat der Kommission geleitet. Bisher wurde keine zusammenfassende Stellungnahme vom Sekretariat abgegeben[6].

---

6 Stand: 24. September 2010.

Die Zollunion aus weißrussischer Sicht

Dr. Tatjana Telyatitskaya,[1]
Minsker Institut für Verwaltung, Minsk, Weißrussland

A. Die wirtschaftliche Ausgangslage

Die Republik Weißrussland gilt als wichtiger Transportkorridor, der Europa und Asien verbindet. In diesem Zusammenhang stellt das Transitpotential ein wichtiges ökonomisches Instrument dar, welches es erlauben soll, die weißrussische Wirtschaft stufenweise zu stärken und die Staatssouveränität sicherzustellen.

Die Außenhandelsbeziehungen tragen zurzeit nur noch in ungenügendem Maße zum Funktionieren der nationalen Wirtschaft bei. Dieser Befund stützt sich in erster Linie auf die unzureichende Entwicklung der Integrationsbeziehungen im Rahmen der Gemeinschaft Unabhängiger Staaten (GUS) und der Zollunion der Eurasischen Wirtschaftsgemeinschaft (EURASEC) sowie auf die ineffiziente Zollgesetzgebung.

Dabei gewinnt die Zollunion immer mehr an Bedeutung, obwohl ihre Bildung große Kompromissbereitschaft aller beteiligten Parteien erfordert. Die Verhandlungen der Mitgliedstaaten über die Zollunion und die Ausarbeitung ihrer grundlegenden Rechtsakte erfolgten unter Krisenbedingungen. Die Finanzkrise forcierte die Konsolidierung der politischen und wirtschaftlichen Bemühungen der Mitgliedstaaten. Im Rahmen der Zollunion sollten Lösungen dafür gefunden werden, wie negative Auswirkungen der Krise in den Mitgliedsländern minimiert und wie gemeinsam die beteiligten Volkswirtschaften gestärkt werden können.

Die Krise hat wieder die für alle Unionsstaaten gemeinsamen Probleme sichtbar gemacht, insbesondere die übermäßige Rohstoffabhängigkeit, wenig entwickelte Kooperationsbeziehungen sowohl innerstaatlich als auch zwischen den Ländern, einen schwachen Binnenmarkt sowie die Instabilität der komplexen Wertschöpfungsketten. Eine Analyse der Exportstruktur der Unionsstaaten zeigt, dass 50 Prozent der russischen Exporte aus Rohstoffressourcen bestehen und nur neun Prozent Kraftfahrzeuge und Ausrüstung ausmachen. Eine ähnliche Situation liegt in Kasachstan vor: 53 Prozent der Exporte sind

---
[1] Die Verfasserin ist Inhaberin des Lehrstuhls für Wirtschaftsrecht am Minsker Institut für Verwaltung.

Rohstoffausfuhren. Im Gegensatz zu Russland oder Kasachstan besteht der weißrussische Export zu 37 Prozent aus Maschinen und Anlagen.

Die Gründung der Zollunion könnte die Innovationsaktivitäten der beteiligten Volkswirtschaften fördern. Auf den Zustand der Innovationsstruktur in den Unionsstaaten kann man von der Anzahl der Technologieparks schließen. Zum Beispiel existieren in Weißrussland und in Kasachstan zehn Technologieparks, in Russland nominell mehr als 60. Dabei werden neue Technologien von nur zehn Prozent der Unternehmen genutzt. Zum Vergleich gibt es in den USA mehr als 160 Technologieparks, in China mehr als 130.

Um eine innovative Wirtschaft zu fördern, sollten in erster Linie der Transfer von Ideen in den Markt und der Schutz des gewerblichen Eigentums unterstützt werden. In diesem Sinne könnte die Zollunion (und in Zukunft der Einheitliche Wirtschaftsraum) als Katalysator dieses Prozesses auftreten. Die im Rahmen der Zollunion angestrebten Vereinfachungen, insbesondere eine erleichterte Zollabwicklung, Abschaffung der Zollkontrollen sowie einheitliche technische Standards, werden die Konkurrenz steigern, die Absatzmärkte erweitern und schließlich die Entwicklung innovativer Technologien begünstigen.

Allerdings bleiben diese Maßnahmen ungenügend, wenn keine speziellen Marktinstrumente eingesetzt werden. Es geht um neue Verwaltungs-, Steuer- und Zollregeln.

B. Die wirtschaftliche Bedeutung der Zollunion

Was sehen wir heute? Die hektische Betriebsamkeit um die Zollunion entspricht nicht ihrer wirtschaftlichen Bedeutung. Die Schwierigkeiten bei ihrer Gründung stellen eine Verschärfung der schon seit langem existierenden Widersprüche bezüglich der Öl- und Gaslieferungen nach Weißrussland dar.

Folgende Zahlen sollen dies veranschaulichen: In der ersten Jahreshälfte 2010 betrugen der Anteil Weißrusslands am Außenhandel Russlands 5,4 Prozent oder 12.506 Mio. Dollar und der Anteil Kasachstans 2,4 Prozent oder 7.913 Mio. Dollar. Der Anteil Kasachstans am weißrussischen Außenhandel lag bei 1,15 Prozent (!) des Gesamtvolumens oder insgesamt 301,1 Mio. Dollar. Das gesamte Handelsvolumen zwischen den Unionsstaaten wird sich im Jahr 2010 nach unserer Einschätzung auf ungefähr 40 Mrd. Dollar belaufen. Vor diesem Hintergrund trägt die Aussage über einen wirtschaftlichen Effekt der Zollunion in Höhe von 400 Mrd. Dollar bis zum Jahr 2015 allein für Russland einen eher propagandistischen Charakter. An einer ökonomischen Begründung fehlt es.

Außerdem wurden die Zolltarife zwischen der Russischen Föderation und der Republik Weißrussland schon früher im Wesentlichen vereinheitlicht. Das lässt sich schon an dem Umstand ablesen, dass nach der Gründung der Zollunion die nationalen Zollsätze für zwei Prozent der Warenpositionen in Russland und für zehn Prozent der Warenpositionen in Weißrussland, aber für 45 Prozent der Warenpositionen in Kasachstan geändert werden mussten.

Welche bedeutsamen Vorteile ergeben sich aus der Bildung der Zollunion für Russland und Weißrussland? Laut Angaben der Welthandelsorganisation ist Russland mit 37 Abwehrmaßnahmen für 40 Prozent der Warenpositionen der Protektionismus-Spitzenreiter unter den entwickelten Ländern. Anscheinend versucht Russland im Rahmen der Zollunion, seine protektionistischen Maßnahmen auf das ganze Gebiet der Zollunion zu erstrecken und damit die Absatzposition einiger Warengruppen aus eigener Herstellung, insbesondere Personenkraftwagen, Lastkraftwagen und Aluminium, auf den Märkten der Mitgliedsländer zu festigen.

Andererseits stellen die Preise für Energieträger eine große Herausforderung für die weißrussische Wirtschaft dar. Laut der Entwicklungsstrategie des Energiepotentials der Republik Weißrussland erreichten die jährlich steigenden Energieversorgungskosten im Jahr 2009 einen Anteil am Bruttoinlandsprodukt in Höhe von 24 Prozent. Eine Senkung dieser Kosten könnte es erlauben, die Konkurrenzfähigkeit der einheimischen Waren auf ausländischen Märkten schnell und effizient zu erhöhen. Die Verarbeitung des zollfreien russischen Erdöls im Inland und der anschließende Weiterverkauf von fertigen Produkten ins Ausland stellen eine zusätzliche Option zur Erhöhung der Staatseinnahmen dar, die besonders unter Krisenbedingungen aktuell ist.

Jedoch hat Russland für Öl und Ölprodukte, die nach Weißrussland geliefert werden, Ausnahmeregelungen eingeführt. Zudem erschwert Russland ein gemeinsames Vorgehen zur Schaffung des einheitlichen Wirtschaftsraums. Der Versuch, eine Zollunion zu errichten, die mit Ausnahmen versehen ist, die ihrerseits ganze Warenkategorien betreffen, scheint sinnlos zu sein. Insofern sieht die Zukunft dieses Projekts diffus aus.

Kasachstan und die Zollunion der Eurasischen Wirtschaftsgemeinschaft (EURASEC)

Prof. Dr. Sailaubek Alibekov,
Kasachische Ablai Khan-Universität, Almaty, Kasachstan

A. Zollgesetzgebung in Kasachstan

Seit dem 30. Juni 2010 gilt in Kasachstan der Kodex „Über das Zollwesen in der Republik Kasachstan". Der Kodex wurde gemäß dem Zollkodex der Zollunion, der am 1. Juli 2010 in Kraft getreten ist, erlassen und enthält zwei Teile, acht Abschnitte, 61 Kapitel und 504 Artikel.

Unter dem Zollwesen (Zollregulierung) in der Republik Kasachstan versteht man die Regulierung der Beziehungen in dem Teil des Zollgebiets der Zollunion (auf dem Territorium der Republik Kasachstan), auf dem die Republik Kasachstan über eigene Hoheitsrechte verfügt. Das Zollwesen hat folgende Regelungsgegenstände: Das Verbringen der Waren über die Zollgrenze der Zollunion, ihre Beförderung in dem einheitlichen Zollgebiet der Zollunion unter zollamtlicher Überwachung, die vorübergehende Verwahrung, die Zollanmeldung, die Überlassung und die Verwendung gemäß dem beantragten Zollverfahren, die Durchführung der Zollkontrollen, die Entrichtung der Zölle und Steuern, sowie die hoheitlich geregelten Verhältnisse zwischen den Zollbehörden und den Personen, die Besitz-, Nutzungs- und Verfügungsrechte über die Waren haben.

Die zollrechtlichen Normen Kasachstans, Russlands und Weißrusslands sowie anderer Staaten im postsowjetischen Raum sind in vielerlei Hinsicht ähnlich. Hier ist zu betonen, dass die Zollgesetzgebungen dieser Staaten entsprechend den Grundlagen der Zollgesetzgebungen der Mitgliedstaaten der Gemeinschaft Unabhängiger Staaten (GUS) aus dem Jahre 1995 konzipiert wurden. Dies erleichterte es, die Vorschriften des Zollkodex der Eurasischen Wirtschaftsgemeinschaft (EURASEC) unter Berücksichtigung der früher durchgeführten Unifizierung und Harmonisierung zu gestalten. Die Zollregulierung in der Republik Kasachstan erfolgt nach Maßgabe der Zollgesetzgebung der Zollunion; das nationale kasachische Recht gilt ergänzend.

I. Die Akteure im Zollwesen

Die Akteure im Zollwesen sind außer den Zollbehörden insbesondere der Zollanmelder, der Zollvertreter, die Fachkraft für Zollanmeldung, der Zollbeförderer, der Inhaber des Verwahrungslagers, der Inhaber des Zolllagers, der Inhaber des Duty-Free-Geschäfts, der Inhaber der Freilager sowie der Zugelassene Wirtschaftsbeteiligte.

Zollanmelder können folgende Personen sein:

1. In einem Mitgliedsstaat der Zollunion ansässige Personen,
   - die einen außenwirtschaftlichen Vertrag geschlossen haben oder in deren Namen dieser Vertrag geschlossen wurde;
   - die ein Besitz-, Nutzungs- und (bzw. oder) Verfügungsrecht über die Waren haben, ohne einen außenwirtschaftlichen Vertrag zu schließen.
2. Ausländische Personen:
   - natürliche Personen, die Waren für den persönlichen Ge- und Verbrauch verbringen;
   - Personen, die Zollvergünstigungen genießen;
   - Organisationen, die eine Vertretung in einem Mitgliedstaat der Zollunion haben, bei der Überführung der Waren in die vorübergehende Einfuhr, in das Reexportverfahren bzw. in den freien Verkehr für den eigenen Ge- und Verbrauch;
   - Personen, die zwar Verfügungsrechte über die Waren haben, aber nicht im Rahmen eines Geschäfts, bei dem eine der Parteien eine in einem Mitgliedstaat ansässige Person ist.
3. *Im Falle einer Anmeldung der Waren für das Versandverfahren* die unter 1) und 2) genannten Personen sowie der Beförderer bzw. Zollbeförderer und der Expeditor, wenn er in einem Mitgliedstaat ansässig ist.

Es werden unvollständige, periodische, vorläufige und Vorab-Anmeldungen zugelassen.

II. Voraussetzungen für die Überlassung der Waren

Die *Überlassung* der Waren erfolgt unter folgenden Voraussetzungen:

1. Der Zollbehörde wurden Lizenzen, Zertifikate, Genehmigungen und (bzw. oder) andere für die Überlassung erforderliche Unterlagen vorgelegt, es sei denn, dass diese Unterlagen später eingereicht werden können;
2. der Zollanmelder erfüllt die erforderlichen Anforderungen und Voraussetzungen für die Überführung von Waren in ein Zollverfahren;
3. für die Waren wurden Zölle und Steuern entrichtet oder eine Sicherheit für die spätere Entrichtung von Zöllen und Steuern geleistet.

Die Waren werden vom Beamten der Zollbehörde durch Eintragung entsprechender Vermerke in der Zollerklärung, in den Geschäfts-, Transport- oder Versandunterlagen und ins Informationssystem der Zollbehörde innerhalb von 24 Stunden nach der Registrierung der Zollerklärung überlassen.

III. Die Zollverfahren

Zum Zwecke der Zollregulierung des Warenverkehrs werden folgende Zollverfahren festgelegt: 1. Überführung in den zollrechtlich freien Verkehr, 2. Exportverfahren, 3. Versandverfahren, 4. Zolllagerverfahren, 5. Verarbeitung im Zollgebiet, 6. Verarbeitung außerhalb des Zollgebiets, 7. Verarbeitung für den internen Verbrauch, 8. vorübergehende Einfuhr (Zulassung), 9. vorübergehende Ausfuhr, 10. Reimport, 11. Reexportverfahren, 12. der abgabenfreie Handel, 13. Vernichtung, 14. Aufgabe zugunsten der Staatskasse, 15. Freizone, 16. Freilager, 17. spezielles Zollverfahren.

Unter der *Zollabfertigung* versteht man alle Zollvorgänge, die nach den Zollgesetzgebungen der Zollunion und der Republik Kasachstan zur Überführung in den freien Verkehr, für das Exportverfahren oder im Rahmen eines anderen beantragten Zollverfahrens vorgenommen werden. Bei der Zollanmeldung werden folgende Formen der Zollerklärung verwendet: Waren-, Versand-, Fahrzeug- sowie Fahrgasterklärung. Die neuen Formblätter und Anweisungen dazu werden von der Kommission der Zollunion vorbereit. Als Zollerklärung können Transport-, Versand- sowie Geschäftsunterlagen verwendet werden, die Angaben zur Überlassung der Waren gemäß dem beantragten Zollverfahren enthalten.

Die Zollanmeldung kann auch in elektronischer Form verschlüsselt eingereicht werden. Die Anmeldung muss folgende Angaben enthalten: 1. Das beantragte Zollverfahren; 2. Angaben über den Zollanmelder, den Zollvertreter, den Absender und den Empfänger der Waren; 3. Angaben über Transportmittel; 4. Angaben über Transportmittel der internationalen Beförderung; 5. Angaben über die Waren: Warenbezeichnung, Warenbeschreibung, Codenummer, Herkunftsland, Versendungs- und Bestimmungsland, Nämlichkeitsmittel, Masse, Zollwert, statistischer Wert; 6. Angaben über die zu entrichtenden Zölle und Steuern (Tarife, eventuelle Vergünstigungen, Summen, Währungskurs); 7. Angaben über das dazugehörige Geschäft und seine Bedingungen; 8. Angaben über die Beachtung von Beschränkungen; 9. Angaben über den Warenhersteller; 10. eine Zusicherung, die Bedingungen für die Überführung der Waren in das beantragte Zollverfahren zu beachten; 11. Angaben über die Person, die die Zollerklärung gefertigt hat; 12. Ort und Datum.

Bei der Überführung der Waren in das Versandverfahren muss der Zollbehörde eine Transiterklärung vorgelegt werden. Stattdessen können Transport-, Versand- und Geschäftsunterlagen sowie andere in völkerrechtlichen Abkommen der Republik Kasachstan vorgesehene Unterlagen eingereicht werden. Der Zollerklärung sind folgende Unterlagen beizufügen: Bevollmächtigungen; Geschäftsverträge oder andere Unterlagen, die Besitz-, Nutzungs- und Verfügungsrechte über die Waren nachweisen; Transport- oder Versandunterlagen. Unter Umständen werden Nachweise über die Beachtung der Anforderungen der Währungskontrolle sowie der Verbote und Beschränkungen (u.a. aufgrund von Schutz-, Antidumping-, Ausgleichsmaßnahmen), Zahlungsbelege über die entrichteten Zölle und Steuern sowie Nachweise über die eventuell zu leistende Sicherheit und (bzw. oder) über die Befreiung von der Entrichtung von Zöllen und Steuern benötigt.

Bei der Zollanmeldung der Waren können Originalunterlagen oder ihre Kopien eingereicht werden. Die Zollbehörde darf jederzeit prüfen, ob die vorgelegten Kopien ihren Originalen entsprechen. Ebenfalls werden Zollunterlagen in elektronischer Form akzeptiert. Das Verfahren richtet sich in diesem Fall nach der Zollgesetzgebung der Zollunion.

Bei der Zollanmeldung können Zollbehörden die erforderlichen Unterlagen und Angaben sowohl in einer der Staatssprachen der Unionsstaaten als auch in Fremdsprachen entgegennehmen und verwenden. Im letzten Fall ist die Zollbehörde berechtigt, eine Übersetzung solcher Angaben ins Kasachische oder Russische zu fordern.

Um die Angaben über den Zollanmelder bzw. Zollvertreter in elektronischer Form zu erfassen, werden folgende Unterlagen eingereicht:

1. Für juristische Personen eine notariell beglaubigte Kopie der Urkunde über die staatliche Registrierung, Kontoauszug, Identifikationsnummer.
2. Für natürliche Personen Personalausweis, Kontoauszug, Identifikationsnummer.

Der *Zollvertreter* ist eine juristische Person, die in der Republik Kasachstan ansässig ist und bestimmten Bedingungen entspricht. Die juristische Person wird erst nach der Eintragung in das amtliche Register, das von einem bevollmächtigten Organ im Bereich Zollwesen geführt wird, zum Zollvertreter. Der *Zollbeförderer* ist eine juristische Person, die in der Republik Kasachstan ansässig ist und bestimmten Bedingungen entspricht. Die juristische Person wird erst nach der Eintragung in das amtliche Register, das von einem bevollmächtigen Organ im Bereich Zollwesen geführt wird, zum Zollbeförderer.

Zu den *Zöllen und Steuern* zählen: 1. Einfuhrzölle; 2. Ausfuhrzölle; 3. Mehrwertsteuer für die Einfuhrwaren; 4. Verbrauchsteuern für die Einfuhrwaren; 5. Zollgebühren (Gebühren für die Zollanmeldung, Zollbegleitung oder vorläufige Auskünfte).

Die Schutz-, Antidumping- und Ausgleichszölle, die gemäß den völkerrechtlichen Abkommen bzw. der Gesetzgebung der Republik Kasachstan festgesetzt werden, sind gleichzeitig mit den Einfuhrzöllen zu entrichten. Die

Entrichtung von Zöllen und Steuern kann mit Bargeld, durch Bankgarantie, Bürgschaft, Vermögensverpfändung oder Versicherungsvertrag gesichert werden.

Es gibt folgende *Formen der zollamtlichen Kontrolle*: 1. Prüfung der Unterlagen und Angaben; 2. mündliche Befragung; 3. Abfragen von Erläuterungen; 4. zollamtliche Beobachtung; 5. zollamtliche Durchsuchung der Waren und Transportmittel; 6. Zollbeschau der Waren und Transportmittel; 7. körperliche Durchsuchung; 8. Prüfung der Nämlichkeitsmittel; 9. Durchsuchung von Räumen und Territorien; 10. Warenrechnung; 11. Prüfung der Warenrechnung und Berichterstattung über die Waren, die sich unter der Zollkontrolle befinden; 12. zollamtliche Prüfung.

Unter der *gegenseitigen Verwaltungshilfe* versteht man die Handlungen einer Zollbehörde eines Mitgliedstaates, die im Auftrag der Zollbehörde eines anderen Mitgliedstaates oder zusammen mit ihr zwecks Gewährleistung der Beachtung der Zollgesetzgebung der Zollunion und zum Zwecke der Vorbeugung, Unterbindung und Untersuchung der Verstöße gegen die Zollgesetzgebung der Zollunion durchgeführt werden. Die gegenseitige Verwaltungshilfe schließt den Informationsaustausch zwischen den Zollbehörden, die gegenseitige Anerkennung der Entscheidungen sowie die Durchführung einzelner Zollkontrollen im Auftrag einer anderen Zollbehörde ein.

Die *Entscheidungen* der Zollbehörden der Unionsstaaten, die bei der Durchführung der Zollhandlungen in Bezug auf die Waren, die ein- oder ausgeführt werden bzw. sich unter der zollamtlichen Überwachung im Rahmen der vorübergehenden Verwahrung oder des Versandverfahrens befinden, getroffen werden, werden gegenseitig anerkannt und haben dieselbe rechtliche Verbindlichkeit auf dem gesamten Zollgebiet der Zollunion.

Um die Waren, die Transportmittel der internationalen Beförderung, die Unterlagen und die Personen, die den Zollkontrollen unterliegen, zu ermitteln, haben sich die Zollbehörden auf *Risikomanagement und Risikoanalyse* zu stützen. Im Rahmen der zollamtlichen Überwachung können *Begutachtungen* von Waren angeordnet werden, die sowohl von einem Sachverständigen als auch von der Expertenkommission durchgeführt werden können.

Als *Orte der vorübergehenden Verwahrung* können insbesondere 1. Verwahrungslager; 2. eigene Lager; 3. Zoll- und Freilager; 4. Räumlichkeiten der zugelassenen Wirtschaftsbeteiligten in Betracht kommen.

B. Die bisherige Umsetzung der Zollunion in Kasachstan

Bis zur Bildung der Zollunion wurden jährlich 160.000 Zollanmeldungen für den Ex- und Import von Waren an der Grenze mit Russland abgegeben.

Mit der Schaffung eines gemeinsamen Zollgebiets sind diese Formalitäten überflüssig geworden. Es ist nun möglich, sowohl Waren, die im Inland hergestellt wurden, als auch ausländische Waren, die in den zollrechtlich freien Verkehr überführt worden sind, zollfrei zu verbringen. Darüber hinaus fallen mit der Bildung der Zollunion viele Kosten weg (insbesondere für die Leistungen von Zollbrokern (10.000 bis 20.000 Tenge), für die vorübergehende Verwahrung der Waren (ab 3.000 Tenge pro Tag) oder für die Anfertigung der Zollerklärung (ab 50 Euro). Im Bereich der indirekten Besteuerung wurden die Regeln vereinfacht und klarer gefasst. Ferner werden im gegenseitigen Handel keine nichttarifären Maßnahmen, Verbote und Beschränkungen sowie Währungskontrollen angewandt. Alle genannten Neuerungen betreffen den gemeinsamen Handel von Russland, Kasachstan und Weißrussland. Allerdings werden an der kasachisch-russischen Grenze (im Gegensatz zur Grenze mit Weißrussland) bis zum 1. Juli 2011 weiterhin Zollkontrollen in Form nicht-fiskalischer Stichproben vorgenommen.

Ebenfalls ist die Lizenzierung bestimmter Tätigkeiten im Zollwesen abgeschafft. In Kasachstan gibt es 115 Zolllager, 56 Freilager, 200 Verwahrungslager und 10 Duty-Free-Geschäfte, die der Lizenzpflicht unterlagen. Die Gebühren für die Lizenzierung betragen dabei zwischen 5.000 und 20.000 Euro. Heute wird ein Unternehmen, das eine Tätigkeit im Zollwesen beabsichtigt, ohne Erteilung einer Lizenz registriert und in das entsprechende Verzeichnis eingetragen.

I. Die Erhebung und Erstattung indirekter Steuern

Das günstige Investitionsklima in den letzten Jahren förderte die Wirtschaftsentwicklung in Kasachstan, u.a. im Nicht-Rohstoffsektor. Dabei sank auch die Steuerbelastung: Der Mehrwertsteuersatz ist von 20 auf zwölf Prozent, der Tarif für die Körperschaftsteuer von 30 auf 20 Prozent, der Satz der Sozialabgaben von 26 auf elf Prozent gesunken.

Es gilt auch weiter das vereinfachte Regime der Besteuerung für kleine Unternehmen. Obwohl unsere Partnerländer in der Zollunion ebenfalls einige Schritte zur Verringerung der Steuerbelastung für die Wirtschaft unternommen haben, lockt Kasachstan ausländische Investoren mit den niedrigsten Steuersätzen der Region. Ferner werden Schritte unternommen, um die noch bestehenden administrativen Barrieren abzubauen. Das bisherige Problem des nur begrenzten Absatzmarkts sollte mit der Bildung der Zollunion gelöst werden.

Wenn es auch keine Zollabfertigung mehr gibt, bleibt doch die Verpflichtung zur Entrichtung der indirekten Steuern (Mehrwert- und Verbrauchsteuern) erhalten. Nach dem neuen gemeinsamen Steuerrecht entsteht diese Verpflichtung nicht im Zeitpunkt des Verbringens der Einfuhrwaren, sondern am

20. Tag des Folgemonats, was für die Wirtschaftsbeteiligten einen Aufschub bedeutet. Immerhin richten sich die Steuersätze nach dem Steuerkodex der Republik Kasachstan (zum Vergleich: Der Mehrwertsteuersatz beträgt in Russland 18 Prozent, in Kasachstan dagegen nur 12 Prozent).

Die Verfahren und Fristen für die Erstattung der Mehrwertsteuer wurden ebenfalls nicht verändert: Die Mehrwertsteuer wird den Exporteuren innerhalb von 60 Tagen erstattet. Die Befugnisse zur Berechnung und Erhebung der Steuern gehen mit der Schaffung der Zollunion von den Zollbehörden auf die Steuerbehörden über. Damit – vor allem durch die Umstellung auf Instrumente der indirekten Besteuerung – sollte nach der Intention des Gesetzgebers die Tätigkeit der Wirtschaftsbeteiligten erleichtert werden. So muss der Steuerzahler beim Import der Waren aus Russland spätestens am 20. Tag des Folgemonats eine Steuererklärung zusammen mit einem Antrag über die Einfuhr der Waren und die Entrichtung der Steuern abgeben. Die tatsächliche Entrichtung der Steuern ist zugleich für den russischen Geschäftspartner eine Bestätigung über die tatsächliche Ausfuhr der Waren und eine Grundlage für die Erstattung der Mehrwertsteuer in seinem Land.

II. Die Einfuhr von Waren durch natürliche Personen

1. Die Verbringung von Waren durch natürliche Personen mit dem Status eines Einzelunternehmens

Mit dem 1. Juli 2010 wurde das vereinfachte Verfahren für die Verbringung von Waren durch natürliche Personen, die den Status eines Einzelunternehmens haben, abgeschafft. Diese müssen ihre Waren nunmehr im allgemeinen Verfahren anmelden. Hier ist aber zu bemerken, dass jährlich durch Einzelunternehmen Waren im Wert von vier Mrd. Dollar eingeführt wurden, davon nur ein kleiner Anteil im Wert von 100 Mio. Dollar (2,7 Prozent vom Gesamtwert oder 1 Prozent von der Gesamtmenge) im vereinfachten Verfahren. Das zeigt, dass diese Neuerung den Handel von Einzelunternehmen im Großen und Ganzen nicht beeinträchtigen wird.

2. Die Einfuhr von Kraftfahrzeugen für den persönlichen Gebrauch

Natürliche Personen, die Kraftwagen für den persönlichen Gebrauch einführen, zahlen keine Mehrwert- und Verbrauchsteuern, sondern einen sog. Gesamtzoll, dessen Sätze in der Verordnung der Regierung N 682 (vom 1. Juli 2010) „Über die Fragen des Verbringens der Personenkraftwagen von natürlichen Personen für den persönlichen Gebrauch" festgesetzt sind. Nach der Verordnung gelten künftig folgende Hubraum-abhängigen Tarife: Drei bis zehn Jahre alte Personenkraftwagen werden mit dem Satz von 0,35 bis 0,6 Euro pro Kubikzentimeter belegt; bei der Einfuhr von mehr als zwei solcher

Wagen sind 0,85 bis 2,25 Euro pro Kubikzentimeter pro Auto zu zahlen; bei sieben bis zehn Jahre alten Personenkraftwagen sind zwei bis drei Euro pro Kubikzentimeter je Wagen zu entrichten. Alle anderen eingeführten Wagen, die nicht für den persönlichen Gebrauch verbracht werden, sind mit einem Zollsatz von 4,4 Euro pro Kubikzentimeter zu verzollen. Dazu kommen noch zwölf Prozent Mehrwertsteuer und, wenn der Hubraum mehr als drei Liter hat, Verbrauchsteuern in Höhe von zehn Prozent, was bis zu 35 Prozent des Gesamtwertes des Autos ausmachen kann. Der Gesamtzoll umfasst dagegen alle Zölle und Steuern und ist drei bis vier Mal niedriger als die allgemeinen Zoll- und Steuersätze. Wie die ersten Erfahrungen zeigen, wurde die Hälfte der 733 im Juli 2010 eingeführten Wagen für den persönlichen Gebrauch angemeldet und nach den günstigen Zollsätzen des Gesamtzolls verzollt. Allerdings ist die Einfuhr von Wagen in der ersten Hälfte des Jahres 2010 auf ein Achtel gesunken.

III. Die Entwicklung des Handels zwischen den Mitgliedstaaten der Zollunion

Im Außenhandel sind die Anteile Russlands und Weißrusslands um 18,2 und 0,6 Prozent gestiegen. Dabei betragen die russischen und weißrussischen Anteile am kasachischen Import 39 bzw. 1,7 Prozent. Im Export sind es 9,1 bzw. 0,1 Prozent.

Im Vergleich zu dem letzten Jahr hat sich der Warenverkehr mit Russland um 41 Prozent erhöht. Wachstum ist sowohl beim Export als auch beim Import zu verzeichnen (jeweils um 1 Mrd. Dollar). Im ersten Halbjahr 2010 haben wir vor allem Rohstoffe sowie Produkte der Metall-, Chemie- und Textilindustrie nach Russland exportiert. Aus der Russischen Föderation wurden neben Rohstoffen mehr Ausrüstung, Baumaterialien und Lebensmittel eingeführt.

IV. Der einheitliche Zolltarif der Zollunion

Eine vollwertige Zollunion ist nur dann möglich, wenn die inneren Grenzen zwischen den Unionsstaaten abgeschafft werden. Dies ist zurzeit wegen der zahlreichen Ausnahmen vom einheitlichen Zolltarif nicht der Fall. Der einheitliche Zolltarif der Zollunion ist einer der wichtigsten Bestandteile der Zollunion. Die rechtliche Grundlage des Zolltarifs der Zollunion stellt das Abkommen „Über den gemeinsamen Zolltarif der Mitgliedstaaten der Zollunion" vom 17. Februar 2000 dar. Die Ausnahmen vom einheitlichen Zolltarif sind Warenkategorien, die nach den nationalen Zolltarifen der Mitgliedstaaten verzollt werden. Russland behält sich z. B. das Recht vor, die Einfuhrzölle auf ausländische Personenkraftwagen sowie die Ausfuhrzölle für Erdöl und Ölprodukte selbst festzusetzen. Dagegen will Weißrussland die

Zölle für die eingeführten Wagen nicht erhöhen. Für Kasachstan gelten niedrigere Zölle für 409 Warenkategorien, die als „lebenswichtig" eingestuft sind. Da die Zölle für solche Waren in Russland und Weißrussland deutlich höher sind, werden die Zollstellen an der russisch-kasachischen Grenze weiter bestehen bleiben.

V. Die Zuständigkeiten für das Zollwesen innerhalb der Eurasischen Wirtschaftsgemeinschaft

Für die zollrechtlichen Angelegenheiten sind im Rahmen der Eurasischen Wirtschaftsgemeinschaft spezialisierte Struktureinheiten zuständig: Das Departement für Zollwesen und Grenzfragen des Sekretariats des Integrationskomitees der EURASEC, der Zolldienstleiterrat beim Integrationskomitee und die Ständige Kommission für Zollregulierung und Grenzpolitik der Interparlamentarischen Versammlung der EURASEC. Zudem wurde eine intensive zollamtliche Koordination, u.a. durch Vertretungen der Zollverwaltungen in den Mitgliedstaaten der EURASEC, angestrebt.

VI. Maßnahmen zur Vereinfachung und Vereinheitlichung der Zollregulierung

Zum Zwecke der Vereinfachung und Vereinheitlichung der Zollregulierung und der zollamtlichen Überwachung im Nichthandelsverkehr zwischen den Mitgliedstaaten der Eurasischen Wirtschaftsgemeinschaft wurde ein vereinfachtes Verfahren der Zollabfertigung von Waren, die für nichtkommerzielle Zwecke von natürlichen Personen verbracht werden, normiert. Einheitliche Regeln über die Währungskontrolle in der Zollunion, die Höchstgrenzen der abgabenfreien Einfuhr von Devisen und über die einheitliche Fahrgastzollerklärung wurden festgelegt.

Um das Verfahren der zollamtlichen Überwachung in der Zollunion zu vereinheitlichen, wurden ferner die Regeln der Zollabfertigung von Waren im gegenseitigen Handel der Mitgliedsstaaten der EURASEC, die Regeln der Zollabfertigung von Waren, die unter zollamtlicher Überwachung befördert werden, das Abkommen über das vereinfachte Verfahren der Zollabfertigung von Waren im Rahmen der Zollunion sowie Protokolle über zollamtliche Begleitung, Zollbeförderer und Zollkontrollen im Reexportverfahren verabschiedet.

Zurzeit wird in der EURASEC eine Reihe von Projekten im Bereich zollamtlicher Überwachung durchgeführt, u.a. ein Experiment an der Grenze zwischen der Russischen Föderation und der Republik Kasachstan. Das Experiment sieht vor, dass zollamtliche Kontrollen von russischen und kasachischen Zöllnern in Zusammenarbeit durchgeführt werden, d.h. der Vermerk über eine erteilte Genehmigung zur Ausfuhr der Waren aus dem russischen Gebiet wird erst nach gemeinsamer kasachisch-russischer Zollbeschau auf kasachischem Territorium in die Zollunterlagen eingetragen. Außerdem soll im Rahmen dieses Versuchs der gegenseitige Informationsaustausch forciert werden.

Bei der Schaffung einer Zollunion in einer Welt zunehmender Globalisierung sollte man die Erfahrungen der Weltzollorganisation berücksichtigen, deren Mitglieder heutzutage 166 Staaten sind, die mehr als 90 Prozent des Welthandelsvolumens erwirtschaften. Aus dem wachsenden Sicherheitsbedürfnis und dem Ziel, globale Lieferketten vom Hersteller bis zum Endverbraucher effektiv zu schützen, ergeben sich neue und umfangreiche Anforderungen an den Zoll. Vor diesem Hintergrund sind vor allem die Standards, die von der Weltzollorganisation für den sicheren weltweiten Handel entwickelt wurden, von großer Bedeutung.

C. Schlussbetrachtung

Die gemeinsamen Ziele, der geographische Faktor, die volkswirtschaftlichen Verflechtungen, die mentale Nähe der Völker machen die Integration unserer Länder unumgänglich. Ausgehend vom heutigen Stand der Integrationsprozesse in der Region kann man vermuten, dass der Begriff des „Eurasischen Raums" perspektivisch als Synonym für den postsowjetischen Raum verwendet wird.

Die politischen, rechtlichen und wirtschaftlichen Voraussetzungen der weiteren Integration im eurasischen Raum sind durch das Funktionieren der GUS geschaffen und in ihren grundlegenden Dokumenten verankert. Im Laufe der weiteren Integration sollten möglichst viele Lebensbereiche erfasst werden.

Das Wirtschaftspotential unserer Länder kann man im Kontext des Potenzials des einheitlichen Zoll- und Wirtschaftsraums der EURASEC betrachten. Dieses Potenzial ist eine Grundlage für die Herausbildung des gemeinsamen Integrationsinteresses. Das Profil der sich in diesem Integrationsprozess formierenden Gesellschaft kann man sich als eine Art Koordinatensystem vorstellen, in dem die Vertikale die Tiefe der Integrationsprozesse und die Horizontale das Potential sowie das Maß solcher Prozesse in jedem einzelnen Staat abbildet – aus dem Graphen ergibt sich das Gesamtmaß des Integrationsstandes. Die Entstehung eines einheitlichen Wirtschaftsraums ist davon abhängig, inwieweit die Souveränität der einzelnen Mitgliedstaaten eine Integration zulässt.

Kasachstan und die Zollunion der Eurasischen Wirtschaftsgemeinschaft (EURASEC)

Unserer Meinung nach kann man die eurasische Integration in einem engeren und in einem weiteren Sinne verstehen. Im weiteren Sinne handelt es sich um einen Erweiterungsprozess, der den Beitritt weiterer Länder (u.a. aus dem asiatisch-pazifischen Raum) voraussetzt. In der vorliegenden Arbeit wird die engere Bedeutung verwendet.

Die Integrationsvereinigungen anderer Regionen der Welt, vor allem die Europäische Union, bieten wertvolle Erfahrungen, die von den Mitgliedstaaten der EURASEC berücksichtigt werden sollen.

Es ist wichtig, ein gemeinsames „Integrationsinteresse" auszuformulieren. Eine gemeinsame Grundlage des Integrationsinteresses und der nationalen Interessen bildet der Übergang zu den internationalen Standards und Regeln in Zollangelegenheiten für die Tätigkeit der Integrations- und Staatsorgane.

Das Integrationsformat der GUS-Staaten hängt in der Zukunft vom eventuellen Erfolg der EURASEC sowie vom Umfang und Inhalt des supranationalen Faktors ab. Die GUS kann sich in Zukunft zu einer Konföderation oder sogar Föderation entwickeln. Allerdings wird der supranationale Faktor durch die nationale Sicherheit der einzelnen Mitgliedstaaten und der gesamten Integrationsvereinigung begrenzt. Die Behauptung, die Souveränität eines einzelnen Staates werde durch die Supranationalität einer zwischenstaatlichen Institution angegriffen, ist aus mehreren Gründen unzutreffend. Erstens ist die Souveränität einheitlich und unteilbar. Des Weiteren genießen die völkerrechtlichen Normen in gewissen Fällen einen von der Verfassung gewährleisteten Anwendungsvorrang. Schließlich benötigt eine internationale Organisation ein Organ, um ihre Ziele und Aufgaben inhaltlich zu gestalten.

Aus systematischer Sicht bildet der Einheitliche Wirtschaftsraum die Grundlage der Eurasischen Wirtschaftsgemeinschaft, die den Status einer internationalen Organisation genießt und ihrem Wesen nach eine internationale Wirtschaftsorganisation mit dem Ziel darstellt, einen gemeinsamen Markt zu errichten. Zum Aufgabenbereich der Gemeinschaft gehören insbesondere folgende Angelegenheiten des gemeinsamen Marktes: Die Bildung einer gemeinsamen Zollgrenze der Mitgliedstaaten der EURASEC (Weißrussland, Kasachstan, Kirgisistan, Russland, Tadschikistan und Usbekistan), die Ausarbeitung der einheitlichen Außenwirtschaftspolitik, die gegenseitige Abstimmung der Tarife und Preise. Immerhin ist eine inhaltliche Revision der Ziele der Gemeinschaft insbesondere im Blick auf eine eventuelle Erweiterung nicht ausgeschlossen.

Die Zollunion im Rahmen der EURASEC kann ihre Aufgaben nur unter der Voraussetzung der vollständigen Vereinheitlichung der Instrumente der Zollregulierung und einer steten Zollsenkung wahrnehmen. Dabei sind die Erfahrungen anderer Zollunionen, in erster Linie der Europäischen Union, von großer Bedeutung.

Die im Laufe des Integrationsprozesses entstehenden Probleme erfordern neue Lösungsmechanismen auf der Grundlage des gemeinsamen Integrationsinteresses. Inwiefern sich die Parteien über das gemeinsame Integrationsinteresse verständigen können, zeigt sich letztendlich am Umfang der Befugnisse, die den supranationalen Strukturen übertragen werden. Außerdem bringt der Übergang zu einer einheitlichen Zollregulierung eine umfangreiche Reformierung des nationalen Rechts mit sich, was vom heutigen Stand ausgehend ein langer und schwieriger Prozess sein kann.

Diskussion

Zusammenfassung:
Michael Martschinke,
Doktorand am Institut für öffentliches Wirtschaftsrecht,
Universität Münster

Im Anschluss an die Vorträge zur Stellung Weißrusslands und Kasachstans in der Zollunion von *Dr. Gennadiy Brovka* (Technische Universität Minsk) und *Prof. Dr. Sailaubek Alibekov* (Kasachische Ablai Khan-Universität, Almaty) entzündete sich die Diskussion an der Frage von *Kolja Mendel* (Mendel Verlag), inwieweit nach der These des Vortrages mit der Schaffung der Zollunion die Phase der Freihandelszone zwischen den GUS-Staaten tatsächlich „übersprungen" wurde. Immerhin sei bereits seit längerem auf einer breiten rechtlichen Grundlage in zahlreichen Segmenten ein Freihandel zwischen den Staaten zu beobachten. Unklar sei insofern, ob die Existenz einer Freihandelsbeziehung im Rechtssinne oder nur deren Umsetzung in die Praxis abgelehnt würde.

Prof. Dr. Alibekov war der Auffassung, dass diese Frage mit einem vergleichenden Blick auf andere existierende Freihandelszonen zu beantworten sei: Zwar habe auf bilateraler Ebene ein breiter Handel zwischen den GUS-Staaten stattgefunden, eine Freihandelszone sei aber in der Tat nicht zu erkennen.

Dr. Brovka zeigte sich ergänzend zu dieser Antwort einverstanden mit der Sichtweise, dass die rechtlichen Dokumente fundiert ausgearbeitet seien – in der Tat sei eine Umsetzung jedoch nicht erfolgt.

Im Anschluss hieran kam *Herr RA Kalachev* (Jus Privatum Rechtsanwälte, Moskau) auf die bereits am frühen Nachmittag durch *Prof. Dr. Herrmann* (Universität Passau) anhand des GATT thematisierte Frage zu sprechen, welche Auswirkung das verabschiedete Dokument der Zollunion auf einen Aufnahmeantrag der einzelnen Staaten (nicht der Zollunion) in die WTO habe. Es sei fraglich, ob insbesondere die als hoch empfundenen Außenhandelszölle den WTO-Standards gerecht würden.

Prof. Dr. Alibekov stellte fest, dass die kasachische Gesetzgebung hier auch mit Blick auf den mittlerweile vierzehn Jahre zurückliegenden Aufnahmeantrag möglicherweise „vorausgeschnellt" sei. Es sei Zeit nötig, sich in einen weltweit kapitalisierten Gesamtkomplex einzufügen – Kasachstan komme immerhin aus einer Planwirtschaft. Vielmehr stelle sich daher die Frage, ob die WTO auf einen Beitritt Kasachstans vorbereitet ist. In jedem Fall sei ein gewisser Rückstand Kasachstans in Nuancen zu beachten.

Demgegenüber sah *Dr. Brovka* zumindest die Zollbestimmungen von Weißrussland auf internationale Standards abgestimmt, pflichtete jedoch seinem Vorredner bei: Die nationalen Produzenten seien in der Tat noch nicht auf einen WTO-Beitritt vorbereitet.

Prof. Dr. Avtonomov (Hochschule für Wirtschaft, Moskau) schloss die Diskussion mit dem vermittelnden Hinweis, dass der nun entstandene Verbund gut und ernsthaft durchdacht sei. Hinsichtlich eines Beitrittes der Einzelstaaten zur WTO könnten die als rein intern gedachten Regelungen der Zollunion jedoch zu Problemen führen.

Der Zusammenhang von Zollrecht und Finanzverfassung in der Perspektive der Zollunion der drei GUS-Staaten

Dr. habil. Sergey Korolev,
Institut für Staat und Recht, Akademie der Wissenschaften,
Moskau, Russland

A. Die Zollunion der drei GUS-Staaten aus rechtssystematischer Sicht

Die Zollunion der drei GUS-Staaten stellt sich als ein dreidimensionales Problem dar. Es geht um ein kompliziertes Zusammenspiel von Wirtschaft, Politik und Recht. Unter diesen Umständen scheint eher die Zwei-Seiten Theorie Jellineks als die reine juristische Methode à la Kelsen angebracht. Andererseits würde die sonst nützliche Analyse der wirtschaftlichen und politischen Voraussetzungen der Zollunion unsere Tagung ausufern lassen. Es steht für mich allerdings fest, dass die meisten akuten Probleme der Zollunion der drei GUS-Staaten in der Theorie angesiedelt sind. Anders gesagt, die Zollunion sollte zuerst sich selbst, und zwar theoretisch, voraussetzen und auf ihre Prämissen reflektieren.

Die Juristen im Allgemeinen und Rechtsdogmatiker im Besonderen scheinen in der Angelegenheit „Zollunion der drei GUS-Staaten" mit der klassischen Aporie des euroasiatischen Obrigkeitsstaates konfrontiert zu sein. Diese Aporie kann mit einem geläufigen Sprichwort formuliert werden, das sich wahrscheinlich auf ein russisches Märchen zurückzuführen lässt. Die Aporie wird von einem bösen Herrscher etwa so formuliert: „Geh dorthin, ich weiß nicht wohin, und bringe mir das, ich weiß nicht was, sonst mache ich dich um einen Kopf kürzer". Im russischen Märchen hat der gewandte Bote die Schikane des bösen Herrschers eventuell entschärft. Am Ende dieser Geschichte wird der Herrscher, der dem Boten zuerst das Leben missgönnt, vor die Alternative gestellt, entweder den formalen Perfektionismus der vorgeschlagenen Lösung zu akzeptieren oder seine eigene Dummheit und politische Unfähigkeit öffentlich zuzugeben.

Die beschriebene Sachlage gibt uns Anlass, ganz von dem politischen und/ oder dem wirtschaftlichen Hintergrund der Zollunion abzusehen und nur juristisch zu argumentieren. Man muss allerdings bei dieser Argumentation rein systematisch verfahren. Ich habe schon darauf hingewiesen, dass die thematisierte Zollunion als solche ein theoretisches Problem darstellt. Aus einer rein juristischen Perspektive dürfte die Frage der Zollunion auf die Frage des Zollunions*rechts* hinauslaufen. Wenn es eine Zollunion als ein juristisches Gebilde gibt, dann muss dieses Gebilde gleichzeitig ein normatives *System* sein.

An dieser Stelle haben wir mit der ersten systematischen Fragestellung zu tun: Sollten wir die genannte Zollunion ganz in das *völkerrechtliche* System einordnen oder sie eher als ein eigenartiges Zusammenspiel von *verfassungsrechtlichen* Systemen der drei GUS-Staaten nachzuvollziehen versuchen? Wenn wir im völkerrechtlichen Raum bleiben wollen, dann sind wir sofort mit einem weiteren Problem konfrontiert: Sollte es beim Völkerrecht nur um ein Recht der nationalen *Regierungen* gehen, oder – ganz im Gegenteil – müssen wir diese restriktive Deutung des modernen Völkerrechts fallen lassen und etwa die Vision des französischen Völkerrechtlers des vorigen Jahrhunderts Georges Scelles übernehmen? Für Scelles war das Völkerrecht in erster Linie ein internationales Recht der menschlichen Freiheit. Daraus ergibt sich seine berühmte These, dass das Völkerrecht nur für das internationale Privatrecht da ist und nicht umgekehrt.[1] Das Ziel und der höchste Wert des Völkerrechts ist das menschliche Individuum schlechthin. Nach Scelles dürfte das Völkerrecht in keinem Fall den nationalen Interessen untergeordnet sein, die durch die politischen Bestrebungen der jeweiligen Regierungen bedingt sind.

Die zweite *systematische* Frage ist die der *Souveränität*. Als völkerrechtliches Gebilde kann die Zollunion nur Ausfluss der verfassungsrechtlichen Souveränität des jeweiligen GUS-Staates sein. An sich ist kein Staat absolut unabhängig, da jeder Staat an das Völkerrecht gebunden sein muss. Allerdings kann die Intensität dieser Gebundenheit verschieden sein. So verweigert die russische Verfassung (1993) ganz im Sinne Georges Scelles dem nationalen Recht die Gültigkeit, sollte ein nationales Gesetz dem geltenden Völkerrecht widersprechen.[2] Der russische Verfassungsgeber will sich in dreifacher Hinsicht an das Völkerrecht gebunden wissen, und zwar: erstens an die sog. allgemein gültigen Prinzipien des Völkerrechts, dann an die Normen des Völkerrechts schlechthin und drittens an die völkerrechtlichen Verträge Russlands.[3] Nicht nur internationale Verträge, sondern auch die Normen des Völkerrechts überhaupt werden in der russischen Verfassung als Teil des russischen Rechts verankert.

Die kasachische Verfassung (1995) sagt nichts über die mögliche Kollision von nationalem Recht und Völkerrecht. Anderseits und ganz im Sinne der

---

1 *G. Scelles,* Manuel de droit international public, Paris 1948.
2 Art.15 Abs.4 S.2 der russischen Verfassung (1993).
3 Art.15 Abs.4 S.1 der russischen Verfassung (1993).

russischen Verfassung proklamiert der kasachische Verfassungsgeber die Priorität des ratifizierten völkerrechtlichen Vertrags vor jedem nationalen Gesetz.[4] Der kasachische Verfassungsgeber bekennt sich zwar zum völkerrechtlichen Grundsatz „Pacta sunt servanda", aber es fehlt ihm offenkundig die Bereitschaft, das nationale Rechtssystem vorbehaltlos dem Völkerrecht unterzuordnen.

Ausdrückliche Vorbehalte gegen den völkerrechtlichen Monismus à la Georges Scelles finden wir in der weißrussischen Verfassung (1996). Zwar gibt es dort eine Erwähnung der allgemein gültigen *Prinzipien* des Völkerrechts, die für die weißrussische Gesetzgebung als Maßgabe dienen,[5] aber im Schlusssatz des Art. 8 stellt sich der weißrussische Verfassungsgeber über das völkerrechtliche *Vertrags*recht und formuliert das Verbot, internationale Verträge zu schließen, wenn sie mit der weißrussischen Verfassung unvereinbar sind.[6]

Da im modernen Völkerrecht der Vertrag die dominante Rechtsquelle ist, können wir Folgendes feststellen: Für die weißrussische Sichtweise der Souveränität könnte eher das nationale Verfassungsrecht, für die russische Sichtweise der Souveränität ganz im Gegenteil eher das Völkerrecht als Maßgabe dienen. Die kasachische Lösung dürfte als eine Vermittlung zwischen der weißrussischen und der russischen Position betrachtet werden. Es geht, rechtstheoretisch formuliert, um unterschiedliche normative Referenzsysteme, die sich kaum ohne weiteres auf einen gemeinsamen Nenner bringen lassen.

Praktische Folgen dieser Divergenz der nationalen Sichtweisen zeigen sich in der Einordnung des jeweiligen Zollunionsstaates unter das Völkerrecht: Maximal in der russischen Verfassung, eher zurückhaltend in der kasachischen Verfassung und mit ausdrücklichen Vorbehalten in der weißrussischen Verfassung. Daraus erschließt sich auch die verschiedene *Wertung* jedes beliebigen völkerrechtlichen Vertrags für Russland, Kasachstan und Weißrussland. Daraus folgt, dass das Wort „Zollunion" in der völkerrechtlichen Perspektive für jeden Teilnehmer einen anderen Sinn hat.

Auf dem politischen Niveau aber gibt man sich keine Mühe, latente Inhalte offenzulegen und über konforme Ausdeutung zu verhandeln. Es ist daher kein Wunder, dass eine schwerfällige Beschreibung der sog. Zoll*regulierung* im Zollkodex der drei GUS-Staaten als *die* Legaldefinition der Zoll*union* hingestellt wird. Das „Wie" wird so ohne weiteres mit dem „Was" verwechselt.[7]

---

4 Art. 4 Abs. 3 der kasachischen Verfassung (1995).
5 Art. 8 S. 1 der belorussischen Verfassung (1996).
6 Art. 8 S. 3 der belorussischen Verfassung (1996).
7 Art. 1 Abs. 1 des Zollkodex der Zollunion (2010).

B. Rechtssystematische Grundlagen des „Gemeinschaftszollrechts"

In der verfassungsrechtlichen Perspektive sollte jede Verletzung des „Gemeinschaftszollrechts" seitens Russlands als ein systematischer Missgriff getadelt werden, weil diese Verfahrensweise nicht nur völkerrechtlich untragbar, sondern auch verfassungswidrig sein sollte. Das gleiche dürfte auch für Kasachstan gelten, allerdings mit viel geringerer Vehemenz. Was eventuelle Verletzungen des „Zollkodex der GUS-Staaten" seitens Weißrusslands angeht, muss man sich mit Tadel eher zurückhalten. Da die weißrussische Sichtweise der Souveränität unter anderem von der Konstruktion eines verfassungswidrigen völkerrechtlichen Vertrags ausgeht, könnte der Zollkodex der drei GUS-Staaten in Weißrussland grundsätzlich auf seine eventuelle Verfassungswidrigkeit überprüft werden. Allerdings bleibt in dieser Angelegenheit ein verfassungsrechtlicher Haken: Die weißrussische Verfassung verbietet zwar einen verfassungswidrigen völkerrechtlichen Vertrags*schluss*,[8] schweigt aber über die eventuelle Verfassungswidrigkeit eines *ratifizierten* völkerrechtlichen Vertrags.

Ungeachtet des gemeinsamen Zollgebiets der drei GUS-Staaten gibt es noch keinen Anlass, von einem ausdifferenzierten „Gemeinschaftszollrecht" als einem supranationalen Rechtsbereich zu sprechen. Und es ist auch zweifelhaft, dass alle drei Mitglieder im gleichen Maße an der Schaffung des Gemeinschaftszollrechts interessiert sind. Hier scheint eher Weißrussland als Russland Vorreiter zu sein. Während Russland und Kasachstan die Zollunion eher als Addition der drei nationalen Zollgebiete behandeln wollen, bleibt Weißrussland hartnäckig bei der These, dass die Zollunion die erste Phase der wirtschaftlichen Integration der drei GUS-Staaten sein sollte. Das Gleichbehandlungsprinzip im ganzen Gemeinschaftszollraum muss also streng durchgesetzt werden. Soweit die weißrussische Sicht. In Russland wird diese weißrussische Stellungnahme oft als Versuch diffamiert, die positive Diskriminierung der Republik Weißrussland im Rahmen der Zollunion durchsetzen zu wollen.

Am Beispiel des Art.1 Abs.1 des Zollkodex können wir ein interessantes methodologisches Kunststück der Verfasser des Zollkodex bewundern. Die Verfasser des Zollkodex scheinen nach dem folgenden Motto verfahren zu sein: Das Verfahrensrecht hat Vorrang vor dem materiellen Recht. An sich wäre diese induktive oder „anglo-amerikanische" Methode durchaus vertretbar. Das Befremdende an der ganzen Sache liegt darin, dass das Verfahrensrecht gleich am Anfang des Zollkodex als *materielles* Recht fingiert wird. Mit anderen Worten: Das Verfahrensrecht *ist* materielles Recht. Auf jeden

---
[8] Art. 8 S. 3 der belorussischen Verfassung (1996).

Fall kann man diesen Verdacht nicht so ohne Weiteres loswerden. Oder noch schlimmer: Die Verfasser des Zollkodex brauchen das materielle Recht überhaupt nicht. Aber man verfahre, wie man wolle, aus dem „Wie" des Problems kann sich das „Was" kaum von selbst ergeben. Auch im angloamerikanischen Rechtskreis wird das „Wie" des Verfahrens anhand einiger materieller Rechtsprinzipien bewertet, verwertet oder entwertet.

Sollten wir also das Verfahrensrecht und das materielle Recht auseinanderhalten, müssten wir auch den angedeuteten Vorrang des Verfahrensrechts vor dem materiellen Recht bezweifeln. Mit anderen Worten, das „Wie" des Gemeinschaftszollrechts soll dem „Was" dienen und nicht umgekehrt. Das „Was" des Problems gibt uns die mögliche Lösung vor. Ohne diese Vorgabe wäre jede beliebige Verfahrensweise nicht nur zwecklos, sondern auch widersinnig.

Aber auch mit diesem „Was" hat es seine eigene Bewandtnis. Wenn wir die deutsche Verfassungsrechtstheorie zu Hilfe rufen, dann stellen wir zwei Dimensionen des materiellen öffentlichen Rechts fest. Im Juristendeutsch werden sie als „Staatsrecht I" und „Staatsrecht II" bezeichnet. Dabei fällt bekanntlich das erste Staatsrecht mit dem Organisationsrecht und das zweite mit dem Grundrechtekatalog zusammen. Da jedes Gebiet des öffentlichen Rechts organisationsrechtlich ausgestaltet sein soll und die Geltung der Grundrechte alles öffentliche Recht durchdringt, muss auch das künftige Gemeinschaftszollrecht der GUS-Staaten die gleichen Charakteristika besitzen.

Die Anfänge des „Gemeinschaftszollrechts I" sind im Zollkodex der drei GUS-Staaten durchaus präsent. Es geht vor allem um die Kommission der Zollunion[9], die sog. Zollorgane im Allgemeinen,[10] den Zollvertreter im Besonderen.[11] Diese Dimension des Gemeinschaftszollrechts I ist *subjektbezogen* und könnte als Zollbeamtenrecht bezeichnet werden.

Es gibt aber auch eine *objektbezogene* Dimension des Gemeinschaftszollrechts. Im zivilrechtlichen Sprachgebrauch handelt es sich dabei um alle „zollfähigen Sachen". Diese wiederum lassen sich in ausfuhrzollfähige und einfuhrzollfähige Sachen gliedern. Diese Materie könnte als „Gemeinschaftszollrecht II" bezeichnet werden, aber mit einem wichtigen Vorbehalt: Es sollen ausdrückliche Anknüpfungspunkte zum verfassungsrechtlichen Grundrechtekatalog gefunden werden. Als Maßgabe könnten dabei nicht nur die nationalen Grundrechtekataloge der drei GUS-Staaten, sondern auch die Grundfreiheiten der Europäischen Union dienen. Auf jeden Fall muss die Zollfähigkeit der Waren grundrechtskonform sein.

---

9 Art. 4 Abs. 11 des Zollkodex der Zollunion (2010).
10 Art. 6 des Zollkodex der Zollunion (2010).
11 Art. 12 des Zollkodex der Zollunion (2010).

Diese Zollfähigkeit der Waren dürfte an die Grundrechtsfähigkeit der Teilnehmer am grenzüberschreitenden Warenverkehr gekoppelt sein. Das bedeutet, dass jeder Zoll grundsätzlich als ein Eingriff in die subjektiven Rechte dieser Teilnehmer bewertet werden kann. Wie in der deutschen Grundrechtstheorie könnte ein derartiger Eingriff sozusagen harmlos sein. Mit anderen Worten, er könnte gerechtfertigt werden und folglich zulässig sein. Im Rahmen des Gemeinschaftszollrechts II muss also sorgfältig geprüft werden, auf welche Weise die nationalen Parlamente der drei GUS-Staaten und die supranationale Zollorganisation in die Grundrechte bzw. Grundfreiheiten der natürlichen und juristischen Personen, die am grenzüberschreitenden Warenverkehr teilnehmen, eingreifen dürfen und wie man die Folgen der unzulässigen Eingriffe beseitigt. Auf diese Weise dürfte aus dem allgemeinen Gemeinschaftszollrecht II ein grenzüberschreitender Grundrechtekatalog der *Unternehmer* erwachsen. Das Gemeinschaftszollrecht dürfte also ganz im Sinne Georges Scelles das internationale Privatrecht der drei GUS-Staaten fördern und beeinflussen.

C. Finanzrechtliche Dimension der Zollunion der drei GUS-Staaten

Im System des öffentlichen Rechts weist das Zollrecht eine unleugbare Affinität zum Verwaltungsrecht und Finanzrecht bzw. zum Steuerrecht auf. Historisch gesehen haben sich alle drei Rechtsgebiete – Verwaltungsrecht, Finanzrecht und Zollrecht – aus der neuzeitlichen Kameralistik entwickelt. Allerdings war Kameralistik mehr Kunst und Politik als Recht im objektiven Sinne. Aus wirtschaftswissenschaftlicher Sicht könnte Kameralistik auch als „angewandter Merkantilismus" betrachtet werden.

Dem Rechtswissenschaftler der nomologischen Prägung (ein Regelfall für alle drei GUS-Staaten) wäre diese Affinität allerdings eher suspekt. Inwieweit dürfte das moderne Zollrecht weiterhin als eine Spielart des „angewandten Merkantilismus" behandelt oder gar untermauert und glorifiziert werden? Der gleiche Gedanke könnte auch in dem Sinne umformuliert werden, dass das Wesen des künftigen Gemeinschaftszollrechts der drei GUS-Staaten auf die Frage nach dem Verhältnis des Fiskalzollrechts zum Schutzzollrecht reduziert werden kann.

Wenn man das einseitige Ziel der Steigerung der Staatseinnahmen verfolgt und dabei das gleichrangige Ziel der staatlichen Wirtschaftsregulierung aus den Augen verliert, verfällt man in die Ratlosigkeit des Neumerkantilismus, demzufolge jeder soziale Wert rein kommerziell beurteilt wird. Wenn man andererseits das Zollrecht vor allem auf das Schutzzollrecht zu reduzieren sucht, verfällt man der Verlockung des archaischen Wirtschaftsnationalismus mit seiner kurzfristigen Stabilisierung der nationalen Wirtschaft und seinen verheerenden Folgen für die Konkurrenzfähigkeit der geschützten Wirtschaft in langfristiger Perspektive.

Über das Zollwesen ist das Zollrecht mit dem Finanzwesen in dem Sinne verwandt, dass Zölle als Instrumente des staatlichen Handelns verstanden werden können, die notwendig wirtschaftliche Wirkungen auslösen. In dieser Hinsicht ist das Zollwesen mit dem Finanzwesen auf der *Einnahmeseite* eng verwachsen. Bekanntlich umfasst das Finanzwesen sowohl staatliche Einnahmen als auch staatliche Ausgaben. Aber auch mit der *Ausgabenseite* des Finanzwesens bekommt das Zollwesen es nicht selten zu tun. Als eine positive Folge der Zollunion der drei GUS-Staaten kann der radikale Abbau der Zahl der Zollbeamten betrachtet werden. Noch verheißungsvoller dürfte die Einführung des e-government (der elektronischen Verwaltung) werden. Auf diese Weise könnte das „Gemeinschaftszollrecht I" staatliche Ausgaben in allen drei GUS-Staaten reduzieren helfen.

Damit sind wir beim Thema Finanz*politik* angelangt. Unter Finanzpolitik versteht man üblicherweise ein komplexes System der staatlichen Maßnahmen, mit denen „bewusst und vorrangig durch Beeinflussung und Veränderung staatlicher Einnahmen und Ausgaben gesellschaftliche und insbesondere wirtschaftliche Ziele angestrebt werden".[12] Eingangs haben wir festgestellt, dass das Recht der Zollunion der drei GUS-Staaten sich als Verfahrensrecht par excellence etablieren will. Dabei kann man davon ausgehen, dass das „Wie" des juristischen Verfahrens meistenteils nur eine Umschreibung des „Wie" des *politischen* Prozesses darstellt. Diese Affinität bringt die Gefahr mit sich, dass politische Zweckmäßigkeit unbesehen in das Zollrecht transponiert oder gar unter dem Deckmantel der Rechtsstaatlichkeit durchgesetzt wird. Wenn das künftige Gemeinschaftszollrecht keine eigenen Werte und Wertungen enthalten will, dann werden diese Werte und Wertungen notwendig von außen eingreifen. Auf diese Weise versucht sich die obrigkeitsstaatliche Politik im „Recht" zu etablieren.

Staatliche Finanzpolitik inklusive Zollpolitik ist immer gleichzeitig Finanz*taktik*. Aber wir dürfen in der globalisierten Welt nicht nur kurzfristig denken. Das Gebot der Tragfähigkeit der staatlichen Finanzen, das immer mehr in den Vordergrund des finanzpolitischen Handelns des modernen Staates rückt, erfordert strategisches Denken.[13] Staatliche Finanzpolitik muss somit zur Finanz*strategie* veredelt werden. Aber wie ist das möglich? „Finanziell zu denken heißt, sich an den äußeren Finanzmarkt an-

---
12 *G. Graf,* Grundlagen der Finanzwissenschaft. Heidelberg. Physica-Verlag. 2005. S.19.
13 *G. Graf,* ebda., S.19.

zupassen. Strategisch zu denken heißt, die Umwelt zu verändern und zu gestalten. „Finanzstrategisch" zu denken ist also eigentlich ein Widerspruch in sich".[14]

Wenn man allerdings das Wort „Umwelt" buchstäblich versteht, d.h. als den eigentlichen Wert des Umweltrechts, dann könnte der genannte Widerspruch ohne weiteres aus der Welt geschafft werden. Die finanzpolitische und finanzrechtliche Untermauerung des Umweltrechts erscheint durchaus systemimmanent und kann die Rechtssystematik verstärken. Das Finanzrecht im Allgemeinen und das Zollrecht im Besonderen entlehnen somit dem Umweltrecht langfristige Aufgaben, und das Umweltrecht erhält seinerseits mächtige Instrumente staatlicher Intervention. Die Verklammerung der genannten Rechtsgebiete dürfte insbesondere für die Zollunion relevant sein. Zurzeit hat unter den drei Teilnehmern nur Kasachstan einen ökologischen Kodex. In Minsk und Moskau finden Umweltrechtler nur wenig Gehör.

Das Hauptproblem für die Rechtssysteme der meisten GUS-Staaten bleibt eine defizitäre verfassungsrechtliche Auseinandersetzung mit dem Umweltstaatsprinzip, das nur hermeneutisch in die Verfassung des jeweiligen GUS-Staates „hineingedeutet werden kann". Aber warum dürfen wir dem Gemeinschaftszollrecht nicht zumuten, dem Umweltrecht behilflich zu sein? Meiner Meinung nach wäre das künftige Gemeinschaftszollrecht durchaus in der Lage, dem Umweltstaatsprinzip in Eurasien zum Durchbruch zu verhelfen, indem das erstere dem zweiten einige seiner Instrumente (z.B. nichttarifäre Maßnahmen) zur Verfügung stellt.

D. Fazit

Wenn das Gemeinschaftszollrecht überwiegend als Verfahrensrecht ausgestaltet sein soll, dann müsste dieses Rechtsgebiet in materiell-rechtlicher Hinsicht irgendwie abgeschirmt werden. Das bürgerliche Prozessrecht wird an das materielle bürgerliche Recht, das Strafprozessrecht an das materielle Strafrecht angelehnt. Aus rechtssystematischer Perspektive dürfte auch das künftige Gemeinschaftszollrecht direkt an das Staatsrecht II der drei GUS-Staaten gekoppelt werden. Es kommt darauf an, das Gemeinschaftszollrecht mit den Werten und Wertungen des Grundrechtekatalogs zu durchleuchten. Das könnte auch dem Prinzip des Umweltstaates zugute kommen. Meine Hoffnung in dieser Hinsicht richtet sich an die kasachischen Kollegen, da Kasachstan gute Voraussetzungen hat, der erste Umweltstaat in Eurasien zu werden. Alle Finanzinstrumente, darunter auch Finanz*zoll*instrumente, kön-

---

14 *K. Spremann (Hrsg.)*, Finanzstrategisch denken! Paradigmenwechsel zur Strategic Corporate Finance. Berlin, Heidelberg 2008, S.1.

nen der Daseinsvorsorge dienen, weil das Umweltrecht als solches keine eigene finanzielle Grundlage hat. Natürlich rechne ich damit, dass die von mir vertretene These angreifbar ist. Besonders die Anlehnung des Gemeinschaftszollrechts an das materielle Umweltrecht und darüber hinaus an das Staatsrecht II könnte als zu unvermittelt abgelehnt werden. Ich möchte dieser Kritik mit folgendem Schlusssatz zuvorkommen:

Das Zusammenspiel der äußerlich selbstständigen Rechtsbereiche wird meistens durch die Kontingenz des wirklichen Lebens ausgelöst. Nur auf diese Weise können Juristen die Komplexität der zu lösenden Aufgaben abbauen, um sich überhaupt in diesem Leben zurechtzufinden.

Rechtsprobleme der Durchsetzung der Interessen von Wirtschaftsbeteiligten in der Zollunion

Prof. Dr. Olga Bakaeva,
Lehrstuhl für Öffentliches Recht, Rechtsakademie Saratow,
Russland

A. Einleitung

Das Funktionieren einer großen Integrationseinheit wie einer Zollunion erfordert in erster Linie einen adäquaten rechtlichen Rahmen. Es ist wichtig, die Zollgesetzgebung nicht zu verkomplizieren, sie mit Verweisungsnormen nicht zu überlasten, Kollisionen mit Bestimmungen anderer Rechtsbereiche auszuschließen, Rechte und Interessen der Wirtschaftsbeteiligten nicht zu verletzen. Das neue System der Zollregulierung in der Zollunion Russlands, Weißrusslands und Kasachstans muss sich vor diesem Hintergrund in großer Engführung orientieren an grundlegenden völkerrechtlichen Normen und Prinzipien, wie sie unter anderem im Internationalen Übereinkommen über die Vereinfachung und Harmonisierung der Zollverfahren international (Kyoto-Konvention)[1] und im SAFE-Rahmen (Standard zur Sicherung und Erleichterung des Welthandels), die von der Weltzollorganisation verabschiedet worden sind, enthalten sind.

Leider ging die Gründung der Zollunion der Schaffung ihrer rechtlichen Basis voran. Eine umgekehrte Reihenfolge (zuerst die Entwicklung vollwertiger Rechtsgrundlagen, erst dann die Gründung der Zollunion) hätte viele Probleme sowohl bei der Rechtssetzung als auch bei der Rechtsanwendung lösen können. Die Zollunion im Rahmen der Eurasischen Wirtschaftgemeinschaft sollte innerhalb einer sehr knappen Frist geschaffen werden; diese Tatsache spiegelt sich in der Qualität ihrer rechtlichen Grundlagen (dem Zollkodex der Zollunion [ZK] sowie den weiteren völkerrechtlichen Abkommen) wider. Die noch vor dem Inkrafttreten des Zollkodex beschlossenen Änderungen in insgesamt 152 von 373 Artikeln der Entwurfsfassung illustrieren einen gewissen Verbesserungsbedarf. Nationale Rechtsvorschriften, die z.B. Ent-

---
[1] Die Kyoto-Konvention wurde bereits der Staatsduma der Russischen Föderation zur Ratifizierung vorgelegt.

richtung und Vollstreckung von Zollabgaben, Zollvorgänge vor der Zollanmeldung oder den Rechtsweg gegen Entscheidungen der Zollämter regeln, wurden nicht an die neue Rechtslage angepasst. Zudem ist es offenbar, dass das kasachische Recht weitaus liberaler als das russische oder weißrussische Recht ist. Deshalb müssen bei der Rechtsangleichung in der Zollunion Kompromisse gefunden werden: Entweder müssen Regeln strenger gefasst (was für die kasachische Wirtschaft unvorteilhaft ist) oder aber abgemildert werden (was die russische und die weißrussische Seite fürchten). Das alles zeigt, dass innerhalb des neuen Gefüges ein rechtsfreier Raum geblieben ist, der eine weitere Entwicklung der Zollunion bremst.

Immerhin lässt sich konstatieren, dass sich mit der Gründung der Zollunion das Wirtschaftsklima in den Unionsstaaten stark verbessert hat. Die Zollunion bedeutet die Möglichkeit, sämtliche Waren (Zollunionswaren sowie ausländische Waren, die in den freien Verkehr überführt worden sind) ohne Zollabfertigung innerhalb des gemeinsamen Zollgebiets zu verbringen, und führt somit zu einer Kostensenkung für die Wirtschaftsbeteiligten. Außerdem sind angesichts der Änderungen einige Pflichten, insbesondere zur Aufbewahrung der Waren in Verwahrungslagern oder zur Entrichtung bestimmter Zollabgaben und Steuern, weggefallen. Im gegenseitigen Handel werden ebenfalls keine Verbote und Beschränkungen angewandt. Nichtfiskalische Zollkontrollen werden bis zum 1. Juli 2011 vollständig aufgehoben. Es ist insgesamt ein Wirtschaftseffekt in Höhe von 400 Mrd. Dollar für Russland und von 15 bis 20 Mrd. Dollar für Weißrussland und Kasachstan zu erwarten.

Die Beseitigung der Zollgrenzen zwischen den Unionsstaaten wird ein günstiges Investitionsklima fördern. Es ist davon auszugehen, dass in allernächster Zeit wegen der niedrigen Steuersätze in Kasachstan (z. B. einer Mehrwertsteuer in Höhe von zwölf Prozent) Gemeinschaftsunternehmen auf dem kasachischen Territorium gegründet werden. Schon in den letzten zwei Monaten ist auf dem Territorium Kasachstans ein Anstieg der registrierten Unternehmen mit russischen Anteilseignern zu beobachten.

Inzwischen ist aber offenbar, dass die Zollunion noch weit von ihrer Vollendung entfernt ist. So bleiben im gegenseitigen Handel einige Ausnahmen (z.B. russische Einfuhrzölle auf ausländische Kraftfahrzeuge oder Ausfuhrzölle auf Erdöl und Erdölprodukte) erhalten. In Kasachstan gelten niedrigere Zollsätze auf 409 Warenpositionen, die als lebenswichtig eingestuft worden sind. Die Anpassung an die neuen Bedingungen zusammen mit einer allmählichen Aufhebung von Ausnahmen kann bis zu fünf Jahre in Anspruch nehmen. Allerdings ist zu bemerken, dass die stufenweise Abschaffung von Zollkontrollen in der Zollunion keinesfalls eine Beseitigung der Staatsgrenzen einschließlich der Grenz- und Migrationskontrollen bedeutet.

Im Folgenden werden diese und andere wichtige Probleme der Durchsetzung der Interessen der Wirtschaftsbeteiligten in Russland untersucht.

B. Das nationale russische Zollrecht

Das ursprünglich am 1. Juli 2010 geplante *Inkrafttreten des Föderalen Gesetzes „Über die Zollregulierung in der Russischen Föderation"* hat sich wegen des komplizierten Gesetzgebungsverfahrens verzögert, und der Gesetzesentwurf wurde erst im Juni 2010 in erster Lesung behandelt. Einige Monate davor wurde die Gesetzesvorlage zuerst auf der offiziellen Webseite des Föderalen Zolldienstes und dann im offiziellen Amtsblatt der Russischen Föderation mit dem Aufruf zu Änderungen und Ergänzungen veröffentlicht. So versuchte man den Gesetzentwurf schon im frühesten Stadium zu vervollkommnen.

Im September 2010 diskutierten Zollexperten und Wirtschaftsvertreter auf der Sitzung des Gesellschaftlichen Beirates für Zollpolitik beim Föderalen Zolldienst über den Gesetzentwurf. Das Ministerium für die wirtschaftliche Entwicklung Russlands hat ebenfalls Konsultationen mit 40 bedeutenden Unternehmen durchgeführt. Als Ergebnis liegen bereits etwa 300 Vorschläge zu Schlüsselfragen der Zollregulierung vor.

Der heutzutage geltende Zollkodex der Russischen Föderation wird insoweit angewandt, als er dem Zollkodex der Zollunion nicht widerspricht. Die Anordnung der „Geltungsreduktion" des Zollkodex erfolgte verfahrenswidrig nicht per Gesetz, sondern durch einen Brief des Föderalen Zolldienstes Russlands vom 29. Juni 2010 „Über die Nichtanwendung einzelner Normen des Zollkodex der Russischen Föderation". Ein solcher Brief enthält grundsätzlich keine normativen Vorschriften. In der Folge entstanden zahlreiche zollrechtliche Zweifelsfragen, die das Ungleichgewicht in den Beziehungen zwischen Zoll und Wirtschaft verstärkt haben. Aus dieser Situation der Rechtsunsicherheit heraus ergibt sich ein besonderer Bedarf, die Übereinstimmung nationaler Regelungen mit den Normen des Zollkodex der Zollunion und der völkerrechtlichen Abkommen zwischen Russland, Weißrussland und Kasachstan zu überprüfen.

C. Die Verweisungstechnik

Der Zollkodex der Zollunion enthält zurzeit mehr als *eintausend Verweisungsnormen*. Dieser Umstand schlägt aus mindestens zwei Gründen negativ zu Buche. Erstens verkompliziert er die Rechtsanwendung in den einzelnen Mitgliedstaaten sowohl für die Zollbehörden als auch für private Wirtschaftsteilnehmer. Zweitens führt die Reglementierung einiger wichtiger Zollvorgänge auf nationalem Niveau zu Regelungsdivergenzen und gefährdet so die Einheitlichkeit der Rechtsanwendung im Rahmen der Zollunion. Die Auslegung solcher Normen kann sich nicht nur in den einzelnen Mitgliedstaaten, sondern auch von einer Zollbehörde zur anderen stark unterscheiden. Dies alles mindert die Bedeutung der „Zollverfassung", die im Idealfall ein Rechtsakt mit direkter Wirkung sein soll.

D. Die Uneinheitlichkeit des nationalen Straf- und Ordnungswidrigkeitenrechts

Ein weiteres Problem für Zoll und Wirtschaftbeteiligte stellt die *Nichteinheitlichkeit der nationalen Strafvorschriften und Ordnungswidrigkeitenregelungen im Zollbereich* dar. Im November 2009 hat der Zwischenstaatliche Rat der EURASEC die Regierungen der Unionsstaaten beauftragt, Maßnahmen zur Vereinheitlichung der nationalen Straf- und Ordnungswidrigkeitenvorschriften zu ergreifen. Allerdings wurde diese Frage bis heute nicht geregelt, wodurch Interessenkonflikte zwischen den Rechtsschutzorganen der Mitgliedstaaten und widersprüchliche gerichtliche Entscheidungen heraufbeschworen werden. Das in der Übergangsperiode geltende Ansässigkeitsprinzip mindert das Konfliktpotenzial in diesem Bereich.

Die juristische Verantwortlichkeit für Verstöße gegen Zollregeln in der Zollunion sollte auf einer einheitlichen Grundlage beruhen. Andernfalls kann z.B. eine in Russland strafbare Handlung nach der Verwaltungsgesetzgebung Kasachstans keine Rechtsverletzung darstellen. In den Rechtsordnungen der drei Länder unterscheiden sich sowohl die Tatbestände als auch die Rechtsfolgen der Verwaltungsrechtsverstöße. So ist in Weißrussland bereits der Versuch einer Verletzung von Verwaltungsrecht strafbar. In Kasachstan kann gegenüber Einzelpersonen mit Unternehmensstatus ein Tätigkeitsverbot als verwaltungsrechtliche Sanktion verhängt werden.

Ein weiteres Beispiel: Der Gesetzgeber hat den traditionellen Begriff „Zollregime" durch einen weiteren Begriff „Zollverfahren" ersetzt. Das scheint nicht ausreichend gerechtfertigt zu sein und erfordert die Änderung einer ganzen Reihe von Rechtsakten, die mit dem Begriff „Zollregime" operieren: Zum Beispiel Artikel 16.9 und Artikel 16.10 Kodex für administrative Rechtsverstöße der Russischen Föderation, die das Zollregime des internationalen Zolltransits betreffen oder Artikel 16.19 des genannten Kodex, der Sanktionen für den Fall der Nichteinhaltung des Zollregimes regelt.

Um hier Abhilfe zu schaffen, statuiert das Abkommen über Besonderheiten der straf- und verwaltungsrechtlichen Verantwortlichkeit für Verstöße der Zollgesetzgebung der Zollunion vom 5. Juli 2010 eine Pflicht der Mitgliedstaaten, die eigene Gesetzgebung zugunsten einer einheitlichen Bestimmung der Rechtwidrigkeit solcher Handlungen zu ändern.

E. Die zunehmende Komplexität des Zollrechts bzw. seiner Anwendung

Mit der Gründung der Zollunion ist das *Zollrecht in seiner Anwendung komplizierter geworden*: Wenn es früher in der Normenhierarchie nur zwei „Stufen" gab, nämlich föderale Gesetze (einschließlich des Zollkodex) und untergesetzliche normative Rechtsakte, soll man sich nunmehr an 1. dem Zollkodex der Zollunion, 2. völkerrechtlichen Abkommen, 3. Entscheidungen der Kommission, 4. nationalen Gesetzen, 5. untergesetzlichen normativen Akten orientieren.

Für eine Reihe von Unternehmen wird es insbesondere in der ersten Zeit unklar sein, welche Normen Vorrang genießen.

In Russland haben der Föderale Zolldienst und dessen territoriale Organe umfangreiche Aufklärungsarbeit betrieben. In Kasachstan und Weißrussland wurde vergleichbare Öffentlichkeitsarbeit geleistet. Der Höhepunkt wurde im zweiten Quartal 2010 erreicht, als fast genauso viele Anfragen wie während des ganzen Jahres 2009 (3.193 zu 3.490 Anfragen) registriert wurden. Die am häufigsten gestellten Fragen betrafen die Zollabfertigung internationaler Postsendungen (1.088 Anfragen) und die Korrektur von Zahlungsaufträgen (1.191 Anfragen).

Im Rahmen des Gesellschaftlichen Beirates für Zollpolitik beim Föderalen Zolldienst wurden im Jahre 2010 mehr als 50 Treffen (Konferenzen, Seminare) durchgeführt. Eine wichtige Rolle spielte die Hotline in Zollfragen, die seit dem 1. Juli 2010 sowohl auf der föderalen als auch auf der regionalen Ebene angeboten wird. Schon im ersten Monat hat man mehr als 9.500 Anrufe (davon 4.900 Anfragen an den Föderalen Zolldienst) gezählt.

F. Der Informationsaustausch zwischen Wirtschaftsbeteiligten und Zollbehörde

Die Abschaffung der Zollformalitäten an den Grenzen der Mitgliedstaaten führt zu gewissen Problemen beim *Informationsaustausch*.

Zum einen ist die Einführung der elektronischen Zollanmeldung nicht unproblematisch. Zurzeit wird in russischen Regionen nur ein Drittel der Zollerklärungen in elektronischer Form eingereicht. Große Unternehmen sowie Zollvertreter haben bereits die Vorteile einer elektronischen Zollanmeldung erkannt. In diesem Zusammenhang müssen die Zollbehörden alle Wirtschaftsbeteiligten über die Vorteile einer elektronischen Zollanmeldung aktiver informieren.

Gleichzeitig kann der Vorschlag des Föderalen Zolldienstes, ab dem 1. Januar 2011 eine obligatorische elektronische Zollanmeldung einzuführen,[2] nicht als zweckmäßig erachtet werden. Heutzutage haben 94 Prozent der russischen Zollämter die Kapazitäten, um elektronische Zollanmeldungen bearbeiten zu können; allerdings haben nur 19 Prozent der Wirtschaftsteilnehmer den Wunsch geäußert, die Zollerklärungen nicht in schriftlicher, sondern in elektronischer Form einzureichen. Per Anweisung von oben kann man diese Situation nicht meistern.

Zudem stellen für mittlere und kleine Unternehmen Kosten für IT-Ausrüstung und Software eine zusätzliche Belastung dar. In diesem Zusammenhang wäre wahrscheinlich ein Portal für Internetzollanmeldungen von großem Nutzen.

Das Problem der IT-Technologien im Zollbereich kann nur im Rahmen einer Verbesserung des gesamten elektronischen Dokumentenverkehrs gelöst werden. Von den Neuerungen im elektronischen Anmeldeverfahren sind außer Zollämtern und Wirtschaftsbeteiligten auch Steuerbehörden, Banken oder Versicherungsorganisationen betroffen. Jedoch sind nach Angaben des Föderalen Zolldienstes Russlands nur zwei von dreißig an der Zollabfertigung beteiligten Staatsorganen auf den elektronischen Dokumentenverkehr vorbereitet: Das Ministerium für Gesundheitswesen sowie das Ministerium für wirtschaftliche Entwicklung und Handel.

Die Modernisierung des Zolls in der gesamten Zollunion sollte sich auf IT-Technologien stützen, die es ermöglichen, Geld und Zeit bei der Zollabfertigung zu sparen. Insbesondere ist die geplante Einführung von Vorabanmeldungen für Ein- und Ausfuhrwaren nicht machbar, wenn das IT-Verfahren des jeweiligen Mitgliedstaates die unionsweite elektronische Datenübermittlung nicht erlaubt.

Des Weiteren ermöglicht die Abgabe einer Zollanmeldung unter Einsatz elektronischer Datenverarbeitung, den persönlichen Kontakt zwischen Zollbeamten und Unternehmen zu vermeiden und das damit verbundene Korruptionsrisiko zu senken.

Nach dem geltenden Zollrecht ist eine Zollanmeldung in demjenigen Mitgliedstaat abzugeben, in dem der Anmelder ansässig ist. Die weitere Integration der Mitgliedstaaten wird zur Aufhebung des Ansässigkeitsprinzips und der damit verbundenen Beschränkungen bei der Zollanmeldung führen. Dies erfordert die Schaffung eines einheitlichen Systems elektronischer Zollanmeldung sowie einen Informationsaustausch im Rahmen der gesamten Zollunion. Anmelde- und Informationssystem sollten für jeden Wirtschaftsbeteiligten zugänglich sein. Ende September 2010 wurden im Rahmen der Zollunion zwei Abkommen zur Entwicklung des integrierten Informations-

---

2 Nach Angaben der Russischen Zollverwaltung dürfte diese Reform noch bis 2014 dauern.

systems des Außen- und Binnenhandels sowie des elektronischen Dokumentenverkehrs in der Zollunion abgeschlossen. Somit ist der erste Schritt zur IT-gestützten wirtschaftlichen Integration in der Zollunion gemacht.

G. Die Erhebung indirekter Steuern

Nach dem Inkrafttreten des Abkommens über die Prinzipien der Erhebung der indirekten Steuern beim Ex- und Import der Waren, Ausführung von Arbeiten sowie Erbringung von Dienstleistungen in der Zollunion vom 25. Januar 2008 am 1. Juli 2010 sind die Befugnisse zur *Erhebung der indirekten Steuern* auf die Steuerbehörden übergegangen. Die Entrichtung der indirekten Steuern wird nun bei der Wareneinfuhr mit einer Erklärung bestätigt.

Wenn früher die Pflicht zur Entrichtung der Mehrwert- und Verbrauchsteuern im Zeitpunkt des Grenzübertritts entstand, sollen diese Steuern jetzt am 20. Tag jedes Monats fällig werden. Für Unternehmen ist diese Neuerung mangels Technologien, Erfahrungen und Koordination zwischen den Zoll- und Steuerbehörden mit gewissen Hindernissen verbunden. In diesem Zusammenhang ist es den Steuerbehörden aufgegeben, eine Software zur Verwaltung der Informationen über entrichtete Steuern und bestehende Steuervergünstigungen zu entwickeln.

H. Vertrauensverlust

Es lässt sich *ein niedriges Vertrauensniveau* der Wirtschaftsbeteiligten feststellen. Einige Unternehmen betrachten Zollformalitäten als Finanzrisiko: Während die Zollvorgänge komplizierter werden, steigen die Kosten für die Zollabfertigung. Für viele Wirtschaftsteilnehmer ist die Gründung der Zollunion mit neuen Änderungen der Zollgesetzgebung verbunden, was aus ihrer Sicht ein Zeichen von Instabilität im Zollrecht ist.

Die Zollbehörden vertrauen den Wirtschaftsbeteiligten auch nicht in vollem Maße: In Russland unterliegen 44 Prozent der Einfuhrwaren der Zollbeschau, während in Deutschland diese Zahl bei drei Prozent und in den USA bei einem bis zwei Prozent liegt.

Immerhin ist der innere Konflikt zwischen Staat und Wirtschaft nicht nur für den Zollbereich symptomatisch. Im Auftrag des Russischen Verbands der Industriellen und Unternehmer wurde 2009 in 40 Regionen Russlands eine Umfrage unter Unternehmen durchgeführt. Zwei Probleme stehen laut den Umfrageergebnissen im Vordergrund: Korruption und hohe administrative Barrieren. Dazu kommt noch die Tatsache, dass einige Staatsorgane und deren Beamte nicht bereit sind, neue Instrumente der Außenhandelsregulierung zu verwenden.

Das neue Gefüge der Zollregulierung setzt eine klare Kompetenzabgrenzung zwischen der Kommission der Zollunion und nationalen Zollverwaltungen voraus. Jedoch bleibt diese Zielsetzung weit von der Realität entfernt. Insbesondere sind Regelungen zu bestimmten Rechtsschutzfragen vom Gesetzgeber offengelassen worden. Voraussichtlich erst im Jahre 2012 wird der Rechtsweg zum Gerichtshof der EURASEC auch für private Personen eröffnet. Um das System der Streitbeilegung zu erweitern, soll ein Expertenrat aus Vertretern der Unionsstaaten geschaffen werden, dessen Entscheidungen jedoch lediglich Empfehlungscharakter haben werden. Der unklare Maßnahmeplan trägt nicht zur Transparenz der staatlichen Handlungen bei und erhöht das Misstrauen der Gesellschaft sowohl gegenüber dem Staat insgesamt als auch gegenüber dessen einzelnen Organen.

Nicht zu verkennen ist zudem, dass die Gründung eines gemeinsamen Marktes die Konkurrenz verschärfen wird. Das betrifft in erster Linie den Handel, die Landwirtschaft, die Chemie- und Metallindustrie sowie den Markt für Baumaterialien. Nationale Hersteller können auf das Problem von Billig-Einfuhren stoßen und ihre beherrschende Stellung auf dem Absatzmarkt wegen der Konkurrenz aus anderen Mitgliedsländern der Zollunion verlieren. Jedoch ist insgesamt ein positiver Effekt zu erwarten, denn die steigende Konkurrenz dürfte zu Preissenkungen und Demonopolisierung in den verschiedenen Wirtschaftszweigen führen.

I. Einzelprobleme

Für eine Gesamtbeurteilung der neuen Zollgesetzgebung sollte man auch auf einige Einzelprobleme angesichts einer anzustrebenden vollwertigen Durchsetzung der Rechte von Wirtschaftsbeteiligten eingehen.

I. Die amtliche Sprache für das Zollverfahren

Die Verfassungsnormen Russlands, Weißrusslands und Kasachstans bestimmen *verschiedene Staatssprachen*, in denen Verwaltungsakte verfasst und Formulare ausgefüllt werden müssen. Diese Frage wurde während der Bildung der rechtlichen Basis der Zollunion diskutiert. Die Regelung aus Art. 176 Abs. 5 Zollkodex der Zollunion, dass die Zollunterlagen auf Russisch ausgefüllt werden müssen, steht bei den Wirtschaftsbeteiligten aus Weißrussland und Kasachstan in der Kritik. Es wäre zweckmäßig, wenn der Wirtschaftsbeteiligte bei der Ausfüllung der Zollunterlagen die Sprache (Russisch oder Landessprache) selbst wählen dürfte.

II. Die Bestimmung des Warenursprungslandes

Die russischen Zollbehörden sind in der Praxis mit dem *Problem der Bestimmung des Ursprungslandes der Waren* konfrontiert. Gemäß der Entscheidung der Kommission № 335 (vom 17. August 2010) erhalten Waren aus den Unionsstaaten und in den Unionsstaaten freigegebene Drittlandswaren den Status von Zollunionswaren ausschließlich aufgrund der einheitlichen Geschäfts- und Versandunterlagen. Die Zollanmeldungspflicht bleibt nur in Bezug auf Waren bestehen, die aus dem Gebiet der Russischen Föderation in andere Mitgliedstaaten der Zollunion ausgeführt werden, sofern auf diese Waren Ausfuhrzölle anzuwenden sind. Dies führt dazu, dass die Zollbehörden den Ursprung der Ware nicht nachprüfen können und sie selbst in den Zolltarif einreihen, indem sie die entsprechende Codenummer der Einheitlichen Warennomenklatur vergeben.

Dabei darf nicht vergessen werden, dass im gegenseitigen Handel mit Kasachstan noch 409 Ausnahmen vom gemeinsamen Zolltarif gelten. Insoweit sind von der richtigen Tarifierung sämtliche Maßnahmen der Zollstelle abhängig, wie z.B. die Höhe der Abgabensätze oder die Notwendigkeit der Vorlage bestimmter Zollunterlagen. Die zollamtliche Überwachung erfolgt dabei auf Grund der Erklärung des Verbringers und der Inaugenscheinnahme.

Des Weiteren bedeutet das anmeldefreie Regime des Verbringens innerhalb der Zollunion ein Problem für die Datenerfassung, denn die Zollanmeldung stellt die primäre Quelle für statistische Informationen dar.

III. Die Fristen für die Zollabfertigung

Unklar bleibt, welche *Fristen für die Zollabfertigung* gelten. Der Zollkodex der Zollunion nennt die Ein-Tages-Frist, die allerdings bis zu zehn Tagen (Art. 196 ZK) verlängert werden kann, was eine Verschlechterung im Vergleich zu den früher geltenden Normen des nationalen Rechts bedeutet. Außerdem enthält der Gesetzestext keine Angaben über die Gründe für eine Fristverlängerung und räumt damit den Zollbehörden ein unzulässiges Ermessen ein.

J. Der Bedarf nach Vereinheitlichung der technischen Reglements

Eine weitere Herausforderung stellt die Vereinheitlichung der technischen Reglements in Russland, Weißrussland und Kasachstan dar. Zurzeit unterscheiden sich die nationalen technischen Anforderungen an Produkte in den Unionsstaaten und erschweren somit deren freien Verkehr auf dem gesamten Territorium der Zollunion. Diese Situation sollte nun im Rahmen der Zollunion korrigiert werden. Das Recht, neue technische Reglements zu erlassen, sollte der Kommission gewährt werden. Es muss zugegeben werden, dass wahrscheinlich das neue System der technischen Regulierung von kleinen Unternehmen wegen der eventuellen zusätzlichen Kosten negativ wahrgenommen wird. Insgesamt ist aber eine Erhöhung der Produktionsqualität zu erwarten.

K. Der zugelassene Wirtschaftsbeteiligte

Zu den Neuerungen des Zollkodex gehört die Figur des zugelassenen Wirtschaftsbeteiligten. Gemäß dem Zollkodex der Zollunion können dieser juristischen Person spezielle Vereinfachungen gewährt werden: Vorübergehende Verwahrung der Waren in eigenen Räumlichkeiten, Überlassung der Ware vor der Abgabe der Zollerklärung u.a.m. Zurzeit werden in Russland solche Vereinfachungen nur von 0,5 Prozent der Wirtschaftbeteiligten in Anspruch genommen. Das Haupthindernis stellt dabei das Erfordernis einer Sicherheitsleistung in Höhe von einer Million Euro (für kleine Unternehmen 150.000 Euro) dar und macht diese Option praktisch für die Mehrheit der Wirtschaftsteilnehmer, in erster Linie aber für kleine und mittlere Unternehmen, unzugänglich.

L. Die Abgabenberechnung

Anders als in den meisten sonstigen Rechtsordnungen müssen die Wirtschaftsbeteiligten nach Maßgabe des Zollkodex der Zollunion sämtliche Zollabgaben und Steuern auch weiterhin selbst berechnen. Dies erscheint wenig sinnvoll: Zollstellen, die über große Finanzerfahrung verfügen, können besser für die korrekte Berechnung von Zöllen und Steuern sorgen. Des Weiteren könnte man mit der Übertragung von Befugnissen zur Abgabenberechnung auf den Zoll Fehlkalkulationen vermeiden, Kosten der Wirtschaftsbeteiligten senken und die Zahlungskontrolle verbessern.

M. Schluss

Schließlich soll noch einmal hervorgehoben werden: Das neue Zollrecht in der Zollunion sollte darauf zielen, Konflikte privater und öffentlicher Interessen zu vermeiden, keine zusätzlichen administrativen und finanziellen Barrieren zu errichten und Zollregeln nicht zu verschärfen, denn die fehlende Transparenz bzw. Unvorhersehbarkeit der Spielregeln wird zu einer größeren Anzahl von Rechtsverstößen, einer Erweiterung des illegalen Warenverkehrs sowie Imageproblemen des Zolls führen.

Diskussion

Zusammenfassung:
Eva Christina Meiers,
Doktorandin am Institut für öffentliches Wirtschaftsrecht,
Universität Münster

Prof. Dr. Wieslaw Czyzowicz (Handelshochschule Warschau) führte zu Beginn der Diskussion aus, dass er sich erhofft hatte, im Laufe der Tagung zu der Erkenntnis zu gelangen, was eine Zollunion sei. Diese Hoffnung sei jedoch nicht erfüllt worden. Er ging sodann auf die Problematik ein, dass jeder Staat versuche, seine fiskalischen Interessen auch im Zollbereich zu verteidigen. In der EU sei es jedoch so, dass die Zölle originäres Einkommen der EU seien, in der Zollunion die Einnahmen durch die Zölle jedoch nicht der Zollunion an sich zukämen, sondern prozentual auf die drei Mitglieder Russland, Weißrussland und Kasachstan verteilt werden. Der größte prozentuale Teil der Einnahmen fiele in diesem Zusammenhang Russland zu. Hierin sieht er ein Problem der Zollunion. Er ist der Ansicht, dass es eine Regelung über die Schaffung internationaler Organe innerhalb der Zollunion geben müsse, denen die Zolleinnahmen insgesamt zufallen müssten, vergleichbar der Situation in der EU. Ansonsten werde dieses Verteilungsproblem die neue Zollunion überschatten. Er wies allerdings auch darauf hin, dass er die rechtliche Situation in der EU, d.h. die Tatsache, dass der EU alle Zolleinnahmen zustehen, als nicht mit der polnischen Verfassung vereinbar ansehe. Er merkte an, dass es auch innerhalb der Europäischen Union durch die Umstellung auf den modernisierten Zollkodex zu Problemen kommt, namentlich dass die Wirtschaftsbeteiligten keine Sicherheit darüber haben, welches Dokument Gültigkeit besitze. Auch in der EU sei nicht alles zufriedenstellend geregelt.

Dr. Ulrich Jan Schröder (Universität Münster) wandte sich sodann mit seiner Frage an *Dr. habil. Sergey Korolev (Akademie der Wissenschaften, Moskau).* Er stellte zunächst fest, dass der Zollkodex der russischen Zollunion aus seiner Sicht keinen Bezug zum materiellen Recht habe und fragte, wie diese Lücke zu schließen sei. Denn wenn es sich um reines Völkerrecht handele, somit also ein Völkerrechtssubjekt vorläge, dann könnte man auf zwingendes Völkerrecht zurückgreifen. Daran anschließend sei jedoch fraglich, ob das ius cogens der Menschenrechte im Zollrecht überhaupt praktikabel sei. Er habe den Eindruck, dass alle drei Staaten ein unterschiedliches Verständnis davon hätten, was die Zollunion überhaupt sei, zum einen, ob es sich um ein

Völkerrechtssubjekt handele, und zum anderen, wenn man diese Frage bejahe, davon, welchen Rang das Völkerrecht einnehme. Man könne sodann daran denken, ob nicht die drei Verfassungen und die sich aus ihnen ergebenden Grundrechte weiter helfen könnten. Allerdings, darauf weist er hin, gäbe es keine Methode, keine dem Art. 6 EUV vergleichbare Vorschrift, die besage, dass die gemeinsamen Verfassungsüberlieferungen der drei Staaten maßstabsbildend für dieses neue, eventuell supranationale Gebilde seien. Ob es sich tatsächlich um ein supranationales Gebilde handele, sei offenbar unter den Staaten auch nicht eindeutig geklärt, da zum Teil davon gesprochen worden sei, dass es nur die Addition der drei Zollgebiete darstelle. Wenn es denn aber ein supranationales Gebilde sei oder ein völkerrechtliches Gebilde, dann bedürfe es wohl einer materiellen Basis. An Frau *Prof. Dr. Olga Bakaeva (Rechtsakademie Saratow)* richtete er im Anschluss die Frage, wo, wenn es denn subjektive Rechte gäbe, diese geltend zu machen seien. Gibt es einen behördeninternen Rechtsschutz? Kann man sich an eine vorgelagerte, übergeordnete Behörde wenden? Gibt es für den Wirtschaftsbeteiligten die Möglichkeit, sich an ein Gericht zu wenden, und wenn ja, welches Recht ist in einem solchen Fall geltend zu machen? Darf man das Recht der Zollunion anwenden, oder, wenn dies keine materiellen Schutzbestimmungen beinhaltet, das Verfassungsrecht der einzelnen Staaten, soweit dieses nicht im Rang unterhalb des Zollkodexes stehe? Es existiere ja das Wirtschaftsgericht der GUS-Staaten. Soll dieses Gericht auch für die Zollunion zuständig sein, und, wenn ja, welches Recht ist anwendbar und wer hat ein Antragsrecht?

Manuel Brunner (Leibniz Universität Hannover) stellte sodann eine Frage zum völkerrechtlichen Vorverständnis an *Dr. habil. Sergey Korolev (Akademie der Wissenschaften, Moskau)*. Dieser habe einen Ansatz gewählt, der den Menschen in den Mittelpunkt rückt und wohl Ausfluss der soziologisch orientierten Völkerrechtsschule sei. Dieser Ansatz degradiere die Souveränität jedoch zu einem völkerrechtlichen Wert zweiter Ordnung. Er frage daher, wie das mit dem Souveränitätsverständnis der drei Staaten vereinbar sei.

Rechtsanwalt Dr. Marian Niestedt (Graf von Westphalen, Hamburg) fragte sodann nach, ob die Zollunion als Rechtsordnung sui generis anzusehen sei oder als ein völkerrechtliches Gebilde. Seine zweite Frage zielte – in Anlehnung an die Frage von Herrn Dr. Ulrich Jan Schröder – ebenfalls auf die Durchsetzbarkeit individueller Rechte und die Rolle der Gerichte ab.

Dr. habil. Sergey Korolev äußerte sich auf die vorangegangenen Fragen dahingehend, dass er der Schaffung subjektiver Rechte und einer supranationalen Institution positiv gegenüberstehe. Hierzu sei es sinnvoll, die in den einzelnen Verfassungen der Mitgliedstaaten verankerten subjektiven Rechte in einem einheitlichen Katalog zusammenzufassen sowie auch ein einheitliches Organisationsrecht zu schaffen.

Prof. Dr. Olga Bakaeva wies darauf hin, dass es eines Expertenteams zur Klärung der Kollisionsfragen bedürfe. Sie selber befürworte die Errichtung eines Gerichts, das über die zu schaffenden subjektiven Rechte zu entscheiden habe.

Prof. Dr. Alexei Avtomonov (Hochschule für Wirtschaft, Moskau) ging auf das Problem der Zollzahlungen als Form der Steuer ein und merkte an, dass Russland wohl nicht bereit sei, die ihm in Höhe von 87 % zustehenden Geldsummen zur Verfügung zu stellen, mithin die anderen Mitglieder an diesem Betrag zu beteiligen.

Sodann äußerte er sich zu dem Problem der unterschiedlichen Sprachen in den drei Mitgliedsländern. Er wies auf die Notwendigkeit einer einheitlichen Sprache hin, die seiner Meinung nach Russisch sein sollte, da diese Sprache in allen drei Ländern anerkannt sei. Er wäre allerdings auch dazu bereit, so merkte er scherzhaft an, einer Vereinbarung zur Anwendung der englischen Sprache zuzustimmen.

Prof. Dr. Wolffgang (Universität Münster) unterbreitete im Anschluss daran den Vorschlag, man könne sich zur Lösung dieser Frage an der Vorgehensweise in der Europäischen Union orientieren. Dort arbeite man mit 22 Amtssprachen. Eine Zollanmeldung sei in allen Sprachen möglich. Allerdings gäbe es ein kodiertes Formblatt, so dass es jedem Beteiligten möglich sei, trotz der unterschiedlichen Sprachen die Zollformalitäten abzuwickeln.

Grundsätze der Zollregulierung

Prof. Dr. Galina Matvienko,
Russische Justizakademie, Moskau, Russland

A. Einführung

Gegenwärtig ist die Zollregulierung zu einem Problem geworden, das große wissenschaftliche Aufmerksamkeit auf sich zieht. Die rechtliche Einwirkung auf die Rechtssubjekte der Rechtsverhältnisse im Zollbereich stützt sich auf ein System grundlegender Prinzipien, die den Umfang und die Grenzen der normativen Einwirkung bestimmen.

I. Der Begriff des Prinzips

Zum Zwecke der Systematisierung solcher Prinzipien bedarf es der Rechtstheorie.

Die juristische Kategorie „Prinzip" (lateinisch *principium*) kommt aus dem römischen Recht und bedeutet „Anfang" oder „Grundlage". In der Rechtswissenschaft wird der Begriff unterschiedlich definiert. Die wohl herrschende Meinung versteht unter Prinzipien des Rechts grundlegende Ideen, Grundlagen, Regelungen,[1] Verallgemeinerungen, Überzeugungen des Rechts.[2] Die Prinzipien des Rechtes werden in der Wissenschaft auch als Normen des Rechts, eigenartige Charakteristiken seines Inhalts betrachtet.[3]

II. Das Verhältnis von Rechtsprinzipien und Prinzipien des Rechts

In der Rechtswissenschaft gibt es verschiedene Auffassungen zum Verhältnis der Begriffe „Rechtsprinzipien" und „Prinzipien des Rechts". Die Mehr-

---

[1] Vgl. *M. I. Bajtin,* O principah i funkcijah prava: novye momenty // Pravovedenie. 2000. № 3. S. 4; Obshhaja teorija gosudarstva i prava. Akademicheskij kurs. / Hrsg. M. N. Marchenko. Band 2: Teorija prava. M., 1998. S. 22.
[2] *Z. S. Bajnijazova,* Principy pravovoj sistemy Rossii: problemy teorii i praktiki / Hrsg. V. N. Sinjukov. Saratov, 2006. S. 9-22.
[3] Siehe näher: *A. K. Chernov,* Princip ravenstva: teoretiko-pravovoj analiz: Dis. ... kand. jurid. nauk. Samara, 2003. S. 14-23.

heit der Theoretiker versteht beide Begriffe synonym.[4] „Rechtsprinzipien, die vor allem in juristischen Normen existieren, sind der ganzen Rechtsmaterie, dem ganzen Rechtsregulierungsmechanismus immanent; deren Ausdruck ist sowohl in der Rechtsordnung, als auch im Rechtsbewusstsein, als auch in Rechtsanwendungsakten zu sehen".[5]

Meines Erachtens weisen einige Autoren ganz zu Recht darauf hin, dass Rechtsprinzipien und Prinzipien des Rechts unterschiedliche Anwendungsgebiete haben, „…was uns veranlasst, diese Begriffe zum Zwecke der genauen wissenschaftlichen Erklärung und der Anwendung der gegebenen Prinzipien in der Praxis der rechtlichen Regulierung zu unterscheiden. Der Unterschied der Anwendungsgebiete liegt darin, dass Rechtsprinzipien zum materiellen Recht gehören, in seinen Inhalt eingehen, während Prinzipien des Rechts der Rechtssetzung und dem Prozessrecht angehören".[6]

Besondere Aufmerksamkeit wird in der Rechtswissenschaft der Frage zuteil, ob Prinzipien des Rechts in normativen Rechtsakten festgelegt werden sollen. Viele Wissenschaftler verweisen auf die Wichtigkeit einer Reglementierung von Prinzipien in Form von Normen.[7] In neueren rechtstheoretischen Werken wurde auch vorgeschlagen, Prinzipien des Rechts als eine besondere Rechtsform zu betrachten.[8]

III. Die Prinzipien der rechtlichen Regulierung

Über das Verhältnis der betrachteten Kategorien wird auch unter dem Begriff „Prinzipien der rechtlichen Regulierung" diskutiert. Hier gibt es ebenfalls zwei Strömungen. Einige Autoren setzen die Begriffe gleich. So schreibt zum Beispiel A. Kurbatow, dass „die rechtliche Regulierung eine Form der Realisierung der Funktionen des Rechts ist".[9] Daher seien die Begriffe „Prinzipien der rechtlichen Regulierung", "Prinzipien des Rechts" und „Rechtsprinzipien" Synonyme.[10] Andere Gelehrte heben dagegen die Notwendigkeit einer

---

4 Vgl. *S. S. Alekseev*, Obschaja teorija prava: uchebnik. M., 2008. S. 75; *E. A. Lukashova*, Principy socialisticheskogo prava // Sovetskoe gosudarstvo i pravo. 1970. N 6. S. 21-22; *N. N. Voplenko*, Sushhnost', principy i funkcii prava. Volgograd, 1998. S. 34-35.
5 *S. S. Alekseev*, Problemy teorii prava: osnovnye voprosy obshhej teorii socialisticheskogo prava. Sverdlovsk, 1972. T. 1. S. 105-106.
6 *N. A. Tuzov*, Problema prioritetnosti principov v pravovom regulirovanii (sudoproizvodstve) // Istorija gosudarstva i prava. 2009. № 15. S. 6-7.
7 Vgl. *V. N. Kartashov*, Principy prava. In: Teorija gosudarstva i prava / Hrsg. V. K. Babaev. M., 1999. S. 222.
8 Vgl. *V. V. Ershov*, Sistema form prava v Rossijjskojj Federacii // Rossijskoe pravosudie. 2009. № 1 (33). S. 15.
9 *A. Ja. Kurbatov*, Sochetanie chastnykh i publichnykh interesov pri pravovom regulirovanii predprinimatel'skojj dejatel'nosti. M., 2001. S. 18-19.
10 Ebenda.

Abgrenzung der betrachteten Begriffe hervor.[11] Diese Ansicht ist nicht neu.[12] Somit ist festzustellen, dass *Rechtsprinzipien* durch die Reglementierung konkreter Rechtsverhältnisse die rechtliche Regulierung beeinflussen. Das sind unter anderem: das Gesetzmäßigkeitsprinzip, der Ausdruck des Willens und der Interessen des Volkes im Recht, die Gleichheit aller Bürger vor dem Gesetz, die Kombination der Rechte und der Pflichten, die Verantwortlichkeit für Schuld, die Kombination von Überzeugung und Zwang etc.

Es scheint, dass sich die rechtliche Regulierung sowohl auf Rechtsprinzipien als auch auf Prinzipien des Rechts stützen soll. Im Einverständnis damit, dass Rechtsprinzipien die materielle Sphäre betreffen, Prinzipien des Rechts dagegen die prozessuale, möchten wir aber feststellen, dass alle Verhältnisse der Regulierung unterliegen. Daraus schließen wir, dass Prinzipien der rechtlichen Regulierung sowohl erstere als auch letztere umfassen.

IV. Die Prinzipien der Zollregulierung

Somit stellen Prinzipien der Zollregulierung *Grundlagen, Standards, „Schablonen" der organisierenden Einwirkung auf die Teilnehmer der Rechtsverhältnisse im Bereich des Zollwesens* dar.

In der Wissenschaft wird immer öfter die Ansicht vertreten, dass Prinzipien eine Grundlage der rechtlichen Regulierung in diesem oder jenem Bereich sind. *Die Zollregulierung sollte nach allgemeinrechtlichen Prinzipien und Prinzipien des (internationalen und nationalen) Zollrechts verwirklicht werden.*

1. Die Prinzipien des internationalen Zollrechts

Die Prinzipien des internationalen Zollrechts sind Grundlagen für Partnerschaftsbeziehungen zwischen Staaten im Zollbereich und werden von Prinzipien des internationalen Rechts abgeleitet. Dazu gehören die allgemein anerkannten Prinzipien des internationalen Rechts, die sich auf die UN-Charta stützen: die Prinzipien der souveränen Gleichheit der Staaten, der Nichteinmischung in innere Angelegenheiten, der Gleichberechtigung und der Selbstbestimmung der Völker, des Verzichts auf Gewalt oder Drohung mit Gewalt, der territorialen Integrität der Staaten, der Achtung der Menschenrechte und der Grundfreiheiten, der Zusammenarbeit der Staaten, der gewissenhaften Ausführung der internationalen Verpflichtungen. Die genannten Prinzipien haben ihren Ausdruck auch in der internationalen Zollkooperation gefunden.

---

11 Vgl. *S. A. Karelina,* Principy pravovogo regulirovanija otnoshenijj, voznikajushhikh v svjazi s nesostojatel'nost'ju (bankrotstvom) dolzhnika // Predprinimatel'skoe pravo. 2008. № 2.
12 Vgl. *A. N. Kolodijj,* Principy pravovogo regulirovanija i ikh realizacija v dejatel'nosti milicii: Avtoreferat diss. ... kand. jurid. nauk. Kiev, 1991. S. 1-8.

Die spezifischen Prinzipien des internationalen Zollrechts werden durch die Ziele und Aufgaben der UNO-Wirtschaftskommission, der WTO, der WCO sowie Zollunionen und Freihandelszonen bedingt und wurden in der russischen Wissenschaft zum ersten Mal von K.G. Borissow[13] zusammengefasst:

– Prinzip der Förderung der neuen Wirtschaftsordnung;
– Verbot direkter oder indirekter Handlungen, die auf eine Behinderung der Verwirklichung der Wirtschaftssouveränität der Staaten gerichtet sind;
– Prinzip der Liberalisierung des internationalen Handels;
– Prinzip der gleichberechtigten Nutzung der Vorteile der internationalen Arbeitsteilung;
– Prinzip der Förderung des Wirtschaftswachstums in Entwicklungsländern;
– Prinzip der Verbesserung der internationalen Zollzusammenarbeit.

Die Auflistung der spezifischen Prinzipien des internationalen Zollrechts ist offenbar nicht abschließend; weitere Prinzipien können aus den genannten Prinzipien abgeleitet werden.

2. *Spezielle Prinzipien des nationalen Zollrechts*

In der Literatur werden folgende Grundsätze als *spezielle Prinzipien des nationalen Zollrechts* genannt: das Prinzip der föderalen Zollregulierung, das Prinzip des Schutzes der Interessen des Staates und seiner Bürger, das Prinzip des Schutzes der Wirtschaftssicherheit Russlands, das Prinzip der Begründetheit der Forderungen der Zollorgane, das Prinzip, nur das Notwendige zu fordern, das Prinzip der Freiheit der Wahl des Zollverfahrens, das Prinzip der Beachtung der Verbote und Beschränkungen.

3. *Die Prinzipien der zollrechtlichen Regulierung*

Der Zollkodex der Zollunion definiert den Begriff „Zollregulierung" als eine Art der rechtlichen Regulierung.[14] Nach der Meinung von S. S. Aleksejev stellt die rechtliche Regulierung eine ergebniswirksame, normativ-planmäßige Einwirkung auf gesellschaftliche Verhältnisse mit Hilfe des Rechts-

---

13 *K. G. Borissov,* Mezhdunarodnoe tamozhennoe pravo. M., 2001. S. 43-44.
14 Die Zollregulierung ist nach dem Zollkodex der Zollunion die rechtliche Regulierung der Verhältnisse, die zusammenhängen mit dem Verbringen der Waren über die Zollgrenze der Zollunion, ihrer Beförderung auf dem einheitlichen Zollgebiet der Zollunion unter der zollamtlichen Überwachung, der vorübergehenden Verwahrung, der Zollanmeldung, der Überlassung und der Verwendung gemäß dem beantragten Zollverfahren, der Durchführung der Zollkontrollen, der Entrichtung der Zölle und Steuern sowie den hoheitlich geregelten Verhältnissen zwischen den Zollbehörden und den Personen, die Besitz-, Nutzungs- und Verfügungsrechte über die Waren haben.

systems (der juristischen Normen, der Rechtsverhältnisse, der individuellen Anordnungen u.a.) dar.[15]

In der Wissenschaft wurden folgende Prinzipien der zollrechtlichen Regulierung vorgeschlagen: Gesetzmäßigkeit; Übereinstimmungen der nationalen Gesetzgebung mit völkerrechtlichen Bestimmungen; das Prinzip der genauen und klaren Formulierung der Rechtsregelungen im Zollbereich; das Prinzip der Wechselwirkung der Interessen des Staates und der Persönlichkeit; das Fiskalprinzip (dies spiegelt die Hauptaufgabe der Zollorgane – nämlich die Generierung von Staatseinnahmen – wider); das Prinzip der Stimulierung der Wirtschaftsteilnehmer zum gesetzesgehorsamen Verhalten; das Prinzip der Anwendung von staatlichen Zwangsmaßnahmen in den vom Gesetz bestimmten Rahmen.[16]

4. *Die Prinzipien der zollrechtlichen Regulierung in der Zollunion*

Im Rahmen der Zollregulierung in der Zollunion werden nichttarifäre Maßnahmen sowie Verbote und Beschränkungen angewandt. Diese Maßnahmen werden in den völkerrechtlichen Abkommen der Mitgliedstaaten der Zollunion festgelegt, welche direkt oder indirekt Standards der Regulierung des Außenhandels (Nichtdiskriminierung, Protektionismus, Gebot der minimalen Einmischung des Staates in den Außenhandel und andere) enthalten. Wie verhalten sich diese Standards zu den Prinzipien der Zollregulierung?

Die Zollregulierung hat ihren Ursprung in den Grundsätzen der staatlichen Regulierung der Außenhandelstätigkeit.[17] Daher ist die Regulierung der Außenhandelsbeziehungen immer unter Berücksichtigung der Besonderheiten der Zollrechtsverhältnisse durchzuführen. Letztere entstehen in Verbindung mit dem oder anlässlich des Verbringens von Waren und Beförderungsmitteln über die Zollgrenze, während die genannten internationalen Abkommen und nationalen Bestimmungen ein breiteres Regulierungsspektrum haben (zum Beispiel den Dienstleistungsverkehr).

Die Standards der rechtlichen Regulierung von konkreten Rechtsverhältnissen werden durch die Besonderheiten dieser Rechtsverhältnisse vorherbestimmt und sollen die Struktur, die Besonderheiten des Rechtsstatus der Personen, des Objektes und des Gegenstandes solcher Verhältnisse, ihren Inhalt widerspiegeln.

Daher ist es möglich, *die speziellen Prinzipien der Zollregulierung im Rahmen der Zollunion* auszusondern. Die erste Gruppe der Prinzipien spiegelt

---
15 *S. S. Alekseev*, Obshhaja teorija prava. Band I. M., 1981. S. 289.
16 *M. V. Zavershinskaja*, Principy normativnogo regulirovanija pravootnoshenij v oblasti tamozhennogo dela // Tamozhennoe delo. 2006. N 3 (Consultant Plus).
17 Siehe bspw. Artikel 4 Föderales Gesetz N 164-FS „Über die Grundlagen der staatlichen Regulierung der Außenhandelstätigkeit" (vom 8. Dezember 2003).

die Hauptregeln der Zollregulierung insgesamt wider (B), die zweite Gruppe charakterisiert das Verfahren des Verbringens von Waren und Beförderungsmitteln über die Zollgrenze (C), die dritte Gruppe gilt den Besonderheiten des Status der Teilnehmer der Zollrechtsverhältnisse (D).

B. Allgemeine Prinzipien der Zollregulierung

1. *Das Prinzip der Übereinstimmung der Zollunionsnormen mit den Grundsätzen des internationalen Zollrechts* (Vereinheitlichung und Vereinfachung der Zollformalitäten, Transparenz der zollrechtlichen Bestimmungen u.a.). Die gegebene Regel folgt aus dem Inhalt des Zollkodex der Zollunion sowie aus einer Reihe ergänzender Abkommen. So sieht zum Beispiel das Abkommen zwischen der Regierung der Russischen Föderation, der Regierung der Republik Weißrussland und der Regierung der Republik Kasachstan vom 25. Januar 2008 „Über die Zollwertbestimmung der Waren, die über die Zollgrenze der Zollunion verbracht werden" vor, dass der Zollwert entsprechend „dem vorliegenden Abkommen und den Prinzipien des Allgemeinen Zoll- und Handelsabkommens" zu bestimmen ist.

2. Die *Einheitlichkeit der Zollregulierung* wird durch das einheitliche System derjenigen völkerrechtlichen Rechtsakte geprägt, welche die Verhältnisse regulieren, die mit dem Verbringen von Waren und Beförderungsmitteln über die Zollgrenze verbunden sind (Art. 3 Zollkodex der Zollunion). Neben dem Zollkodex gelten im Rahmen der Zollunion völkerrechtliche Verträge der Mitgliedstaaten der Zollunion sowie Entscheidungen der Kommission der Zollunion. Insbesondere gelten der Einheitliche Zolltarif, die Einheitliche Warennomenklatur sowie einheitliche nichttarifäre Maßnahmen. Dem einheitlichen System der Rechtsakte korrespondiert die Verpflichtung der Staaten, nationale Zollbestimmungen an dem Zollkodex der Zollunion auszurichten.

3. *Die Einheitlichkeit des Zollgebiets und der Zollgrenze der Mitgliedstaaten der Zollunion* (Art. 2 Zollkodex der Zollunion). Das einheitliche Zollgebiet der Zollunion bilden die Territorien der Republik Weißrussland, der Republik Kasachstan und der Russischen Föderation sowie Sonderwirtschaftszonen und der Festlandsockel der Mitgliedstaaten der Zollunion, künstliche Inseln, Anlagen, Bauten und andere Objekte, in Bezug auf die die Mitgliedstaaten der Zollunion über Hoheitsrechte verfügen. Die Grenzen des Zollgebiets der Zollunion bilden die Zollgrenze der Zollunion.[18]

---

[18] Nach Art. 202 Zollkodex der Zollunion können Freilager und Freizollzonen geschaffen werden; die Besonderheiten der Anwendung von Zollverfahren sollen dabei durch völkerrechtliche Abkommen geregelt werden.

Das Vorhandensein des einheitlichen Zollgebiets der Zollunion schließt allerdings das Vorhandensein der Zollgebiete der einzelnen Mitgliedstaaten nicht aus. In Russland gilt das Prinzip der Einheitlichkeit des Zollgebiets unseres Staates, das die Geltung der Zollbestimmungen auf dem gesamten Hoheitsgebiet Russlands zu seinem Inhalt hat.

4. *Das Prinzip der Übereinstimmung der nationalen Zollbestimmungen mit den Regelungen des Zollkodex der Zollunion, völkerrechtlichen Verträgen und Entscheidungen der Kommission der Zollunion.* Insgesamt bestimmt sich die nationale Zollregulierung nach dem Art. 71 Verfassung der Russischen Föderation.

5. *Das Prinzip der Festlegung von Befugnissen in der untergesetzlichen Normsetzung im Zollbereich* bedeutet, dass in der Zollgesetzgebung exakt geregelt werden sollte, zu welchen Fragen die Organe der Exekutive untergesetzliche Rechtsakte erlassen dürfen.

6. *Das Prinzip der Kombination von privaten und öffentlichen Interessen in der Zollregulierung* als ein allgemeinrechtliches Prinzip ist eine Ausprägung der vernunftmäßigen Festlegung von Zollregulierungsmitteln unter Berücksichtigung der Interessen des Staates und der Wirtschaftsbeteiligten.

7. *Das Verantwortlichkeitsprinzip* als ein allgemeinrechtliches Prinzip bedeutet die Festsetzung der rechtlichen Verantwortlichkeit im Falle des Verstoßes gegen Zollregeln oder des Verstoßes gegen Rechte und Interessen der Teilnehmer der Zollrechtsverhältnisse.

C. Prinzipien über die Hauptstandards des Verbringens von Waren und Beförderungsmitteln über die Zollgrenze

1. *Das Prinzip der Sicherstellung der Beachtung der Regeln des Verbringens von Waren und Beförderungsmitteln über die Zollgrenze.* Dieses Prinzip ist „vielseitig", da es eine Erscheinungsform der Gesetzmäßigkeit ist, und wird mittels der Festsetzung der Verfahrensregelungen des Verbringens von Waren und Beförderungsmitteln sowie der klaren Bestimmung des Status der Personen, die das Verbringen verwirklichen, gewährleistet. Im Zollbereich wird die Gesetzmäßigkeit des Verbringens durch die Verpflichtungen zur Beachtung der tarifären Maßnahmen sowie durch Verbote und Beschränkungen für den grenzüberschreitenden Warenverkehr sichergestellt.

2. *Der gleiche Zugang zum Recht auf das Verbringen von Waren und Beförderungsmitteln der internationalen Beförderung über die Grenze der*

Zollunion. Laut Art. 12 Abs. 1 Zollkodex der Russischen Föderation hat jede Person das gleiche Recht zum Verbringen von Waren und Beförderungsmitteln über die Zollgrenze.

3. *Das differenzierte Herangehen bei der Festsetzung des Verzollungsverfahrens, der Zollabfertigung und der Zollkontrolle je nach der Art der Ware oder des Beförderungsmittels, seiner Bestimmung und der Art und Weise des Verbringens über die Zollgrenze.* Das vorliegende Prinzip ist im Zollkodex der Zollunion verankert. Zum Beispiel enthält Kapitel 44 des Zollkodex der Zollunion spezielle Verfahrensregelungen für die Zollabwicklung der Waren, die in internationalen Postsendungen verbracht werden.

4. *Das Prinzip der vernünftigen Zugänglichkeit der Regeln der Zollabfertigung und der Kontrolle.* So stellt zum Beispiel der Zollkodex der Zollunion fest, dass sich die Zollkontrolle einerseits auf Risikomanagement und Risikoanalyse stützt und andererseits nur in denjenigen Formen durchgeführt wird, die für die Sicherstellung der Beachtung der Zollgesetzgebung der Zollunion und der Mitgliedstaaten erforderlich sind (Art. 94 Abs. 1, 2 Zollkodex der Zollunion).

D. Prinzipien der Zollregulierung über die Besonderheiten des Rechtsstatus der Personen, die an Zollverhältnissen teilnehmen

1. *Das Prinzip des staatlichen Schutzes der Rechte und der berechtigten Interessen der Teilnehmer der Rechtsverhältnisse, die in Verbindung mit oder anlässlich des Verbringens von Waren und Beförderungsmitteln über die Zollgrenze entstehen.* Dieses Prinzip ist dem Art. 9 Zollkodex der Zollunion „Die Anfechtung der Entscheidungen, der Handlungen (der Untätigkeit) der Zollbehörden und ihrer Bediensteten" zu entnehmen.

2. *Das Prinzip des freien Zugangs zu Zollinformationen* findet sich in Kapitel 2 des Zollkodex der Zollunion (Information und Beratung zu den Fragen des Zollwesens). Der angegebene Standard zeigt sich in der Notwendigkeit der Veröffentlichung normativer Rechtsakte im Zollwesen sowie in der Zugänglichkeit der Zollbehörden, damit man sich von diesen beraten lassen kann.

3. *Die normative Festlegung von Rechten, Pflichten und Verantwortlichkeiten der Teilnehmer der Zollverhältnisse.* Diesem Thema ist Kapitel 3 Zollkodex der Zollunion „Die Wechselbeziehungen der Zollbehörden mit den Außenwirtschaftteilnehmern und den Personen, die Tätigkeiten im Zollbereich ausüben" gewidmet. Die Hauptaufgaben der Zollbehör-

den regelt Art. 6 Zollkodex der Zollunion; der Rechtsstatus der Zollbehörden Russlands wird von der nationalen Gesetzgebung bestimmt. Die Besonderheiten des Rechtsstatus der natürlichen Personen, die Waren für persönliche Zwecke verbringen, wird von einem völkerrechtlichen Abkommen geregelt.[19]

4. *Sicherstellung der Erfüllung der Verpflichtungen in Bezug auf Waren, die sich unter der zollamtlichen Überwachung befinden sowie in die privilegierten Zollverfahren überführt werden.* So ist zum Beispiel nach dem Zollkodex in einigen Fällen Sicherheitsleistung erforderlich.

E. Die Anwendung der Prinzipien der Zollregulierung in der Praxis

Die Liste der Prinzipien der zollrechtlichen Regulierung ist nicht abschließend und kann ergänzt werden. Die meisten Prinzipien sind dabei nicht in der Gesetzgebung festgelegt und folgen aus der Aufbaulogik der Rechtsakte bzw. ihrem Inhalt.

Besondere Aufmerksamkeit verdienen die Probleme der Anwendung der Prinzipien der Zollregulierung in der Praxis.

I. Die Transparenz der Zollregulierung

Der wichtigste Standard der Zollregulierung ist deren Transparenz (Deutlichkeit, Klarheit der Auslegung und der Anwendung der Norm). Zollrechtliche Bestimmungen sind in der Regel technisch gut formuliert. Jedoch wird in einzelnen völkerrechtlichen Verträgen der Zollunion dieses Prinzip nicht immer berücksichtigt.

So gehören beispielsweise gemäß dem Abkommen vom 25. Januar 2008 „Über die einheitlichen Maßnahmen der nichttarifären Regulierung gegenüber Drittstaaten" Antidumping-, Ausgleichs- und Schutzmaßnahmen nicht zu den nichttarifären Handelshemmnissen. Die Anwendung der genannten Maßnahmen wird von einem separaten Abkommen geregelt. Sie bilden somit eine besondere Gruppe der Regulierungsmaßnahmen des Außenhandels. Nach der russischen Gesetzgebung[20] zählen solche Handelshemmnisse

---

19 Abkommen vom 18. Juni 2010 „Über das Verbringen von Waren für den persönlichen Gebrauch von natürlichen Personen über die Zollgrenze der Zollunion und Durchführung der Zollvorgänge zu ihrer Überlassung" // http://www.tsouz.ru/Docs/IntAgrmnts/Pages/fizlica.aspx
20 Föderales Gesetz N 164-FS „Über die Grundlagen der staatlichen Regulierung der Außenhandelstätigkeit" (vom 8. Dezember 2003).

hingegen zu nichttarifären Regulierungsmaßnahmen, was dem Abkommen allem Anschein nach widerspricht. Jedoch verhält es sich nicht derart einfach. In der Rechtsanwendungspraxis ist vor einigen Jahren die Frage aufgekommen, welche Maßnahmen zu wirtschaftlichen und welche zu nichtwirtschaftlichen Handelshemmnissen im Außenhandel zu rechnen sind. Dies hat grundsätzliche Bedeutung für die Tatbestandabgrenzung bei Verstößen gegen Zollregeln. Der Oberste Gerichtshof der Russischen Föderation hat diese Situation im Jahre 2006 auf Grund des nationalen Gesetzes geklärt. Wie ist das Abkommen im Kontext der Ordnungswidrigkeitenregelungen auszulegen, unter Berücksichtigung des Umstands, dass nichttarifäre Maßnahmen in diesem Abkommen als quantitative und andere Beschränkungen mit wirtschaftlichem Charakter eingestuft werden? Offenbar haben Antidumpingmaßnahmen auch wirtschaftlichen Charakter. Dies sollte in dem genannten Abkommen und anderen Dokumenten[21] noch stärker berücksichtigt werden.

II. Die Wechselwirkung unter den Prinzipien der Zollregulierung am Beispiel des Straf- und Ordnungswidrigkeitenrechts

Ferner gibt es Probleme bei der Auslegung und Anwendung der Prinzipien der Zollregulierung in ihrer Wechselwirkung. Die komplexe Anwendung der *Prinzipien der einheitlichen Zollregulierung, des einheitlichen Zollgebiets und der einheitlichen Zollgrenze sowie des Verantwortlichkeitsprinzips für Verstöße gegen Zollregeln* wird im Kontext der Rechtsschutztätigkeit der Zollbehörden deutlich.

Der Vertrag „Über die Besonderheiten der Straf- und Verwaltungsverantwortlichkeit für Verstöße gegen die Zollgesetzgebung der Zollunion und der Mitgliedstaaten der Zollunion" vom 5. Juli 2010 stellt eine Reihe wichtiger Regeln für die verwaltungs- und strafrechtliche Verantwortlichkeit auf. So unterliegt eine Person, die eine Ordnungswidrigkeit im Zollgebiet der Zollunion begangen hat, der verwaltungsrechtlichen Verantwortlichkeit nach der Gesetzgebung desjenigen Mitgliedstaats, auf dessen Territorium die Ordnungswidrigkeit entdeckt wurde. Eine Strafverfolgung wird im Staat des Tatorts eingeleitet. Wenn der Tatort unbekannt ist, ist ein Strafverfahren in demjenigen Staat, in dem die Straftat entdeckt worden ist, anzustrengen (Art. 4 und 5 des Vertrags). Im Rahmen der Zollunion gilt das Prinzip *non bis in idem*, um dessen Beachtung willen Rechtsfälle an die jeweils zuständigen Mitgliedstaaten verwiesen werden sollen. Findet die Strafverfolgung nur in einem einzigen Mitgliedstaat statt, laufen die betroffenen Personen nicht mehr Gefahr, von verschiedenen Staaten für denselben Tatbestand verurteilt zu werden.

---

21 Bspw. Abkommen vom 9. Juni 2009 „Über die Einführung und Anwendung von Maßnahmen, die den Warenaußenhandel mit Drittstaaten betreffen" // http://www.tsouz.ru/Docs/IntAgrmnts/Pages/fizlica.aspx

Die nationalen Gesetzgeber sollen zudem das Strafmaß für Straftaten im Zollbereich vereinheitlichen. In Zusammenhang mit dem Inkrafttreten des Zollkodex der Zollunion sollten die Bestimmungen des Kapitels 16 des Kodex der Russischen Föderation über Verwaltungsrechtsverletzungen der neuen Lage angepasst werden.

Der Abbau der inneren Zollgrenzen bedeutet allerdings nicht, dass die Staaten die Möglichkeit verlieren müssen, Waren aus Drittstaaten zu kontrollieren. Bis zur Einführung des einheitlichen Informationsaustausches zwischen Zollbehörden der Unionsländer sollten nationale Zollbehörden berechtigt sein, Unterlagenkontrollen in Bezug auf Waren aus Drittstaaten, die an der Außengrenze der Zollunion in den freien Verkehr überführt werden, durchzuführen (z.B. Kontrollen durch die russischen Zollstellen in Bezug auf chinesische Waren, die in Kasachstan in den freien Verkehr überführt worden sind). Selbstverständlich dürfen solche Maßnahmen den freien Warenverkehr innerhalb der Zollunion nicht beeinträchtigen und zu keinen negativen Auswirkungen für den Zollanmelder führen. Das ist eine Art Monitoring, mithin eine provisorische Maßnahme. Das System der doppelten Unterlagenkontrolle würde es meines Erachtens erlauben, die Zahl der Rechtsverletzungen nicht anwachsen zu lassen.

III. Das Verhältnis des Gesetzmäßigkeitsprinzips und des Prinzips der differenzierten Verzollung am Beispiel zollrechtlich nicht abgefertigter Kraftfahrzeuge

Ein weiteres Problem betrifft *die komplexe Anwendung des Gesetzmäßigkeitsprinzips und des Prinzips der differenzierten Verzollung.*

Die weithin bekannte Frage über die Notwendigkeit einer Legalisierung von nicht abgefertigten Fahrzeugen, die vor 15 bis 20 Jahren eingeführt worden sind, wurde mehrmals genauer untersucht. Art. 352 Abs. 5 Zollkodex der Russischen Föderation nennt eigentlich eine einzige Möglichkeit der Zwangsbeitreibung von Zöllen und Steuern in Bezug auf nicht abgefertigte Fahrzeuge, die von natürlichen Personen eingeführt worden sind, nämlich die Vollstreckung der Zollabgaben durch Pfändung im Gerichtsverfahren unabhängig davon, in wessen Eigentum sich das Fahrzeug befindet.

Nach der Auffassung des russischen Verfassungsgerichts erlaubt jedoch Art. 352 Abs. 5 Zollkodex der Russischen Föderation nach seinem verfassungsrechtlichen Sinn keine Pfändung des Fahrzeuges für den Fall, dass der Eigentümer dieses Fahrzeugs bekannt ist und nicht nachgewiesen werden kann, dass er beim Erwerb des Fahrzeuges von der rechtwidrigen Einfuhr wusste oder hätte wissen müssen.[22]

---
22 Beschluss des Verfassungsgerichts der Russischen Föderation № 248-O-P vom 5. Februar 2009.

Es ist bemerkenswert, dass die Zollgesetzgebung die straf- und verwaltungsrechtliche Verantwortlichkeit für Verstöße gegen Zollregeln im Falle eines gutgläubigen Erwerbers ausschließt. Jedoch ist niemand berechtigt, eine nichtabgefertigte Ware zu benutzen und über sie zu verfügen. Jeder, der rechtswidrig eingeführte Fahrzeuge anmeldet, ist auch verpflichtet, sämtliche Einfuhrzölle und Steuern zu entrichten. Dies erfordern sowohl internationale als auch nationale Bestimmungen.

Das Verfassungsgericht der Russischen Föderation betrachtet die Zwangsvollstreckung als Vermögenshaftung; es ist im Rahmen des Untersuchungsverfahrens stets die *Sorgfalt* des Erwerbers zu prüfen. Allerdings werden „die öffentlich-rechtliche Pflicht zur Zollentrichtung" und „die Haftung für die Verstöße gegen Zollregeln" sowohl in internationalen als auch in nationalen Rechtsakten voneinander abgegrenzt. Immerhin ist die Zwangsvollstreckung in ein nichtabgefertigtes Fahrzeug, d.h. die Erstreckung der öffentlich-rechtlichen Verpflichtung zur Zollentrichtung durch dritte Personen auf den gutgläubigen Erwerber, unzulässig.

Diese Entscheidung des Verfassungsgerichts löst allerdings das Problem des gutgläubigen Erwerbs durch natürliche Personen nicht endgültig. Zudem behandelt sie verschiedene Personenkategorien ungleich. Das Kapitel 32 Zollkodex der Russischen Föderation sieht für juristische Personen und Einzelunternehmer eine Bandbreite verschiedener Zwangsvollstreckungsmaßnahmen vor, während es für natürliche Personen nur eine, nämlich die Pfändung der nichtabgefertigten Waren, gibt. Die Pflicht zur Zollabfertigung und Zollentrichtung besteht jedoch für alle gleichermaßen. Sie ist vom Gesetz bestimmt. Und es ist die Aufgabe des Gesetzgebers, diese Frage zu klären und in solchen Fällen die Zollanmeldung ohne Zollentrichtung zu erlauben. Die einzelnen Kriterien für die zu beachtende Sorgfalt, die ein unbestimmter Rechtsbegriff ist, sollten auch normativ festgelegt werden.

F. Schluss

Das sind nur einige Fragen im Zusammenhang mit der Anwendung von Prinzipien der Zollregulierung. Es scheint, dass die Gesellschaft mit dem Inkrafttreten des Zollkodex sowie der völkerrechtlichen Abkommen und Entscheidungen der Kommission auf neue, vorhersehbare, aber auch noch verborgene Probleme der Rechtsanwendung stoßen wird. Nach Auffassung der Praktiker ist die Kenntnis der Prinzipien der Zollregulierung häufig die einzige Quelle für eine Lösung von Konfliktfällen.

Tarifäre und nichttarifäre Handelshemmnisse in der Zollunion

Prof. Dr. Eike Albrecht,
Brandenburgische Technische Universität,
Lehrstuhl für Öffentliches Recht mit Bezug zum Umwelt-
und Europarecht, Cottbus /
Alexey Vinogradov, M. Sc.,
Germanischer Lloyd Industrial Services GmbH, Hamburg

A. Einführung

1956 bereitete ein Expertenkomitee unter der Leitung des belgischen Außenministers Paul-Henri Spaak einen Bericht[1] vor, der später die Grundlage für die Ausarbeitung des Vertrages über die Gründung der Europäischen Wirtschaftsgemeinschaft (EWG) gebildet hat. In seinen Memoiren, die in den sechziger Jahren veröffentlicht wurden, schrieb Spaak über die Wahl, vor der das Team damals gestanden habe. „Das Wichtigste bei der Arbeit ist die dabei getroffene grundlegende Auswahl. Sollte man eine einfache Zollunion schaffen oder sollte man im Gegenteil einen Gemeinsamen Markt zwischen den Beteiligten errichten?"[2] Spaaks Team war völlig überzeugt: Der Erfolg der europäischen Integration liegt in der Schaffung eines Gemeinsamen Marktes, der mehr als eine einfache Zollunion sein muss. In Europa muss ein Raum ohne Binnengrenzen entstehen, in dem der freie Verkehr nicht nur von Waren, sondern auch von Personen, Dienstleistungen und Kapital garantiert ist.

Die Konzeption der bereits fast zwei Jahrzehnte dauernden wirtschaftlichen und politischen Reintegration ehemaliger sowjetischer Republiken unterscheidet sich vom europäischen Verfahren. Als vorrangiges Ziel haben sich die Mitglieder der Eurasischen Wirtschaftgemeinschaft (EAWG) die Schaffung einer *Zollunion* gesetzt.[3] Diese soll die Grundlage für den Anfang 2012 geplanten *Einheitlichen Wirtschaftsraum* werden – einen Wirtschaftsraum der fusionierten Märkte Russlands, Weißrusslands und Kasachstans (und später eventuell auch Tadschikistans und Kirgisiens), der den freien Waren-,

---

[1] Rapport des chefs de délégation aux ministres des Affaires étrangères. Bruxelles: Secrétariat, 21.04.1956.
[2] Spaak, Memoiren eines Europäers, 1969, S. 318.
[3] Vertrag vom 26.02.1999 „Über eine Zollunion und einen gemeinsamen Wirtschaftsraum", Art. 7. In Originalsprache: Договор от 26.02.1999 „О Таможенном союзе и Едином экономическом пространстве", ст. 7.

Dienstleistungs- und Kapitalverkehr sowie die Mobilität von Arbeitskräften und schließlich die Schaffung einer gemeinsamen Wirtschaftspolitik und Infrastruktur gewährleisten soll.

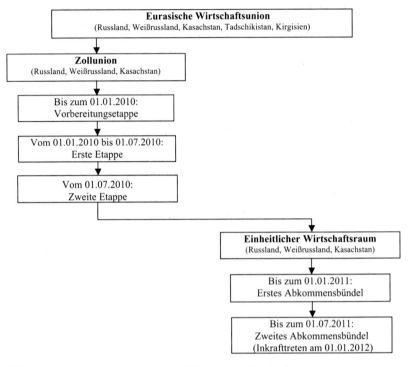

Bild 1: Etappen der Integration von EAWG-Staaten (eigene Darstellung auf Basis der Analyse von EAWG-Verträgen).

In den letzten Monaten hat die Bildung der Zollunion an Dynamik gewonnen. Deshalb kommt es bei den an Außenhandel beteiligten Unternehmen zu Informationsdefiziten in Bezug auf den Stand der Regulierung und Beseitigung von tarifären und nichttarifären Handelshemmnissen in der Zollunion. Ziel der folgenden Ausführungen ist, den aktuellen Stand der Dinge auf diesem Gebiet zusammenzufassen.

B. Entstehung der Zollunion

Die politische und wirtschaftliche Trennung der einstigen Sowjetrepubliken unter dem Dach der Gemeinschaft Unabhängiger Staaten (GUS) nahm zwar einen friedlichen Verlauf, hatte jedoch auch Nachteile. Zu den gravierendsten Nachteilen gehörte die Etablierung von Außenzöllen, die Festlegung bestimmter Kontingente, Lizenzen und administrativer Beschränkungen im gegenseitigen Handel.

Weil die GUS in ökonomischer Hinsicht kaum nachhaltig effizient gewirkt hat, entschlossen sich Russland und Weißrussland im Januar 1995 zur Gründung einer Zollunion.[4] Kurz danach trat Kasachstan der Zollunion bei, ein Jahr später ist auch Kirgisien der Zollunion beigetreten. Nach dem Beitritt Tadschikistans 1998 gehörten der Zollunion bereits fünf Länder an.

Im Februar 1999 unterzeichneten diese fünf Staaten den Vertrag „Über die Bildung der Zollunion und eines einheitlichen Wirtschaftsraums."[5] Mit der Unterzeichnung dieses Vertrages verpflichteten sich die Mitgliedstaaten, den Aufbau der Zollunion zu vollenden und auf deren Basis einen Einheitlichen Wirtschaftsraum zu schaffen.

Zur Beschleunigung dieser Prozesse entschlossen sich die Mitgliedstaaten zur Umwandlung der Zollunion in eine internationale Wirtschaftsorganisation. So kam es im Oktober 2000 zur Gründung der Eurasischen Wirtschaftsgemeinschaft.[6]

Der Beitritt Kirgisiens zur Welthandelsorganisation (WTO) im Oktober 1998 führte jedoch zu Komplikationen in diesem Integrationsprozess, hatte sich doch Kirgisien bei seinem WTO-Beitritt verpflichtet, seine Zollsätze langfristig nicht anzuheben. Kirgisiens Verpflichtung hatte nämlich zur Folge, dass das Bestreben der übrigen Mitglieder der EAWG, zu einer Harmonisierung der Zölle zu gelangen, nunmehr blockiert war. Zur Lösung dieses Problems sowie des Problems unterschiedlicher wirtschaftlicher Entwicklungsstände der Mitgliedstaaten entschlossen sich im August 2006 Russland, Weißrussland und Kasachstan, im Rahmen der EAWG eine Zollunion der drei Staaten zu gründen.[7] Tadschikistan und das im Januar 2006 der EAWG beigetretene (und bereits im November 2008 seiner Mitgliedschaft suspendierte) Usbekistan kündigten an, man wolle die weitere Entwicklung der Zollunion abwarten, um sich gegebenenfalls später doch noch zum Beitritt zu entschließen.

---

4 Abkommen vom 06.01.1995 zwischen der Russischen Föderation und der Republik Weißrussland über die Zollunion. In Originalsprache: Соглашение от 06.01.1995 о Таможенном Союзе между Российской Федерацией и Республикой Беларусь.
5 Vertrag vom 26.02.1999 „Über die Bildung der Zollunion und eines einheitlichen Wirtschaftsraums". In Originalsprache: Договор о Таможенном союзе и Едином экономическом пространстве от 26.02.1999.
6 Vertrag über die Gründung der Eurasischen Wirtschaftsgemeinschaft vom 10.10.2000. In Originalsprache: Договор об учреждении Евразийского экономического сообщества от 10.10.2000.
7 Entscheidung des Zwischenstaatlichen Rats der EAWG Nr. 313 vom 16.08.2006 „Über die Bildung der Zollunion der Mitgliedstaaten der EAWG". In Originalsprache: Решение Межгосударственного Совета ЕврАзЭС № 313 от 16 августа 2006 г „О формировании таможенного союза государств-членов Евразийского экономического сообщества".

Im Oktober 2007 unterzeichneten die Staatoberhäupter Russlands, Weißrusslands und Kasachstans eine Reihe von Dokumenten, die das Funktionieren der Zollunion gewährleisten sollten. Es handelte sich dabei um den Vertrag „Über die Schaffung eines einheitlichen Zollterritoriums und die Bildung der Zollunion,"[8] das Protokoll „Über das Inkrafttreten der internationalen Verträge zwecks Bildung der Rechtsgrundlagen der Zollunion sowie Beitritts- und Austrittsmodalitäten"[9] sowie den Vertrag „Über die Kommission der Zollunion."[10] Diese Dokumente schufen die Basis für die Regelung des Beitritts anderer Staaten zur Zollunion und gestalteten deren interne Organisationsstrukturen.

In den folgenden Jahren wurde intensiv an der Ausarbeitung weiterer normativer Dokumente (Verträge, Abkommen) gearbeitet, unter anderem im Bereich der tarifären und nichttarifären Regulierung der Zollunion. Im Juli 2010 war die rechtliche Grundlage für das Funktionieren des einheitlichen Zollterritoriums geschaffen. Von den einst geplanten mehr als 50 internationalen Verträgen traten 39 in Kraft. Darüber hinaus wurden 32 normative Dokumente erarbeitet, die zum Kompetenzbereich der Kommission der Zollunion gehören.

C. Tarifäre Handelshemmnisse

Anfang Juli 2010 gaben die Staatsoberhäupter der drei Mitgliedstaaten bekannt, dass der Zollkodex der Zollunion nunmehr in Kraft sei.[11] Zugleich wurde das Ende der früher festgelegten[12] *ersten Etappe* (1. Januar 2010- 1. Juli 2010) der Schaffung einer Zollunion proklamiert, welche vorsah, eine einheitliche tarifäre und nichttarifäre Regulierung einzuführen und tarifäre und nichttarifäre Beschränkungsmaßnahmen aufzuheben.

---

8 Vertrag „Über die Schaffung eines einheitlichen Zollterritoriums und die Bildung der Zollunion" vom 06.10.2007. In Originalsprache: Договор о создании единой таможенной территории и формировании таможенного союза jn 06.10.2007.

9 In Originalsprache: Протокол о порядке вступления в силу международных договоров, направленных на формирование договорно-правовой базы таможенного союза, выхода из них и присоединения к ним (06.10.2007).

10 In Originalsprache: Договор от 06.10.2007 о Комиссии таможенного союза.

11 Gemeinsame Erklärung der Präsidenten der Republik Weißrussland, Republik Kasachstan und der Russischen Föderation vom 05.07.2010. In Originalsprache: Совместное заявление президентов Республики Беларусь, Республики Казахстан и Российской Федерации от 05.07.2010.

12 Entscheidung des Zwischenstaatlichen Rats der EAWG Nr. 9 vom 09.06.2009 „Etappen und Fristen der Bildung des einheitlichen Zollterritoriums der Zollunion Weißrusslands, Kasachstans und Russlands". In Originalsprache: Решение Межгосударственного Совета ЕврАзЭС № 9 от 09.06.2009 „Этапы и сроки формирования единой таможенной территории таможенного союза Республики Беларусь, Республики Казахстан и Российской Федерации".

Allerdings entschloss sich Weißrussland erst im allerletzten Moment dazu, den Vertrag über den Zollkodex der Zollunion zu ratifizieren. Dies erfolgte am 30. Juni 2010, dem letzten Tag der Frühlingssitzung der Nationalversammlung. Der Grund für diese Verzögerung war, dass Weißrussland mit der Existenz tarifärer Barrieren innerhalb der Zollunion bezüglich *Rohöls* und *Ölprodukten* nicht einverstanden war.

I. Rohöl und Ölprodukte

Einige Zeit zuvor war in einem bilateralen Abkommen zwischen Russland und Weißrussland vereinbart worden, dass Rohöllieferungen (vor 2010 auch Lieferungen von Ölprodukten) aus Russland nach Weißrussland zu verzollen seien.[13] Weißrussland rechnete mit der Abschaffung dieser Ausfuhrzölle, weil zum 1. Juli 2010 das Ende der ersten Etappe der Schaffung des einheitlichen Zollterritoriums der Zollunion vorgesehen war. Weißrussland war der Meinung, dass die Ausfuhrzölle nicht rechtmäßig seien, weil sie gegen den Artikel 3 des Vertrages „Über die Schaffung eines einheitlichen Zollterritoriums und die Bildung der Zollunion" verstießen:

> *Artikel 3:*
>
> *Ab dem Zeitpunkt der Schaffung eines einheitlichen Zollterritoriums erheben die Parteien im gegenseitigen Handel keine Zollabgaben, ferner verzichten sie auf mengenmäßige Beschränkungen sowie alle Maßnahmen gleicher Wirkung.*
>
> *Nichts steht den Parteien entgegen, im gegenseitigen Handel spezielle Schutzmaßnahmen, Antidumping- und Ausgleichsmaßnahmen sowie Einfuhr- und Ausfuhrverbote und -beschränkungen zu verwenden, welche aus Gründen der öffentlichen Sittlichkeit, zum Schutz der Gesundheit und des Lebens von Menschen und Tieren oder Pflanzen, der Umwelt und des Kulturguts gerechtfertigt sind, es sei denn, dass diese Verbote und Beschränkungen ein Mittel zur willkürlichen Diskriminierung oder eine verschleierte Beschränkung des Handels darstellen.*

Russland schlug vor, die Abschaffung der Ausfuhrzölle erst während der *zweiten Etappe* der Schaffung eines einheitlichen Zollterritoriums durchzu-

---

13 Abkommen zwischen der Regierung der Russischen Föderation und der Regierung der Republik Weißrussland vom 12.01.2007 (in der Fassung vom 27.01.2010) „Über die Normalisierung der Handelsbeziehungen bezogen auf Exporte von Rohöl und von Ölprodukten". In Originalsprache: Соглашение между Правительством РФ и Правительством Республики Беларусь от 12.01.2007 (в редакции от 27.01.2010) „О мерах по урегулированию торгово-экономического сотрудничества в области экспорта нефти и нефтепродуктов".

führen, und zwar gleich nachdem Weißrussland das erste Vertragspaket des Einheitlichen Wirtschaftsraums ratifiziert haben würde. Gemäß einem Beschluss[14] vom Dezember 2009 muss die Ausarbeitung und Unterzeichnung des ersten Vertragspakets vor dem 1. Januar 2011 erfolgt sein.

Ende Juni 2010 hat Weißrussland eingelenkt und den Vertrag über den Zollkodex der Zollunion ratifiziert. Das von Russland vorgeschlagene Verfahren zur Abschaffung der Ausfuhrzölle für Rohöl wurde von den Mitgliedstaaten im Protokoll „Über zeitweilige einzelne Ausnahmen von der Funktionsweise des einheitlichen Zollterritoriums der Zollunion"[15] festgeschrieben.

Dieses Protokoll enthielt darüber hinaus weitere vorübergehende Ausnahmen, die im Weiteren beschrieben werden.

II. Personenkraftwagen

Für Personenkraftwagen und andere motorisierte Verkehrsmittel für die Personenbeförderung gelten bis einschließlich 1. Juli 2011 Zollsätze, die (mit bestimmten Vorbehalten) durch die Gesetzgebung des Mitgliedstaates festgelegt werden, in welchem diese Waren in Verkehr gebracht werden. Nicht erfasst von dieser Regelung sind Quads, Schneefahrzeuge und andere Verkehrsmittel, die nicht für den allgemeinen Straßenverkehr vorgesehen sind.

Darüber hinaus werden Personenkraftwagen, die nach dem 1. Januar 2010 in Kasachstan und Weißrussland aus dritten Ländern eingeführt worden sind, von Russland als *ausländische Waren* angesehen, sofern die in Kasachstan und Weißrussland erhobenen Zollsätze von denen abweichen, die von den Mitgliedstaaten in einem separaten Abkommen[16] festgelegt worden sind. Diese Regelung gilt bis einschließlich 1. Januar 2013.

---

14 Entscheidung des Zwischenstaatlichen Rats der EAWG Nr. 35 vom 19.12.2009 „Über den Vorgehensplan der Bildung des Einheitlichen Wirtschaftsraums der Republik Weißrussland, Republik Kasachstan und der Russischen Föderation". In Originalsprache: Решение Межгосударственного Совета Евразийского экономического сообщества № 35 от 19.12.2009 „О Плане действий по формированию Единого экономического пространства Республики Беларусь, Республики Казахстан и Российской Федерации".

15 Protokoll vom 05.07.2010 „Über zeitweilige einzelne Ausnahmen von der Funktionsweise des einheitlichen Zollterritoriums der Zollunion". In Originalsprache: Протокол от 05.07.2010 „Об отдельных временных изъятиях из режима функционирования Единой таможенной территории Таможенного союза в отношении ряда товаров".

16 Abkommen vom 18.06.2010 „Über die Verbringung von Waren von Privatpersonen zwecks Eigenbedarfs über die Zollgrenze der Zollunion und Erledigung der Zollabfertigung für die Überführung in den freien Verkehr", Art. 17. In Originalsprache: Соглашение от 18.06.2010 „О порядке перемещения физическими лицами товаров для личного пользования через таможенную границу таможенного союза и совершения таможенных операций, связанных с их выпуском", ст. 17.

III. Übergangstarife in der Republik Kasachstan

Bezogen auf 409 Warengruppen, die für die Entwicklung der Wirtschaft Kasachstans von besonderer Bedeutung sind, haben sich die Mitgliedstaaten der Zollunion darauf verständigt,[17] dass abweichende Zollsätze zu gelten haben. Die Republik Kasachstan wird ihre (niedrigen) Zollsätze nach und nach dem einheitlichen Zolltarif der Zollunion[18] anpassen. Diese Regelung betrifft folgende Waren: *Obst (Äpfel, Birnen, Quitten), pharmazeutische Präparate, Arzneimittel, Polymere, Silikone, Zellstoff, Papier, Karton, Aluminium und Erzeugnisse aus Aluminium, pneumatische Instrumente, Kettensägen, Sicherungen, Eisenbahn- und Straßenbahnwagen, Fotokameras, geodätische und topographische Instrumente, Elektrokardiographen, Spritzen, Messtechnik* und einige andere Waren.

Bei der Ausfuhr der genannten Waren aus Kasachstan nach Russland und Weißrussland sind die Waren zusätzlich zu verzollen, und zwar in Höhe der Differenz zwischen den in Kasachstan geltenden Zollsätzen und jenen des Einheitlichen Zolltarifs der Zollunion.

IV. Uneinheitlich geregelte Ausnahmen vom Freihandel und uneinheitlich geregelte spezielle Schutzmaßnahmen, Antidumping- und Ausgleichsmaßnahmen

In bestimmten weiteren Fällen werden Zölle für Waren erhoben, die bereits in einem Land der Zollunion (dem Ausfuhrland) in Verkehr gebracht worden sind und später in ein anderes Land der Zollunion (dem Einfuhrland) importiert werden.

---

17 Entscheidung des Zwischenstaatlichen Rats der EAWG Nr. 18 vom 27.11.2009 „Über die einheitliche zolltarifäre Regulierung der Zollunion Weißrusslands, Kasachstans und Russlands", Anhang 5 „Liste der Waren und Sätze, die abweichend vom Einheitlichen Zolltarif von einem der Mitgliedstaaten in der Übergangszeit verwendet werden". In Originalsprache: Решение Межгосударственного Совета Евразийского экономического сообщества № 18 от 27.11.2009, „О едином таможенно-тарифном регулировании таможенного союза Республики Беларусь, Республики Казахстан и Российской Федерации", приложение 5 „Перечень товаров и ставок, в отношении которых в течение переходного периода одним из государств-участников таможенного союза применяются ставки ввозных таможенных пошлин, отличные от ставок Единого таможенного тарифа".

18 Entscheidung des Zwischenstaatlichen Rats der EAWG Nr. 18 vom 27.11.2009 „Über einheitliche zolltarifäre Regulierung der Zollunion Weißrusslands, Kasachstans und Russlands", Anhang 1 „Einheitlicher Zolltarif der Zollunion Weißrusslands, Kasachstans und Russlands". In Originalsprache: Решение Межгосударственного Совета Евразийского экономического сообщества № 18 от 27.11.2009 „О едином таможенно-тарифном регулировании таможенного союза Республики Беларусь, Республики Казахстан и Российской Федерации", приложение 1 „Единый таможенный тариф таможенного союза Республики Беларусь, Республики Казахстан и Российской Федерации".

Die Regelung betrifft Waren,
- für die im Einfuhrland spezielle Schutzmaßnahmen, Antidumping- und Ausgleichsmaßnahmen gelten,
- für die die im Einfuhrland geltenden Zollsätze vom Ursprungsland abhängen und höher sind als die des Ausfuhrlandes.

Die Verzollung erfolgt in diesem Fall gemäß den Zollsätzen, die im Einfuhrland gelten.

Diese Bestimmungen gelten bis zur Ratifizierung jener Abkommen, durch die ein Einheitlicher Wirtschaftsraum geschaffen wird.

D. Nichttarifäre Handelshemmnisse

Zum Ende der ersten Etappe der Schaffung eines einheitlichen Zollterritoriums der Zollunion ist es den Mitgliedstaaten gelungen, ihre gesetzlichen Bestimmungen für die Regulierung nichttarifärer Handelshemmnisse zu harmonisieren. Allerdings bestehen einige Probleme nichttarifärer Natur fort, die die multilateralen Handelsbeziehungen zwischen den Mitgliedstaaten verkomplizieren. Die zentralen Probleme werden im Folgenden dargestellt.

I. Technische Regulierung

Im Dezember 2009 schlossen die Mitgliedstaaten ein Abkommen,[19] das die Anerkennung der Akkreditierung von Zertifizierungsstellen und Prüflabors sowie der Ergebnisse der Konformitätsbewertungen anstrebte.

Dieses Abkommen führt jedoch nicht das Prinzip der gegenseitigen Anerkennung ein, das dem in den siebziger Jahren in der EWG eingeführten Cassis-de-Dijon-Prinzip[20] ähnlich gewesen wäre. Das Dokument legt fest, dass Waren zum Verkehr auf dem Territorium eines Mitgliedstaates nach wie vor nur dann zugelassen werden, wenn sie den Anforderungen der *nationalen Gesetzgebung* dieses Mitgliedstaates entsprechen. Das Abkommen sieht jedoch die Schaffung eines einheitlichen Registers von Zertifizierungsorganen und Prüflabors vor, die die Ergebnisse der Konformitätsbewertung gegen-

---

19 Entscheidung des Zwischenstaatlichen Rats der EAWG Nr. 27 vom 11.12.2009 „Über die internationalen Verträge und anderen normativen Rechtsakte im Bereich technischer Regulierung in der Zollunion im Rahmen der EAWG". In Originalsprache: Решение Межгосударственного Совета ЕврАзЭС № 27 от 11.12.2009 „О международных договорах и иных нормативных правовых актах в сфере технического регулирования в таможенном союзе в рамках Евразийского экономического сообщества".
20 Entscheidung des EuGH vom 20.2.1979, Rechtssache 120/78, Rewe-Zentral AG / Bundesmonopolverwaltung für Branntwein, Slg. 1979, 649, Rn. 14.

seitig anerkennen unter der Voraussetzung, dass sie gleiche oder vergleichbare Prüf- und Messverfahren verwenden. Das Verzeichnis von Waren, deren Konformitätsbewertung man bei diesen Einrichtungen durchführen kann, wird von der Kommission der Zollunion verfasst und gebilligt. Für die Waren, deren Konformität auf solche Weise nachgewiesen wird, werden einheitliche Konformitätsnachweise ausgestellt. In diesem Fall wird der Verkehr der Waren auf dem gesamten Territorium der Zollunion zugelassen.

Somit kann man eine Reihe von Waren separieren, für die die technischen Anforderungen auf dem gesamten Territorium der Zollunion bereits angeglichen worden sind. Im Moment deckt das oben genannte Verzeichnis[21] 151 Produktgruppen ab: Unter anderen Niederspannungsausrüstungen; lichttechnische Erzeugnisse; Haushaltsgeräte, die mit flüssigen, gasförmigen oder Festbrennstoffen betrieben werden; Landwirtschaftstechnik; persönliche Schutzausrüstungen; Arbeitsschuhe und -kleidung; Tier-, Vogel- und Fischfutter; Glasverpackung; Geschirr; Verpackungs- und Waschmittel; Sanitärgegenstände; Motoren- und Getriebeöle. Im Januar 2011 wird sich der Geltungsbereich des Verzeichnisses noch um 54 Produktgruppen erweitern.

Dadurch wurde der reale Grundstein zu einer schrittweisen Harmonisierung der technischen Anforderungen der Mitgliedstaaten gelegt. Noch im Jahr 2005[22] wurde die Ausarbeitung von einheitlichen technischen Reglements der EAWG vorgesehen, die die nationalen technischen Bestimmungen der Mitgliedstaaten allmählich ersetzen sollten. Mit dem Inkrafttreten der technischen Reglements der EAWG würde die Anwendung von zusätzlichen nationalen Regelungen im Bezug auf Waren und derer Konformitätsbewertung nicht hinfällig. Gemäß bestehenden Planungen[23] müssen in 2010-2011 38 technische Reglements der EAWG ausgearbeitet werden, unter anderen

---

21 Entscheidung der Kommission der Zollunion Nr. 319 vom 18.06.2010 „Über die technische Regulierung in der Zollunion", Anhang 6 „Einheitliches Verzeichnis der Waren, die einer obligatorischen Konformitätsbewertung im Rahmen der Zollunion und einer Vorlage von einheitlichen Unterlagen unterliegen". In Originalsprache: Решение Комиссии таможенного союза № 319 от 18.06.2010 „О техническом регулировании в таможенном союзе", Приложение 6, „Единый перечень продукции, подлежащей обязательной оценке (подтверждению) соответствия в рамках таможенного союза с выдачей единых документов".

22 Abkommen vom 24.03.2005 „Über die Grundlagen der Harmonisierung von technischen Reglements der Mitgliedstaaten der EAWG". In Originalsprache: Соглашение от 24.03.2005 „Об основах гармонизации технических регламентов государств-членов Евразийского экономического сообщества".

23 Entscheidung des Zwischenstaatlichen Rats der EAWG Nr. 405 vom 12.12.2008 (in der Fassung vom 11.12.2009) „Über den Zeitplan der Ausarbeitung von vorrangigen technischen Reglements der EAWG". In Originalsprache: Решение Межгосударственного Совета ЕврАзЭС № 405 от 12.12.2008 (в ред. от 11.12.2009 „О Графике разработки первоочередных технических регламентов Евразийского экономического сообщества".

für Maschinen, Niederspannungsanlagen, Bauprodukte, kosmetische Mittel. Jedoch ist bisher noch kein technisches Reglement der EAWG angenommen worden. Aus diesem Grund haben die Mitgliedstaaten der Zollunion sich entschieden, die Harmonisierung der technischen Bestimmungen zu beschleunigen und eigene technische Reglements auszuarbeiten. Die Kommission der Zollunion bereitet zur Unterzeichnung ein Abkommen über die einheitlichen Prinzipien und Regeln der technischen Regulierung in der Republik Weißrussland, Republik Kasachstan und der Russischen Föderation vor.[24] Gemäß dem Entwurf des Abkommens werden in der Zollunion eigene technische Reglements ausgearbeitet und angewendet, deren Geltung mit dem Inkrafttreten der technischen Reglements der EAWG aufgehoben wird.

II. Sanitär-epidemiologische und hygienische Maßnahmen

Im Mai 2010 wurden die Anforderungen der Mitgliedstaaten an die Waren, die unter die sanitär-epidemiologische Überwachung an der Grenze und auf dem Territorium der Zollunion fallen,[25] harmonisiert.[26]

Waren, die den einheitlichen sanitär-epidemiologischen und hygienischen Anforderungen der Zollunion entsprechen, können ohne Einschränkungen auf dem gesamten Territorium der Zollunion gehandelt werden. Die Verantwortung für die Einhaltung dieser Anforderungen trägt der Inverkehrbringer.[27] Ausnahme gelten für elf Produktgruppen, die in der Zollunion nur dann

---

[24] Entscheidung der Kommission der Zollunion Nr. 343 vom 17.08.2010 „Über die technische Regulierung in der Zollunion". In Originalsprache: Решение Комиссии таможенного союза № 343 от 17.08.2010 „О вопросах технического регулирования в Таможенном союзе".

[25] Entscheidung der Kommission der Zollunion Nr. 299 vom 28.05.2010 „Über die Anwendung der Sanitärmaßnahmen in der Zollunion", Anhang 1 „Einheitliches Verzeichnis von Waren, die einer sanitär-epidemiologischen Überwachung (Kontrolle) an der Zollgrenze und auf dem Zollterritorium der Zollunion unterliegen". In Originalsprache: Решение Комиссии таможенного союза № 299 от 28.05.2010 „О применении санитарных мер в таможенном союзе" Приложение 1 „Единый перечень товаров, подлежащих санитарно-эпидемиологическому надзору (контролю) на таможенной границе и таможенной территории таможенного союза".

[26] Ebd., Anhang 2 „Einheitliche sanitär-epidemiologische und hygienische Anforderungen an Waren, die einer Überwachung (Kontrolle) unterliegen". In Originalsprache: Решение Комиссии таможенного союза № 299 от 28.05.2010 „О применении санитарных мер в таможенном союзе" Приложение 2 „Единые санитарно-эпидемиологические и гигиенические требования к товарам, подлежащим санитарно-эпидемиологическому надзору (контролю)".

[27] Ebd., Anhang 4, „Festlegung der Durchführung der staatlichen sanitär-epidemiologischen Überwachung (Kontrolle) von Personen und Verkehrsmitteln, die die Zollgrenze der Zollunion überqueren, sowie von überwachungspflichtigen Waren, die über die Zollgrenze oder auf das Zollterritorium der Zollunion verbracht werden" Punkt 30. In Originalsprache: Приложение 4, „Положение о порядке осуществления государственного санитарно-эпидемиологического надзора (контроля) за лицами и транспортными средствами,

gehandelt werden, wenn ein Dokument vorhanden ist, das nachweist, dass die Ware sicher ist. Solche Dokumente werden von den zuständigen Einrichtungen der Mitgliedstaaten ausgestellt und gegenseitig anerkannt.[28] Zu diesen Produktgruppen gehören u.a. Nahrungsmittel für Kinder, für Schwangere und für stillende Mütter, Nahrungsergänzungsmittel, kosmetische Mittel sowie gefährliche chemische und biologische Stoffe.

In bestimmten Fällen können die Mitgliedstaaten in diesem Bereich vorläufige Maßnahmen treffen, beispielsweise bei der Verschlechtung der sanitärepidemiologischen Situation auf dem Territorium eines Mitgliedstaates.[29]

III. Veterinäre und phytosanitäre Maßnahmen

Im Juni 2010 hat die Kommission der Zollunion die Entscheidung „Über die Anwendung der veterinär-sanitären Maßnahmen in der Zollunion"[30] getroffen. Nach diesem Dokument wurden einheitliche veterinäre Anforderungen an solche Waren, die einer Veterinärüberwachung (Kontrolle) unterliegen, sowie einheitliche Vorlagen der Veterinärzertifikate festgelegt. Veterinärzertifikate, die von Mitgliedstaaten gemäß einheitlichen Vorlagen ausgestellt werden, werden gegenseitig anerkannt.[31] Jedoch wurde mit dieser Entscheidung gleichzeitig festgeschrieben, dass die Verbringung von Waren, die unter die Veterinärüberwachung fallen,[32] aus einem Mitgliedstaat in einen anderen Mitgliedstaat nur den Unternehmen genehmigt wird, die in ein Register der Zollunion eingetragen sind.

Laut Abkommen der Zollunion über die Pflanzenquarantäne[33] wird jedes Verbringen von quarantänepflichtigen Waren[34] nur bei Vorhandensein eines phy-

---

пересекающими таможенную границу таможенного союза, подконтрольными товарами, перемещаемыми через таможенную границу таможенного союза и на таможенной территории таможенного союза" пункт 30.
28 Ebd.
29 Abkommen der Zollunion über die Sanitärmaßnahmen vom 11.12.2009, Art. 9. In Originalsprache: Соглашение таможенного союза по санитарным мерам от 11.12.2009, ст. 9.
30 Entscheidung der Kommission der Zollunion Nr. 317 vom 18.06.2010 „Über die Verwendung der veterinär-sanitären Maßnahmen in der Zollunion". In Originalsprache: Решение Комиссии таможенного союза № 317 от 18.06.2010 „О применении ветеринарно-санитарных мер в таможенном союзе".
31 Abkommen der Zollunion über die veterinär-sanitären Maßnahmen vom 11.12.2009, Art. 4. In Originalsprache: Соглашение таможенного союза по ветеринарно-санитарным мерам от 11.12.2009, ст. 4.
32 Ebd., Anhang 1, „Einheitliches Verzeichnis von Waren, die einer veterinär-sanitären Überwachung (Kontrolle) unterliegen". In Originalsprache: Приложение 1, „Единый перечень товаров, подлежащих ветеринарному контролю (надзору)".
33 Abkommen der Zollunion über die Pflanzenquarantäne vom 11.12.2009, Art. 4. In Originalsprache: Соглашение таможенного союза о карантине растений от 11.12.2009, ст. 4.
34 Entscheidung der Kommission der Zollunion Nr. 318 vom 18.06.2010 „Über die Gewährleistung der Pflanzenquarantäne in der Zollunion", Anhang 1 „Verzeichnis der quarantäne-

tosanitären Zertifikates zugelassen. Die Mitgliedstaaten erkennen die phytosanitären Zertifikate gegenseitig an.

IV. Vorläufige Maßnahmen nichtwirtschaftlicher Art

Im Juni 2009 schlossen die Mitgliedstaaten ein Abkommen,[35] das in bestimmten Fällen die einseitige Einführung von Maßnahmen nichtwirtschaftlicher Art, die den Außenhandel beeinträchtigen, erlaubt. Zu diesen Maßnahmen gehören Einfuhr- bzw. Ausfuhrverbote, mengenmäßige Einfuhr- bzw. Ausfuhrbeschränkungen, Gewährung des ausschließlichen Einfuhr- bzw. Ausfuhrrechts, genehmigungsbasierte Einfuhr- bzw. Ausfuhrverfahren usw. Begründet werden kann die Einführung solcher vorläufigen Maßnahmen beispielsweise[36] mit einem Mangel von bestimmten für den Binnenmarkt wichtigen Waren.[37] Die Geltungsdauer der vorläufigen Maßnahmen, die einseitig von einem Mitgliedstaat eingeführt werden können, darf sechs Monate nicht überschreiten.

Im August 2010 hat die Russische Föderation von dieser Bestimmung Gebrauch gemacht[38] und für den Zeitraum von sechs Monaten ein Ausfuhrverbot für Weizen, Gerste, Roggen, Mais, Weizenmehl und Weizen-Roggen-Mischmehl erlassen.

---

pflichtigen Waren". In Originalsprache: Решение Комиссии таможенного союза № 318 от 18.06.2010 „Об обеспечении карантина растений в таможенном союзе" приложение 1 „Перечень подкарантинной продукции".

35 Abkommen vom 09.06.2009 über die Einführung und Verwendung der Maßnahmen im einheitlichen Zollterritorium, die den Außenhandel mit dritten Ländern beeinträchtigen. In Originalsprache: Соглашение о порядке введения и применения мер, затрагивающих внешнюю торговлю товарами, на единой таможенной территории в отношении третьих стран от 09.06.2009.

36 Ebd., Art. 8.

37 Entscheidung der Kommissoin der Zollunion Nr. 168 vom 27.01.2010 „Über die Gewährleistung des Funktionierens des einheitlichen Systems nichttarifärer Regulierung der Zollunion", Anhang 1 „Verzeichnis von Waren, die für den Binnenmarkt der Zollunion besonders wichtig sind und bezogen auf die in speziellen Fällen vorläufige Exportverbote und -beschränkungen erlassen werden können". In Originalsprache: Решение Комиссии таможенного союза № 168 от 27.01.2010 „Об обеспечении функционирования единой системы нетарифного регулирования таможенного союза Республики Беларусь, Республики Казахстан и Российской Федерации", Приложение 1 „Перечень товаров, являющихся существенно важными для внутреннего рынка таможенного союза, в отношении которых в исключительных случаях могут быть установлены временные ограничения или запреты экспорта".

38 Verordnung der Regierung der Russischen Föderation Nr. 599 vom 05.08.2010 „Über die Einführung des vorläufigen Verbots der Ausfuhr einiger Arten landwirtschaftlicher Produkte aus dem Territorium der Russischen Föderation". In Originalsprache: Постановление Правительства РФ № 599 от 05.08.2010 „О введении временного запрета вывоза некоторых видов сельскохозяйственных товаров с территории Российской Федерации".

Nach Meinung der russischen Regierung betreffen derartige Verbote nicht nur dritte Länder, sondern auch die Mitgliedstaaten der Zollunion:

„Ist eine Entscheidung getroffen, bedeutet es, dass die Getreidesorten nicht die russische Föderation verlassen dürfen... Manche sagen: Dieses Verbot betrifft jedoch nur dritte Staaten und nicht die Mitgliedstaaten der Zollunion! Doch dies geht auch unsere Partner in der Zollunion an. Das Getreide muss innerhalb Russlands bleiben, bis die Regierung eine andere Entscheidung trifft."[39]

Ein solches Vorgehen kann mit der Zeit Fragen aufwerfen, weil sich die Mitgliedstaaten noch 2009 darauf geeinigt hatten, dass Lizenzierungen und mengenmäßige Beschränkungen *im gegenseitigen Handel* aufgehoben werden sollten.[40]

E. Fazit

Die oben aufgezählten tarifären und nichttarifären Handelshemmnisse innerhalb der Zollunion werden nach und nach im weiteren Prozess der Entstehung des Einheitlichen Wirtschaftsraums beseitigt werden. Wie schnell dies erreicht wird, hängt maßgeblich vom politischen Willen der Mitgliedstaaten ab.

In seinen Memoiren, in denen ein Kapitel der Entstehung der Europäischen Wirtschaftsgemeinschaft gewidmet ist, schreibt Paul-Henri Spaak: „Die Menschen, die das Unternehmen zum Erfolg geführt hatten, waren von den gleichen Überzeugungen und dem gleichen Ideal beseelt. Ohne ihre Ergebenheit für ihr eigenes Vaterland im geringsten zu verleugnen, verkündeten sie die Notwendigkeit, die Länder untereinander zu vereinigen, um ihre wirtschaftliche Kraft und darüber hinaus ihre politische Macht zu sichern. Sie waren sicher, durch diese Handlungsweise den Niedergang einer Kultur aufzuhalten und dem europäischen Kontinent seinen Rang und seine Ausstrahlung wiederzugeben. Sie beabsichtigten nicht, ihre Bemühungen auf diesen unmittelbaren Erfolg zu beschränken. Sie hofften, dass sich ihnen eines Tages andere Länder anschließen würden. Sie glaubten auch, dass die wirtschaft-

---

39 Aus dem Interview mit dem Vorsitzenden der Zollunion, dem stellvertretenden Ministerpräsidenten Russlands, Igor Schuwalow, Hörfunksender Echo Moskwy, 06.08.2010, http://www.echo.msk.ru/programs/beseda/698689-echo.

40 Entscheidung des Zwischenstaatlichen Rats der EAWG Nr. 19 vom 27.11.2009 „Über die einheitliche nichttarifäre Regulierung der Zollunion Weißrusslands, Kasachstans und Russlands", Punkt 9. In Originalsprache: Решение Межгосударственного Совета ЕврАзЭС № 19 от 27.11.2009 „О едином нетарифном регулировании таможенного союза Республики Беларусь, Республики Казахстан и Российской Федерации", пункт 9.

liche Integration sie unfehlbar zur politischen Vereinigung führen würde."[41] Es bleibt zu hoffen, dass ein solcher Enthusiasmus auch die Mitglieder der EAWG erfasst und eine vergleichbare wirtschaftliche, gesellschaftliche und politische Dynamik auslöst.

---

41 Spaak, Memoiren eines Europäers, 1969, S. 329.

Rechtsfragen der Produktsicherheitskontrolle in der Zollunion

Dr. Hanna Audzei,[1]
Yanka Kupala Staatsuniversität Grodno,
Grodno, Weißrussland

A. Einleitung

In der zweiten Hälfte des 20. Jahrhunderts ist die Entfaltung von Integrationsprozessen zu einem bedeutsamen Rechtsphänomen geworden. Zu solchen Integrationseinheiten zählt auch die Zollunion, deren Mitglied die Republik Weißrussland ist.

Beginnend mit dem 1. Januar 2010 gelten in der Zollunion der Einheitliche Zolltarif und die einheitlichen nichttarifären Maßnahmen, einschließlich einheitlicher Lizenzen und Beschränkungen im Außenhandel. Am 1. Juli 2010 ist der Zollkodex in Kraft getreten, die Zollabfertigung an den inneren Grenzen wurde abgeschafft und Zollkontrollen sowie andere staatliche Kontrollen werden nunmehr an die Außengrenzen der Zollunion verlegt. Zudem ist die gegenseitige Anerkennung der Genehmigungen im Bereich der sanitären, phytosanitären sowie veterinären Kontrollen und der technischen Regulierung sichergestellt.

Die rechtliche Grundlage der Zollunion bilden die völkerrechtlichen Verträge und Abkommen der Unionsstaaten, die den Kernbereich der Zollregulierung auf dem einheitlichen Zollgebiet bestimmen. Die Zollgesetzgebung der Zollunion entwickelt sich ziemlich dynamisch und erfordert eine ständige Verbesserung sowie die Schließung der vorhandenen Lücken und die Auflösung etwa bestehender Kollisionen. Parallel wird auch das nationale Recht der Mitgliedstaaten der Zollunion, unter anderem der Republik Weißrussland, je nach Entwicklungsstand der Unionsgesetzgebung in einigen wesentlichen Punkten geändert.

Im Hinblick auf mögliche Kollisionen gilt in der Republik Weißrussland das Prinzip vom Vorrang völkerrechtlicher Normen. Insbesondere sieht Art. 5 Zollkodex der Republik Weißrussland vor, dass für den Fall, dass Bestimmungen völkerrechtlicher Verträge, die für die Republik Weißrussland gel-

---

[1] Die Verfasserin ist Dozentin am Lehrstuhl für Staats-, Arbeits- und Landwirtschaftsrecht der Yanka Kupala Staatsuniversität Grodno.

ten, von den Regeln des nationalen Zollkodex oder von Vorschriften, die in anderen Akten der Zollgesetzgebung enthalten sind, abweichen, der völkerrechtliche Vertrag angewandt wird. Dieses Prinzip gilt gleichermaßen für die völkerrechtlichen Abkommen, die im Rahmen der Zollunion verabschiedet werden.

B. Die Regulierung der Produktsicherheitskontrolle in der Zollunion

In diesem Zusammenhang möchten wir auf einige Probleme der rechtlichen Regulierung der Produktsicherheitskontrollen im Rahmen der Zollunion eingehen.

I. Die rechtlichen Grundlagen

Der Zollkodex der Zollunion (ZK) legt in Kapitel 15 die Grundbestimmungen über die Zollkontrolle in der Zollunion fest. Art. 96 ZK besagt, dass sich alle in das Zollgebiet der Zollunion eingeführten Waren ab dem Zeitpunkt des Grenzübertritts unter zollamtlicher Überwachung befinden. Um die Produktsicherheitskontrolle in der Zollunion sicherzustellen, gelten in der Zollunion einheitliche technische Anforderungen, sanitäre und veterinäre Maßnahmen sowie die Pflanzenquarantäne. Außerdem existieren der Zollunion zugeordnete Zertifizierungsstellen und Testlabore, die es erlauben, das Eindringen von infektiösen und nichtinfektiösen Massenkrankheiten (Vergiftungen) und deren Verbreitung unter der Bevölkerung zu verhindern sowie das Inverkehrbringen von Produkten, die sanitären und hygienischen Anforderungen nicht entsprechen, zu verbieten.

Am 1. Juli 2010 ist das Abkommen über die sanitären Maßnahmen in der Zollunion vom 11. Dezember 2009 in Kraft getreten. Die Kommission hat mit ihrer Entscheidung N 299 (vom 28. Mai 2010) folgende Rechtsakte verabschiedet, die den Durchführungsmechanismus dieses Abkommens bestimmen:

- Das Einheitliche Verzeichnis der Waren, die der sanitär-epidemiologischen Aufsicht (Kontrolle) an der Zollgrenze und im Zollgebiet der Zollunion unterliegen;
- die Einheitliche Form der Dokumente, welche die Produktsicherheit bestätigen;
- die Anordnung über das Durchführungsverfahren der staatlichen sanitärepidemiologischen Aufsicht (Kontrolle);

– die Einheitlichen sanitär-epidemiologischen und hygienischen Anforderungen an die Waren, die der sanitär-epidemiologischen Aufsicht (Kontrolle) unterliegen (Einheitliche Sanitäranforderungen).

II. Die Durchführung der Kontrolle

Gemäß der Entscheidung der Kommission N 299 (vom 28. Mai 2010) kontrollieren die Bediensteten der jeweiligen Kontrollorgane der Russischen Föderation, der Republik Weißrussland und der Republik Kasachstan ab dem 1. Juli 2010 an den Übergangsstellen der gemeinsamen Zollgrenze sämtliche Waren, die im Einheitlichen Verzeichnis genannt sind. Das Verbringen solcher Waren ist nur an denjenigen Übergangsstellen erlaubt, die mit Quarantäneanlagen ausgestattet sind. In Weißrussland werden die sanitär-epidemiologischen Kontrollen an 22 Übergangsstellen von Institutionen des Ministeriums für Gesundheitswesen und an 14 Übergangsstellen von Einrichtungen der Weißrussischen Eisenbahn durchgeführt. Ähnliche Übergangsstellen wurden in Russland und Kasachstan geschaffen.

Der staatlichen Registrierung in der Zollunion unterliegen Produkte, die zum ersten Mal auf dem Zollgebiet der Zollunion hergestellt oder zum ersten Mal in das Zollgebiet eingeführt worden sind. Der Verkehr von in der Republik Weißrussland registrierten Waren erfolgt auf den Territorien der Russischen Föderation und der Republik Kasachstan auf Grund des Registrierungszeugnisses ohne Neuanfertigung und ohne Durchführung weiterer Laboruntersuchungen.

Bis zum 1. Januar 2012 kann die Produktsicherheit auf dem Territorium der Zollunion auch mit folgenden Unterlagen bestätigt werden:

– Nationale Unterlagen, die die Produktsicherheit nachweisen und die nach dem nationalen Recht vor dem Inkrafttreten des Abkommens über die sanitären Maßnahmen ausgestellt werden, innerhalb der Geltungsfrist aber spätestens bis zum 1. Januar 2012;

– nationale Unterlagen, die die Sicherheit der Produkte aus dem Abschnitt 2 des Einheitlichen Verzeichnisses nachweisen, die auf Antrag des Herstellers oder Importeurs in dem Zeitraum zwischen dem Inkrafttreten des Abkommens über die sanitären Maßnahmen bis zum 1. Januar 2011 mit Geltung bis zum 1. Januar 2012 ausgestellt werden.

Unterlagen, welche die Produktsicherheit nachweisen, können ohne zusätzliche oder nochmalige Untersuchungen ersetzt werden, wenn im Text Fehler (Druckfehler) aufgetreten sind bzw. einige unwesentliche Änderungen vorgenommen werden müssen bzw. neue Sicherheitsanforderungen für Produkte erlassen worden sind. In diesen Fällen wird der Verkehr von Waren, die den Kontrollen unterliegen, nicht eingestellt.

Als Bestätigung für die durchgeführten sanitär-epidemiologischen Kontrollen dient der Vermerk „Einfuhr gestattet" in den Versand- bzw. Transportunterlagen (Konnossement, Frachtbrief o.ä. nach Art. 4 Nr. 38 ZK) mit Angaben zum zuständigen Organ, dem Datum, der Unterschrift sowie dem Abdruck des persönlichen nummerierten Stempels des Beamten, der die Kontrolle durchgeführt hat.

III. Die Konkretisierung der Anforderungen an die Produktsicherheitskontrolle

Wie bereits oben erwähnt wurde, sind die Einheitlichen Anforderungen zu den Waren, die der sanitär-epidemiologischen Aufsicht (Kontrolle) unterliegen, in Kraft getreten. Leider präzisieren diese Anforderungen keine Begriffe, vielmehr ergeben sich die Bedeutungen der auslegungsbedürftigen Begriffe erst aus der Anordnung über das Durchführungsverfahren der staatlichen sanitär-epidemiologischen Aufsicht (Kontrolle) und aus den völkerrechtlichen Abkommen, die im Rahmen der Zollunion und der Eurasischen Wirtschaftsgemeinschaft abgeschlossen wurden. Dies führt zu großen Schwierigkeiten in der Rechtsanwendung.

Um diese und andere Probleme zu beheben, hat die Kommission die Entscheidung N 341 „Über die Fragen der Anwendung der sanitären Maßnahmen in der Zollunion" (vom 17. August 2010) erlassen, die die Vorschläge der Experten und Wirtschaftsvertreter berücksichtigt und diejenigen Rechtsakte, die gemäß der Entscheidung der Kommission N 299 (vom 28. Mai 2010) in Kraft getreten sind, ergänzt.

Des Weiteren wurde im Rahmen der Zollunion zur Unterstützung des Informationsaustausches über phytosanitäre Zertifikate für die ins Gebiet eines Unionsstaates zu verbringenden Waren ein einheitliches Formular „Information über polizeipflanzliche Zertifikate, die von zuständigen Organen der Mitgliedstaaten im Bereich Pflanzenquarantäne ausgestellt worden sind" entwickelt, das zur Vereinheitlichung der verfahrensrechtlichen Anforderungen an das Verbringen von Produkten beiträgt.

Allerdings bleibt auch vor dem Hintergrund dieser Regelungen das Bedürfnis virulent, die nationalen Vorschriften im Hinblick auf den künftigen Gemeinsamen Markt anzugleichen.

In der Republik Weißrussland gilt eine Reihe von Rechtsakten im Bereich phytosanitärer Maßnahmen, unter anderem für Sanitär-Quarantäne-Kontrollen. Die Grundlage dafür bildet das Gesetz der Republik Weißrussland „Über das sanitär-hygienische Wohlergehen der Bevölkerung". Im Gesetz wird der Begriff der Sanitär-Quarantäne-Kontrolle definiert als solche Kontrollen, die an den Übergangsstellen an der Staatsgrenze der Republik Weißrussland zum

Zwecke der Vorbeugung gegen das Eindringen, die Entstehung und Verbreitung infektiöser Erkrankungen durchgeführt werden. Diese Begriffsbestimmung ist unserer Auffassung zufolge verbesserungsbedürftig.

Eine analoge Begriffsbestimmung enthält die Anordnung über das Durchführungsverfahren der staatlichen sanitär-epidemiologischen Aufsicht (Kontrolle). Demnach versteht man unter der Sanitär-Quarantäne-Kontrolle eine staatliche sanitär-epidemiologische Aufsicht (Kontrolle) in Bezug auf Personen, Transportmittel und Waren, die von den dazu ermächtigten Beamten an den Übergangsstellen zur Vorbeugung gegen das Eindringen von infektiösen und nichtinfektiösen Massenkrankheiten (Vergiftungen) und deren Verbreitung sowie zur Vorbeugung der Einfuhr potentiell für die Gesundheit des Menschen gefährlicher Produkte (Waren) durchgeführt wird.

Wie aus den obengenannten Bestimmungen folgt, enthält die Anordnung einen deutlicheren und ausführlicheren Begriff der Sanitär-Quarantäne-Kontrolle. Es erscheint sinnvoll, Kontrollen nicht nur zum Zwecke der Vorbeugung gegen das Eindringen, die Entstehung und die Verbreitung von infektiösen Erkrankungen durchzuführen, wie es im Gesetz der Republik Weißrussland verankert ist, sondern auch, um das Eindringen und die Verbreitung der nicht infektiösen Massenkrankheiten (Vergiftungen) sowie die Einfuhr potentiell für die Gesundheit des Menschen gefährlicher Produkte (Waren), welche die Durchführung von Maßnahmen zum sanitären Schutz des Territoriums erfordern, zu unterbinden.

Im Gesetz der Russischen Föderation „Über das sanitär-epidemiologische Wohlergehen der Bevölkerung" fehlt der Begriff „Sanitär-Quarantäne-Kontrolle". Stattdessen wird der Begriff „staatliche sanitär-epidemiologische Aufsicht" verwendet, dessen Bedeutung allerdings dem Begriff „Kontrolle" ähnlich ist: Eine Tätigkeit zur Vorbeugung, Entdeckung und Unterbindung von Verstößen gegen die Gesetzgebung der Russischen Föderation im Bereich der Gewährleistung des sanitär-epidemiologischen Wohlergehens der Bevölkerung, zum Zwecke des Gesundheitsschutzes der Bevölkerung und der Umwelt.

Das Gesetz der Republik Kasachstan „Über das sanitär-epidemiologische Wohlergehen der Bevölkerung" enthält den Begriff „Sanitär-Quarantäne-Kontrolle", der folgendermaßen definiert wird: Kontrolle der Bewegung von Menschen und Frachtgütern über die Staatsgrenzen, die zum Zwecke der Verhinderung des Eindringens von infektiösen und parasitären Erkrankungen sowie der Nichtzulassung einer Einfuhr von potentiell für die Gesundheit des Menschen gefährlichen Stoffen und Produkten ins Staatsgebiet durchgeführt wird.

Die Analyse der einschlägigen Rechtsakte der Zollunion und der nationalen Rechtsakte zeigt, dass bei der Ausarbeitung des Unionsrechts im Bereich

Sanitärkontrolle im Prinzip sehr ähnliche nationale Regelungen aller drei Mitgliedstaaten als Grundlage genommen wurden. Allerdings ist bemerkenswert, dass in den normativen Rechtsakten der Zollunion die Termini „Aufsicht" und „Kontrolle" als Synonyme verwendet werden, während in den nationalen Rechtsordnungen der Unionsstaaten diese Begriffe unterschiedliche Bedeutungen haben.

Dieser Unterschied erklärt sich dadurch, dass Kontroll- und Aufsichtsorgane über unterschiedliche Befugnisse verfügen. Die Gegenstände der Aufsicht umfassen neben der Vollziehung der Gesetze auch alle anderen Formen der Realisierung des Rechtes. Im Unterschied zur Kontrolle verwirklicht sich die Aufsicht in Bezug auf die Objekte anderer Systeme immer von außen. Die Aufsicht stellt eine Überwachung der Ausführung von Rechtsvorschriften dar; die Kontrolle ist der Vergleich von Soll- und Ist-Objekten und die Auswertung von Abweichungen. Kontrolle setzt in der Regel ein Verhältnis der Über- und Unterordnung zwischen der kontrollierten (untergeordneten) und der kontrollierenden (übergeordneten) Person voraus. Dabei ist die kontrollierende Person berechtigt, sich in die Tätigkeit des kontrollierten Objektes zum Zwecke der Beseitigung von Rechtsverstößen einzumischen. Außerdem ist Kontrolle im Gegensatz zur Aufsicht immer mit einer Einschätzung der Recht- und Zweckmäßigkeit verbunden.

Hier ist dringend Nachbesserung geboten. In den Rechtsakten der Zollunion sollte man die Begriffe „Kontrolle" und „Aufsicht" abgrenzen und definieren bzw. unter den allgemeineren Begriff „Regulierung" fassen.

IV. Der Informationsaustausch über Kontrollen und Rechtsakte

Neben der Harmonisierung der nationalen und supranationalen Vorschriften ist nach Meinung der Verfasserin eine einheitliche Datenbank erforderlich, die es erlaubt, Informationen über Sanitärkontrollen an den Übergangsstellen zu erfassen und zu übertragen. Diese Datenbank müsste ihrerseits an das Informationssystem der EURASEC im Bereich technischer Regulierung, sanitärer und phytosanitärer Maßnahmen sowie an das Integrierte Informationssystem des Außen- und Binnenhandels der Zollunion angepasst werden.

In Anbetracht der steigenden Bedeutung des zwischenstaatlichen Informationsaustausches ist es zudem notwendig geworden, im Rahmen der Zollunion eine gemeinsame Internetressource mit Informationen über zuständige Organe, Entscheidungen, Verwaltungsakte und Unterlagen nach dem Abkommen über die sanitären Maßnahmen in der Zollunion vom 11. Dezember 2009 zu schaffen.

Zurzeit können beim Inverkehrbringen von Produkten, die der zwingenden Beschaffenheitsbestätigung in der Zollunion unterliegen, sowohl nationale

Verzeichnisse solcher Produkte als auch das Einheitliche Verzeichnis der Zollunion Anwendung finden. Die Wirtschaftsteilnehmer aller drei Länder können, je nach wirtschaftlicher Zweckmäßigkeit, entweder ein nationales Beschaffenheitszertifikat ihres eigenen Staates oder ein nationales Beschaffenheitszertifikat des Bestimmungslandes (wenn es sich um einen Mitgliedstaat der Zollunion handelt) oder das einheitliche Beschaffenheitszertifikat der Zollunion (wenn die betroffenen Produkte in das Einheitliche Verzeichnis aufgenommen sind) beantragen.

V. Die Vereinheitlichung der technischen Reglements

Die Regierungen der Mitgliedsländer haben eine konzeptionelle Entscheidung über den Übergang zur einheitlichen technischen Regulierung in Form von technischen Reglements der EURASEC getroffen. Die technischen Reglements der EURASEC werden durch ein völkerrechtliches Abkommen der Mitgliedstaaten der EURASEC angenommen. Dabei sollen diejenigen nationalen technischen Reglements, die den technischen Reglements der EURASEC widersprechen, aufgehoben werden. Der dadurch zu erwartende Abbau von technischen Barrieren wird die Entwicklung des angestrebten gemeinsamen Markts fördern. Ähnliche Regeln gelten auch in der Europäischen Union.

Da aber der Prozess der Entwicklung und der Einführung der einheitlichen technischen Reglements sehr langwierig und arbeitsintensiv erscheint, sind für die Übergangsperiode zusätzliche Maßnahmen zur Unterstützung des gegenseitigen Handels vorgesehen. So wurden dafür das Abkommen über den Verkehr von Produkten, die der zwingenden Beschaffenheitsbestätigung auf dem Zollgebiet der Zollunion unterliegen, vom 11. Dezember 2009 sowie das Abkommen über die gegenseitige Anerkennung der Akkreditierung der Zertifizierungsorgane und Testlabore (Zentren) ebenfalls vom 11. Dezember 2009 angenommen.

Das Abkommen über den Verkehr von Produkten, die der zwingenden Beschaffenheitsbestätigung unterliegen, sieht eine Einheitliche Liste der Zertifizierungsorgane und Testlabore (Zentren) der Zollunion vor. Diese Liste besteht aus nationalen Teilen, die von jedem Mitgliedstaat selbstständig zu bilden sind. Die Zertifizierungsorgane und Testlabore (Zentren) aus der Liste dürfen die Beschaffenheit der Waren, die im Einheitlichen Verzeichnis enthalten sind, bestätigen und einheitliche Beschaffenheitszertifikate ausstellen.

Das Einheitliche Verzeichnis der Produkte, die der zwingenden Beschaffenheitsbestätigung unterliegen, listet Produkte auf, für die noch kein einheitliches technisches Reglement existiert, für die aber in den Mitgliedstaaten ähnliche Anforderungen und Formen der Beschaffenheitsbestätigung festgelegt worden sind bzw. auf die gleiche oder ähnliche Untersuchungs- und Messungsmethoden angewandt werden. Das Verzeichnis gilt in Bezug auf ein konkretes Produkt bis zum Inkrafttreten eines technischen Reglements für dieses Produkt in allen Mitgliedstaaten. Für Produkte, die in das Einheitliche Verzeichnis aufgenommen worden sind, werden einheitliche Beschaffenheitszertifikate und Beschaffenheitserklärungen ausgestellt.

Somit wurde in der Zollunion eine umfangreiche rechtliche Basis im Bereich technischer Regulierung geschaffen, die außer den schon genannten folgende Rechtsakte umfasst: Die Anordnung über das Aufnahmeverfahren der Zertifizierungsorgane und Testlabore (Zentren) in die Einheitliche Liste der Zertifizierungsorgane und Testlabore (Zentren) sowie ihre Bildung und Führung; die Anordnung über das Bildungs- und Führungsverfahren der Einheitlichen Liste der ausgestellten Beschaffenheitszertifikate und der registrierten Beschaffenheitserklärungen; die Anordnung über das Einfuhrverfahren der Produkte, die der zwingenden Beschaffenheitsprüfung unterliegen; die Anordnung über das Koordinationskomitee für die technische Regulierung sowie die Anwendung der sanitären, veterinären und phytosanitären Maßnahmen. Allerdings steht noch eine große Arbeit bevor, da es gilt, die technischen Vorschriften der Republik Weißrussland, der Republik Kasachstan und der Russischen Föderation, die im Rahmen des einheitlichen Wirtschaftsraumes entwickelt werden, mit den völkerrechtlichen Bestimmungen optimal zu harmonisieren.

VI. Das Beispiel der rechtlichen Regulierung der Pflanzenquarantäne

Eine weitere wichtige Frage stellt die rechtliche Regulierung der Pflanzenquarantäne dar.

Im Rahmen der Zollunion gilt das Abkommen der Zollunion über die Pflanzenquarantäne vom 11. Dezember 2009. Im nationalen Recht der Unionsstaaten gibt es analoge Rechtsakte, insbesondere:

- In der Republik Weißrussland das Gesetzt „Über den Pflanzenschutz";
- in der Russischen Föderation das Gesetz „Über die Pflanzenquarantäne";
- in der Republik Kasachstan das Gesetz „Über die Pflanzenquarantäne".

Vermittels der Analyse der in den genannten Rechtsakten verwendeten Terminologie kann man durchaus zu dem Schluss kommen, dass viele Begriffe in der Unionsgesetzgebung und im nationalen Recht der Mitgliedsländer identisch sind. Dieser Umstand erleichtert selbstverständlich die Rechtsanwendung wesentlich. Allerdings sollten einige Termini, insbesondere der Schlüsselbegriff „Quarantäneerzeugnisse", noch präzisiert werden.

Laut dem Gesetz der Republik Weißrussland „Über den Pflanzenschutz" versteht man unter „Quarantäneerzeugnissen" Pflanzen und Pflanzenerzeugnisse, welche Träger von Schadorganismen sein können oder die Verbreitung von Schadorganismen fördern können. Zugleich enthält das Gesetz den Begriff „Quarantänegegenstände", der wie folgt definiert wird: Territorien oder abgesonderte Grundstücke, Gebäude, Anlagen, Behälter, Lagerorte, Quarantäneerzeugnisse, Verpackung, Ausrüstung, Beförderungsmittel, Container, Agrartechnik und Werkzeuge zur Bodenbearbeitung sowie Insekten-, Pflanzenkrankheitserreger- und Samensammlungen, Herbarien, Pilzkulturen, Bakterien, Viren, Würmer, Zecken, Insekten und andere Objekte, die Ursache für das Eindringen von Quarantäneschadorganismen in das Hoheitsgebiet der Republik Weißrussland und (oder) deren Verbreitung darin sein können.

Unter dem Begriff Quarantäneerzeugnisse (Quarantänematerial, Quarantänefrachtgut, Quarantänewaren) werden im Abkommen über die Pflanzenquarantäne eigentlich zwei Begriffe – Quarantäneerzeugnisse und Quarantänegegenstände – zusammengefasst: Pflanzen, Pflanzenerzeugnisse, Verpackungsmaterial, Verpackungen, Erde oder andere Organismen, Gegenstände oder Materialien, die ins Zollgebiet der Zollunion verbracht werden und die Träger von Schadorganismen sein können oder die Verbreitung von Schadorganismen fördern können und in Bezug auf die sanitäre Maßnahmen ergriffen werden müssen.

Das russische Gesetz „Über die Pflanzenquarantäne" enthält den Begriff „Quarantänegegenstände". Darunter versteht man Flächen für jegliche Nutzung, Gebäude, Bauten, Geräte, Reservoire, Lagerstätten, Ausrüstung, Beförderungsmittel, Container, Quarantäneerzeugnisse (Quarantänematerial, Quarantänefrachtgut) und sonstige Gegenstände, die Ursache für das Eindringen von Schadorganismen in das Hoheitsgebiet der Russischen Föderation und (oder) deren Verbreitung darin sein können. Anders als im Abkommen über die Pflanzenquarantäne schließt der Begriff „Quarantänegegenstände" im russischen Gesetz den Begriff „Quarantäneerzeugnisse" ein.

Unter „Quarantäneerzeugnissen" werden nach dem Gesetz der Republik Kasachstan „Über die Pflanzenquarantäne" alle Materialien (Frachtgüter) verstanden, welche die Verbreitung von Quarantänegegenständen fördern können. Hier sind die Quarantänegegenstände wieder ein Bestandteil der Quarantäneerzeugnisse.

Diese Beispiele verdeutlichen, dass es im nationalen Recht der Unionsländer wesentliche terminologische Unterschiede gibt. Legaldefinitionen in Gesetzestexten müssen immer wieder überprüft werden: Wenn eine Legaldefinition in einem Rechtsakt geändert wurde, sollten auch andere betroffene Rechtakte diese Änderungen übernehmen.

C. Die Perspektive

Russland, Weißrussland und Kasachstan haben reichhaltige Erfahrungen in den Bereichen Zollregulierung und Zollkontrolle gesammelt, die bei der Ausarbeitung der normativen Grundlagen der Zollunion berücksichtigt wurden. Ohne Zweifel werden nach dem Inkrafttreten der einschlägigen Rechtsakte Importeure und Exporteure sowie die Zollbehörden der Unionsstaaten auf praktische Schwierigkeiten stoßen, die durch eventuelle Widersprüche, unklare Regelungen und das Fehlen von Anwendungsmechanismen bedingt sind.

Eine große Hilfe kann dabei die Konvergenz bzw. Harmonisierung nationaler Vorschriften leisten. Während die Zollgesetzgebung der Unionsländer im Wesentlichen schon stark angeglichen ist, sollten andere Rechtsbereiche, insbesondere das Straf- und das Verwaltungsrecht, nicht aus dem Blick geraten. Zudem steht noch eine große Herausforderung für die Rechtssetzung aufgrund künftiger völkerrechtlicher Abkommen und Entscheidungen der Kommission sowie zugunsten einer Annäherung des nationalen Rechts an die Unionsregelungen bevor.

Wie Erfahrungen mit internationaler wirtschaftlicher Integration (insbesondere in der Europäischen Union) zeigen, führt die Schaffung eines gemeinsamen Zollgebiets mehrerer Länder und die dadurch bedingte Markterweiterung zu einem erhöhten Investitionsfluss. Die Investitionsattraktivität wird gesteigert und das Investitionsklima verbessert. Die Republik Weißrussland hat die Bereitschaft zu einer erfolgreichen und langfristigen Zusammenarbeit im Rahmen der Zollunion schon geäußert. Und damit diese Zusammenarbeit auch wirksam und beiderseitig vorteilhaft wird, sollte eine flexible und beiderseitig akzeptable rechtliche Grundlage geschaffen werden.

Schließlich ist zu bemerken, dass die Folgen des Beitritts zu der Zollunion für die Republik Weißrussland in vieler Hinsicht davon abhängen, welche Handelspolitik diese regionale Integrationseinheit durchführen wird. Wenn die Mitgliedsländer Protektionismus allmählich über den Weg von Zollsenkungen abbauen und sanitäre, phytosanitäre und technische Standards harmonisieren werden, dann dürfte die Mitgliedschaft Weißrusslands an diesem Handelsabkommen ein positiver Schritt in der nationalen Handelspolitik sein und wird zur Erhöhung des Wohlstands der Bevölkerung und der Konkurrenzfähigkeit der nationalen Hersteller beitragen.

Zollunion und Antidumpingzölle

Dr. Tatiana Troshkina,
Hochschule für Wirtschaft (Staatsuniversität),
Moskau, Russland

A. Die Bedeutung von Antidumpingzöllen

Mit der Gründung der Zollunion Russlands, Weißrusslands und Kasachstans und dem Inkrafttreten des gemeinsamen Zollkodex stellt sich die Frage nach den neuen Instrumenten nichttarifärer Regulierung, insbesondere der Ergreifung von Antidumpingmaßnahmen, deren Bedeutung unter Krisenbedingungen steigt.

Heutzutage wirkt die gezielte Einwirkung durch Antidumpingzölle besonders effizient. Während Maßnahmen der zolltariflichen Politik kein gezieltes Einfuhrverbot von Waren aus Drittstaaten ermöglichen, können Antidumpingzölle nur gegen solche Einfuhrwaren, die den Freihandel gefährden, festgesetzt werden. Allerdings kommt es in Russland im Vergleich mit den USA, der EU, China, Indien oder Brasilien eher selten zur Anwendung von Antidumpingmaßnahmen. Das liegt daran, dass es in Russland problematisch ist, eine in Gang gesetzte Antidumpinguntersuchung zu Ende zu führen und Antidumpingmaßnahmen zu verhängen.

Gleichzeitig sind Antidumpingzölle wohl das einzige protektionistische Mittel der Handelspolitik. Das betrifft u.a. den russischen Handel mit anderen Staaten, die zusammen mit Russland eine Freihandelszone bilden. Derzeit[1] gelten in Russland nur vier Antidumpingzölle: auf einige aus der Ukraine einzuführende Stahlrohrtypen (bis zum 30. Januar 2011 in Höhe von 11,3 bis 55,3 Prozent) und Maschinenbaubefestigungen (bis zum 13. Mai 2012 in Höhe von 21,8 Prozent) sowie auf die Einfuhr von Lagerrohren (bis zum 20. Juni 2013 in Höhe von 19,4 Prozent) und Wälzlagern (bis zum 20. Januar 2013 in Höhe von 31,3 bis 41,5 Prozent) mit Ursprung in China. Bis Anfang 2011 sollten drei weitere Antidumpinguntersuchungen in Bezug auf Leitungsrohre und andere Produkte der ukrainischen Hüttenindustrie abgeschlossen werden. Bezüglich der Einfuhr von Nickelprodukten aus Brasilien, China, Südafrika und Südkorea ist die endgültige Sachaufklärung beendet und wird eine Einführung von Antidumpingmaßnahmen erwartet.

---

1 Alle Angaben entsprechen dem Stand von Ende 2010.

Eine ähnliche Situation liegt in den anderen Mitgliedstaaten der Zollunion vor. Zum Vergleich hat Kasachstan bisher keine Maßnahmen zum Schutz des eigenen Inlandsmarktes getroffen. In Weißrussland gilt nur ein Antidumpingzoll und zwar gegenüber Karamellimporten aus der Ukraine (in Höhe von 11,76 bis 23,9 Prozent bis August 2011); zwei weitere Untersuchungsverfahren sind ebenfalls gegen Waren mit ukrainischem Ursprung eröffnet.

B. Der nationale rechtliche Rahmen für Antidumpingmaßnahmen

Vor der Bildung der Zollunion erfolgte die Antidumping-Regulierung in Russland, Weißrussland und Kasachstan nach Maßgabe des nationalen Rechts. Zu diesen Zwecken wurden in Russland das föderale Gesetz № 165 FS „Über Schutz-, Antidumping- und Ausgleichsmaßnahmen beim Import der Waren" (vom 8. Dezember 2003) und in Weißrussland das Gesetz № 346-S „Über die Maßnahmen zum Schutz der Wirtschaftsinteressen der Republik Weißrussland im Warenaußenhandel" (vom 25. November 2004) erlassen. In Kasachstan wurden die Vorschriften über Schutzmaßnahmen im Außenhandel auf drei Gesetze verteilt: Das Gesetz № 337 „Über die Maßnahmen zum Schutz des Inlandsmarkts beim Import der Waren" (vom 28. Dezember 1998), das Gesetz № 421 „Über Antidumpingmaßnahmen" (vom 13. Juli 1999) sowie das Gesetz „Über Subventionen und Ausgleichsmaßnahmen" (vom 16. Juli 1999). Außerdem wurden mit der Verordnung der Regierung der Republik Kasachstan № 1374 (vom 9. September 2000) „Verfahrensregeln der Untersuchung, die der Einleitung der Schutz-, Ausgleichs- oder Antidumpingmaßnahmen vorangeht", gebilligt. Dabei ist allerdings zu bemerken, dass es keine wesentlichen Unterschiede zwischen den Antidumpingvorschriften in den Rechtsordnungen drei Länder gab.

C. Das Abkommen über die Anwendung von Schutz-, Antidumping- und Ausgleichsmaßnahmen gegenüber Drittländern

Die Gründung der Zollunion Russlands, Weißrusslands und Kasachstans führte zur Schaffung des für alle drei Länder gemeinsamen „Unionsrechts", u.a. im Bereich Antidumping. Gemäß der Entscheidung des Zwischenstaatlichen Rats der EURASEC N 37 (vom 21. Mai 2010) ist am 1. Juli 2010 das Abkommen über die Anwendung von Schutz-, Antidumping- und Ausgleichsmaßnahmen gegenüber Drittländern vom 25. Januar 2008 (Antidumpingabkommen) in Kraft getreten. Der sachliche Geltungsbereich des Antidumpingabkommens ist auf den Warenhandel begrenzt und betrifft nicht die Erbringung von Dienstleistungen, die Ausführungen von Arbeiten, die Übertragung von Rechten am geistigen Eigentum Dritter sowie ebenfalls nicht Investitionen und Devisenkontrollen.

Das Inkrafttreten des Antidumpingabkommens bereitete allerdings gewisse organisationsrechtliche Schwierigkeiten. Zum einen wurde das Antidumpingkommen schon Anfang des Jahres 2008 angenommen, als man noch keine klare Vorstellung über die institutionelle Struktur der künftigen Zollunion hatte. Dementsprechend enthält der Text des Abkommens zahlreiche noch unausformulierte Rechtsnormen, die Befugnisse im Bereich Antidumping an ein damals nicht existierendes Regulierungsorgan delegieren. Dies führt heute konsequenterweise zu wesentlichen Problemen bei der praktischen Antidumping-Regulierung.

Zum anderen fehlt es in der Zollunion an einem abgestimmten Konzept nichttarifärer Maßnahmen der Handelspolitik. Das lässt sich am Beispiel des Abkommens über die einheitlichen nichttarifären Maßnahmen gegenüber Drittstaaten (Abkommen über nichttarifäre Maßnahmen), das zusammen mit dem Antidumpingabkommen am 25. Januar 2008 angenommen wurde, verdeutlichen.

Im Abkommen über nichttarifäre Maßnahmen sind alle wesentlichen Instrumente der nichttarifären Politik der Zollunion gegenüber Drittstaaten (außer Schutzmaßnahmen) verankert. Allerdings weisen die Bestimmungen des Begriffs der nichttarifären Maßnahmen durch dieses Abkommen einerseits und durch das nationale russische Recht[2] andererseits wesentliche Unterschiede auf.

Gemäß dem in Russland geltenden Recht schließen die nichttarifären Maßnahmen solche Maßnahmen staatlicher Regulierung der Außenhandelstätigkeit ein, die nicht zu den zolltariflichen Maßnahmen, d.h. zu Ein- und Ausfuhrzöllen, gehören. Ausgehend von dieser Systematisierung stellen Antidumpingmaßnahmen eine Spielart der nichttarifären Maßnahmen dar, deren abschließenden Katalog (bestehend aus Schutz-, Antidumping- und Ausgleichsmaßnahmen) Art. 20 Gesetz N 164 FS „Über die Grundlagen der staatlichen Regulierung der Außenhandelstätigkeit" regelt.

Indes enthält das Abkommen über nichttarifäre Maßnahmen eine eigene Definition des Begriffs der nichttarifären Maßnahmen. Es soll sich demzufolge um Maßnahmen handeln, die im Rahmen der Regulierung des Warenaußenhandels getroffen worden sind, wie zum Beispiel mengenmäßige Beschränkungen sowie andere Verbote und Beschränkungen wirtschaftlicher Art.

---

2 Das Föderale Gesetz N 164 FS „Über die Grundlagen der staatlichen Regulierung der Außenhandelstätigkeit" (vom 08.12.2003).

Dabei ist allerdings zu bemerken, dass der abschließende Katalog von nichttarifären Maßnahmen dieses Abkommens keine Antidumping- und andere Schutzmaßnahmen enthält.

Es nimmt daher nicht wunder, dass diese prinzipielle Unstimmigkeit zwischen supranationalem und nationalem Recht zu Normenkollisionen sowie zu Problemen bei der Rechtsanwendung und der normativen Regulierung der Handelspolitik in der Zollunion führt.

Die Vorschriften des Antidumpingabkommens über Antidumpingregulierung in der Zollunion sind kaum von den nationalen Bestimmungen der Unionsstaaten zu unterscheiden. Einige Unterschiede ergeben sich jedoch naturgemäß in Bezug auf den Mechanismus der supranationalen Regulierung und die Teilnahme der supranationalen Institutionen am Antidumpingprozess.

Das Antidumpingabkommen enthält die Voraussetzungen, deren es zum Erlass von Antidumpingmaßnahmen bedarf. Eine Antidumpingmaßnahme kann in Bezug auf eine gedumpte Einfuhrware angewandt werden, wenn eine Untersuchung ergibt, dass ein Wirtschaftszweig bedeutend geschädigt wird oder geschädigt zu werden droht oder dass die Errichtung eines Wirtschaftszweigs erheblich verzögert wird. Dabei gilt eine Ware als gedumpt, wenn ihr Ausfuhrpreis niedriger ist als der Normalwert. Ähnliche Voraussetzungen gelten in der Welthandelspraxis.

Des Weiteren regelt das Antidumpingabkommen die Dumping-Marge, den Normalwert der Waren, den Ausfuhrpreis der Waren sowie das Verfahren der Feststellung einer Schädigung. Gemäß dem Antidumpingabkommen können in besonderen Fällen vorläufige Antidumpingzölle auferlegt werden. Das Verfahren kann auch ohne Einführung vorläufiger oder endgültiger Zölle eingestellt werden, wenn der Exporteuer freiwillig Verpflichtungen übernimmt.

D. Der Zollkodex der Zollunion und die Entscheidungen der Kommission

Weitere Quellen des Antidumpingrechts der Zollunion sind neben dem Antidumpingabkommen der Zollkodex der Zollunion sowie Entscheidungen der Kommission.

I. Regelungen des Zollkodex der Zollunion

Im Zollkodex ist dem Thema Antidumping eine ganze Reihe von Normen gewidmet. So gehören laut Art. 6 Zollkodex die Erhebung, die Überprüfung der Berechnung sowie die Zwangsvollstreckung der Antidumpingzölle zum Kompetenzbereich der Zollbehörden. Gemäß Art. 70 Zollkodex sind Antidumpingzölle nach den internationalen Verträgen und (bzw. oder) der Gesetzgebung der Mitgliedstaaten der Zollunion festzusetzen und in dem Verfahren zu erheben, das für die Erhebung der Einfuhrzölle vorgesehen ist.

II. Zuständigkeiten der Kommission

Für Antidumpinguntersuchungen in der Zollunion ist die Kommission zuständig. Jedoch scheint gegenwärtig die praktische Wahrnehmung dieser Aufgaben insbesondere wegen fehlender Erfahrung und mangelnden Fachwissens des Verwaltungsapparats der Kommission schwierig zu sein. Außerdem verbirgt sich hinter der schnellen Kompetenzübertragung für die Mitgliedstaaten der Zollunion (vor allem für die Russische Föderation) die Gefahr, ein Druckmittel auf die Außenhandelspartner zu verlieren. Deshalb wurde eine „Übergangsperiode" bei der Anwendung der Schutzmaßnahmen vereinbart, deren Dauer allerdings nicht festgelegt ist. Dementsprechend sind seit dem 1. Juli 2010 gemäß der Entscheidung des Zwischenstaatlichen Rates № 37 (vom 21. Mai 2010) die im Antidumpingabkommen vorgesehenen Befugnisse in Bezug auf Waren aus Drittstaaten auf die Kommission übergegangen. Gleichzeitig beauftragt die Kommission nationale bevollmächtigte Organe der Mitgliedstaaten der Zollunion mit Antidumpinguntersuchungen in der Übergangsperiode.

III. Die nationalen bevollmächtigten Organe

Die nationalen bevollmächtigen Organe sind in der Entscheidung der Kommission N 339 (vom 17. August 2010) genannt: In der Russischen Föderation ist es das Ministerium für Industrie und Handel, in der Republik Weißrussland das Außenministerium, in der Republik Kasachstan das Ministerium für Wirtschaftsentwicklung und Handel. Die nationalen bevollmächtigten Organe führen eine Antidumpinguntersuchung auf schriftlichen Antrag hin durch. Wie ein Antragsteller das Untersuchungsverfahren einleiten kann, wird im Abkommen über das Anwendungsverfahren der Schutz-, Antidumping- und Ausgleichsmaßnahmen gegenüber Drittstaaten in der Übergangsperiode geregelt, das in allernächster Zeit unterschrieben werden soll. Am Ende der Untersuchung wird der Fall der Kommission vorgelegt, die eine endgültige Entscheidung über die Anwendung der Schutzmaßnahmen, einschließlich der Antidumpingzölle, treffen soll.

IV. Fortgeltung nationaler Schutzmaßnahmen

Laut dem Protokoll über die einzelnen vorläufigen Ausnahmen vom Regime des Funktionierens des einheitlichen Zollgebiets der Zollunion vom 5. Juli 2010 gelten die vor der Gründung der Zollunion nach nationalem Recht eingeführten Maßnahmen zum Schutz des inländischen Markts in den einzelnen Mitgliedstaaten fort. Es wird angenommen, dass die Geltung solcher Schutzmaßnahmen auf das gesamte Zollgebiet der Zollunion erstreckt wird. Auch intensive Verhandlungen haben allerdings bisher nicht dieses Ergebnis gezeitigt.

E. Schluss

Es ist unschwer zu erkennen, dass das gemeinsame Antidumpingrecht sich noch im Stadium der Entstehung befindet. Dabei kommt den Initiativen und Aktivitäten der Kommission besondere Bedeutung zu. So wird von der Kommission zurzeit ein Entwurf für ein Protokoll zur Änderung des Antidumpingabkommens vorbereitet, der die Besonderheiten der Übergangsperiode berücksichtigen und die Anwendung des Antidumpingabkommens unter neuen Umständen erleichtern soll. Vor diesem Hintergrund entspricht eine funktionsfähige Antidumpingregulierung im Rahmen der Zollunion auch den nationalen Interessen der Mitgliedstaaten: Nach dem Betritt der Unionsstaaten zur WTO bleiben die einzig vollwertigen Schutzmittel für nationale Warenhersteller die Instrumente der Antidumpingregulierung und andere Schutzmaßnahmen.

Rechtsfragen der Zollunion

*Dr. Irina Tkachenko,
Russische Zollakademie, Moskau, Russland*

A. Einleitung

Der Föderale Zolldienst arbeitet umfassend an der Verbesserung der Zollgesetzgebung und der Einführung moderner Technologien im Zollbereich. Beendet sind nunmehr vieljährige Verhandlungen über den Beitritt Russlands zur Kyoto-Konvention, die am 3. November 2010 ratifiziert wurde. Die Prinzipien der Kyoto-Konvention bilden die völkerrechtliche Grundlage für das Recht der Zollunion.

Im Zollkodex der Zollunion werden Ansätze zur Förderung des Außenhandels, zu einer kontinuierlichen Verbesserung des Investitionsklimas in Russland sowie zu einer stärkeren Einbindung in den Weltmarkt weiterentwickelt.

Die erfolgreiche Umsetzung der neuen Vorschriften zur Vereinfachung der Zollverfahren hängt vom Kooperationsniveau zwischen den Zollverwaltungen Russlands, Weißrusslands und Kasachstans sowie von der Vereinheitlichung ihrer Zielsetzungen und Befugnisse ab.

B. Die Quellen des Zollrechts der Zollunion

Heutzutage besteht das Zollrecht der Zollunion aus sechs Ebenen:

1. Zollkodex der Zollunion (ZK);
2. völkerrechtliche Abkommen der Mitgliedstaaten;
3. Entscheidungen der Kommission der Zollunion;
4. nationale Gesetze der Mitgliedstaaten;
5. Verordnungen der Regierungen der Mitgliedstaaten;
6. Rechtsakte anderer bevollmächtigter Staatsorgane.

Dabei kann auf jeder Ebene (außer der ersten) eine unbegrenzte Zahl von Rechtsakten erlassen werden, die sowohl für die Zollbehörden als auch für die Wirtschaftsbeteiligten verbindlich sind.

Viele Rechtsakte einschließlich des Zollkodex der Zollunion enthalten Verweisungsnormen. Insgesamt gibt es in allen erlassenen Rechtsakten 1151 (!)

Verweisungsnormen (Abb. 1). Es ist offenbar, dass dabei immer wieder Regelungen auftreten, die einander widersprechen, mehrere unterschiedliche Auslegungen zulassen oder nicht in vollem Umfang ausformuliert sind.

VERWEISUNGSNORMEN IN DER ZOLLGESETZGEBUNG DER ZOLLUNION (Abb. 1)

N	Rechtsakt	VR-Abkommen	VR-Abkommen der Unionsstaaten	Entscheidungen der Kommission	Nationales Recht
1	Zollkodex der Zollunion	24	82	336	69
2	Völkerrechtliche Akte, die vor der Unterzeichnung des Vertrags über den Zollkodex erlassen wurden (insg. 32)	6	77	111	115
3	Völkerrechtliche Abkommen gemäß dem Einführungsplan zum Zollkodex der Zollunion (insg. 17)	8	21	12	152
4	Entscheidungen der Kommission gemäß dem Einführungsplan zum Zollkodex der Zollunion (insg. 17)	6	14	10	108
5	INSGESAMT:	44	194	469	444

I. Probleme der Auslegung des Zollrechts der Zollunion durch die Verwaltungen der Mitgliedstaaten

Dies führt dazu, dass die Zollverwaltungen der Mitgliedstaaten gezwungen sind, die jeweilige Norm selbstständig auszulegen sowie deren Umsetzungsverfahren zu bestimmen. Dabei darf nicht vergessen werden, dass es in der Zollunion drei Zollverwaltungen gibt, was die Möglichkeit dreier verschiedener Auslegungen bedeutet.

Ein Beispiel soll hier angeführt werden:

In der Republik Weißrussland wurden „Methodische Empfehlungen zur Bestimmung des Zwecks und des Wertes der Waren, die von natürlichen Personen verbracht werden"[1] erlassen. Solche Anweisungen sind für die Zollbeamten von großem Nutzen, weil sie klare Kriterien für zollamtliche Entscheidungen

---

1 Brief des Staatlichen Zollkomitees der Republik Weißrussland № 02/11140 (vom 10.09.2010).

festlegen. Da sie Regelungen mit Wirkung für die Bürger enthalten, sind sie als normative Rechtsakte einzustufen und müssen veröffentlicht werden. Laut diesen Empfehlungen gilt für die Bestimmung des Zwecks der Waren:

– Das Sortiment der Waren, die von natürlichen Personen in einem Beförderungsmittel verbracht werden, ist zu beachten;
– Für den Nachweis des Verbringens der Waren innerhalb einer bestimmten Zeitperiode sind Fahrgastzollerklärungen mit Freigabevermerken oder Zollerklärungen, deren Registrierung verweigert wurde, anzunehmen.

Des Weiteren versteht man unter langlebigen Waren gemäß den „Methodischen Empfehlungen..." Güter mit einer erwarteten Lebensdauer von mindestens einem Jahr sowie Waschpulver, Spülungs-, Reinigungs- und Waschmittel in Fertigpackungen mit Füllmengen von drei Kilo und mehr."

Gleichzeitig erfolgt gemäß Art. 3 des Abkommens über das Verbringen der Waren für den persönlichen Gebrauch (vom 18. Juni 2010) die Zurechnung von Gütern zu Waren für den persönlichen Gebrauch *durch die Zollbehörde*, die von der Erklärung der natürlichen Person über verbrachte Waren, deren Charakter und Zahl, Häufigkeit des Grenzübertritts der natürlichen Person und (bzw. oder) des Verbringens der Waren von dieser Person ausgeht. Somit liegt eine offensichtliche Kollision zwischen den Vorschriften der nationalen zollamtlichen Anweisung und den Normen des völkerrechtlichen Abkommens vor.

II. Probleme der Umsetzung des Zollrechts der Zollunion durch die Gesetzgeber der Mitgliedstaaten

Ein weiteres Beispiel betrifft die Republik Kasachstan. Nach Art. 18 Gesetz der Republik Kasachstan № 57-III (vom 13. Juni 2005) „Über Devisenregulierung und Devisenkontrolle" sind natürliche Personen Deviseninländer und Devisenausländer beim Grenzübertritt verpflichtet, mitgeführte Barmittel im Wert von 3.000 US-Dollar oder mehr anzumelden. Zugleich regeln Art. 3 und 4 Abkommen über das Verbringen von Barmitteln und Geldinstrumenten von natürlichen Personen über die Zollgrenzen der Zollunion (vom 5. Juli 2010), dass bei einer einmaligen Ein- oder Ausfuhr von Barmitteln und (bzw. oder) Reiseschecks, soweit die Gesamtsumme den Schwellenwert von 10.000 US-Dollar nicht überschreitet, keine schriftliche Zollanmeldung erforderlich ist.

Solche Unstimmigkeiten bei der Rechtsanwendung führen dazu, dass die Bürger der Mitgliedstaaten beim Übertritt der einheitlichen Zollgrenze der Zollunion an unterschiedlichen Orten unterschiedlichen Zollkontrollen unterliegen.

III. Bewertung der Umsetzungsprobleme

Die vorliegende Situation ist insofern negativ zu bewerten, als in Kasachstan *Gesetzes*bestimmungen im direkten Widerspruch zu den supranationalen Normen der Zollunion stehen. Zurzeit haben sich in jeder der Zollverwaltungen eine ganze Reihe ähnlicher Dokumente – methodischer Empfehlungen, Briefe, Anweisungen – angesammelt. Daher mangelt es bei der Zollabwicklung an Einheitlichkeit und Transparenz, was die Tätigkeit der Wirtschaftsbeteiligten erschwert und zu einer negativen Wahrnehmung des Integrationsprozesses durch die Bürger unserer Länder beiträgt.

Außerdem begünstigt eine widersprüchliche Zollgesetzgebung Korruption und trägt zwangsläufig zu einem negativen Image der Zollverwaltungen der Mitgliedsländer bei. In diesem Zusammenhang entsteht ein objektiver Bedarf an Änderungen des Zollkodex der Zollunion, um die Anzahl der Verweisungen auf die nationale Gesetzgebung und andere Rechtsakte zu reduzieren und weitere Normenkonflikte zu vermeiden.

IV. Die Fristen für Ausnahmen vom Einheitlichen Zolltarif der Zollunion

Auch die Umsetzung des Protokolls über einige vorläufige Ausnahmen vom Regime des Funktionierens des einheitlichen Zollgebiets der Zollunion vom 5. Juli 2010 wirft viele Rechtsfragen auf. Insbesondere sind die Geltungsfristen von Ausnahmen nach dem Protokoll vom 5. Juli 2010 nicht mit den Fristen des Inkrafttretens von Rechtsakten gemäß dem Maßnahmenplan zur Errichtung des Einheitlichen Wirtschaftsraums vom 19. Dezember 2009 abgestimmt (Abb. 2).

So unterliegen z.B. gemäß Art. 3 Protokoll vom 5. Juli 2010 diejenigen Waren, die in der Republik Kasachstan unter Ausnahmen vom Einheitlichen Zolltarif (EZT)[2] fallen, beim Verbringen in die Republik Weißrussland oder in die Russische Föderation dem Erfordernis einer Zollanmeldung, Zollkontrollen und Einfuhrzöllen: Für solche Waren ist die Differenz zwischen den Sätzen des EZT und den tatsächlich bei der Überlassung der Waren gezahlten Beträgen zu entrichten. Diese Bestimmungen gelten bis zum Zeitpunkt, zu dem alle innerstaatlichen Formalitäten, die für das Inkrafttreten völkerrechtlicher Verträge nach dem Plan der Maßnahmen zur Errichtung des Einheitlichen Wirtschaftsraums erforderlich sind, erledigt worden sind. Das erste Paket von Dokumenten über den Einheitlichen Wirtschaftsraum sollte noch bis zum Ende dieses Jahres unterzeichnet werden. Jedoch werden die Ausnahmen aus dem Einheitlichen Zolltarif bis 2020 weitergelten. Um eine fristgerechte Errichtung des einheitlichen Wirt-

---

2 Diese Waren sind in der Anlage N 5 zu der Entscheidung der Kommission N 130 (vom 27. November 2009) aufgelistet.

Geltungsfristen einzelner vorläufiger Ausnahmen vom Regime des einheitlichen Zollgebiets der Zollunion (Abb. 2)

Mitglied-staaten	Ausnahmen aus dem Regime des Funktionierens des einheitlichen Zollgebiets der Zollunion				
	Kfz für natürliche Personen	Antidumping-, Schutz- und Ausgleichszölle	Tarifäre Präferenzen	409 Waren, die aus dem EZT ausgenommen sind	Ausfuhrzölle
Weißrussland	01.07.2011	EWR (Plan: 01.01.2012, Protokoll: 01.01.2011)	EWR (Plan: 01.01.2012, Protokoll: 01.01.2011)	–	–
Kasachstan	01.07.2011	EWR (Plan: 01.01.2012, Protokoll: 01.01.2011)	EWR (Plan: 01.01.2012, Protokoll: 01.01.2011)	EWR (Plan: 01.01.2012, Protokoll: 01.01.2011)	–
Russland	–	–	–	–	EWR (Plan: 01.01.2012, Protokoll: 01.01.2011)

schaftsraums sicherzustellen, sollte man die Geltungsfristen der Ausnahmen vom EZT nach dem Protokoll vom 5. Juli 2010 mit den Fristen der Schaffung des gemeinsamen Markts nach dem Maßnahmenplan vom 19. Dezember 2009 in Einklang bringen. Zum wichtigsten bisher erreichten Effekt der Zollunion für die Wirtschaftsteilnehmer der Mitgliedstaaten gehört die Möglichkeit des zollfreien Verbringens der Waren innerhalb der Zollunion. Um weitere Ziele der Integration erreichen zu können, scheint es unerlässlich zu sein, ein kollektives Organ der Zollverwaltungen der Unionsstaaten zu errichten. Der Entwurf für ein entsprechendes Übereinkommen wurde schon entwickelt und von den Leitern der Zolldienste Weißrusslands und Kasachstans unterstützt.

C. Schluss

Die jahrzehntelange Entwicklung von der Europäischen Wirtschaftsgemeinschaft zur Europäischen Union zeigt, dass wirtschaftliche Integration ein komplizierter Prozess ist. Die neue Zollunion Russlands, Weißrusslands und Kasachstans macht ihre ersten Schritte in Richtung eines einheitlichen Wirtschaftsraums. Dies bringt zwangsläufig Schwierigkeiten u.a. rechtlicher Natur mit sich. Daher sollten die Erfahrungen anderer Zollunionen, vor allem aber der Europäischen Union, im Zuge der weiteren Integration zwischen Russland, Weißrussland und Kasachstan berücksichtigt werden.

Diskussion

Zusammenfassung:
Hanna Schmidt,
Doktorandin am Institut für öffentliches Wirtschaftsrecht,
Universität Münster

Zunächst wurde aus dem Publikum die Frage gestellt, worum es bei der erwähnten Benachrichtigung gehe. Die Antwort der Referentin lautete, das TIR[1] sei eine vorläufige Anmeldung. Daneben besäßen die Zollstellen heutzutage noch weitere Funktionen.

Ferner kam die Frage auf, ob es eine Harmonisierung der internationalen Verträge für die Zollunion und die Einräumung von Präferenzen, z.B. bei Belarus/Serbien, die eine Ausnahme vom freien Handel darstellen, geben werde. Nach Auffassung der Referentin *Dr. Irina Tkachenko* werde zweifelsohne eine Durchsicht der Verträge erfolgen bzw. ein Verfahren für eine solche Durchsicht geschaffen werden müssen und eine Überarbeitung der Zollunion stehe an. Dass dies überhaupt notwendig sei, sei ein Beleg für die Widersprüchlichkeit der einzelnen Verträge.

Zudem interessierte, bezugnehmend auf den Diskussionsbeitrag von *Dr. Talanov* am Vortag, in welchem er von der Weiterexistenz der Zollkontrollen an den Binnengrenzen ausging, ob es denn innerhalb der Zollunion nun noch Zollgrenzen gebe. Nach Auskunft der Referentin gibt es seit dem 1. Juli 2010 an der Grenze Russland/Belarus keine Zollkontrolle mehr. Allerdings gelte gegenwärtig immer noch ein Protokoll für Ausnahmebestimmung bezüglich bestimmter Waren, die risikobelastet sind, siehe Art. 3 Zollunion (Warennomenklatur nach Risikobewertung). Allerdings kam aus dem Publikum von *Dr. Brovka* die Anmerkung, dass explizit an der Grenze Russland/Belarus mittlerweile überhaupt keine Zollkontrolle mehr stattfinde. Diese Anmerkung blieb unwidersprochen im Raum. Die Frage konnte somit keiner endgültigen Klärung zugeführt werden.

---

[1] Transports Internationaux Routiers (TIR) ist ein Carnet (Zolldokument) für ein zollrechtliches Versandverfahren zum Transit von Waren. Rechtsgrundlage des TIR-Verfahrens ist das von Staaten unterzeichnete *Übereinkommen über den internationalen Warentransport mit Carnet TIR* vom 14. November 1975.

Rechtsfragen des Einheitlichen Zolltarifs der Zollunion

Victor Voblikov,
Zentrum für öffentlich-rechtliche Forschung,
Moskau, Russland

Der Einheitliche Zolltarif (EZT) gehört zum Kernbereich der zollrechtlichen Regulierung der Zollunion Weißrusslands, Kasachstans und Russlands. Obwohl es auf viele wichtige Fragen der supranationalen Regulierung in der Zollunion noch keine endgültigen Antworten gibt und einige Codenummern des EZT unter den Unionsstaaten noch nicht abgestimmt sind, lässt sich schon jetzt die zolltarifliche Regulierung in der Zollunion skizzieren.

A. Rechtliche Grundlagen zur Gründung der Zollunion

Die verfassungsrechtliche Grundlage der wirtschaftlichen Zusammenarbeit zwischen Russland und den anderen Mitgliedstaaten der Zollunion bildet Art. 15 der Verfassung der Russischen Föderation, der die Priorität der Normen völkerrechtlicher Verträge und Abkommen vor dem nationalen Recht erklärt und es möglich macht, Teile der Staatssouveränität an zwischenstaatliche Vereinigungen und ihre Organe, einschließlich den Zwischenstaatlichen Rat der EURASEC und die Kommission der Zollunion, abzutreten.

So beruht der EZT auf völkerrechtlichen Rechtsakten des Zwischenstaatlichen Rats der EURASEC[1] und der Kommission der Zollunion, die im Folgenden aufgezeigt werden sollen.

Der Vertrag „Über die Bildung des einheitlichen Zollgebiets und die Gründung der Zollunion" vom 6. Oktober 2007 (Gründungsvertrag)[2] definiert den Einheitlichen Zolltarif der Zollunion als einen Katalog von Zollsätzen für die aus Drittländern einzuführenden Waren, der nach der Einheitlichen Warennomenklatur der Außenwirtschaftstätigkeit[3] systematisch aufbereitet ist.

Laut dem Gründungsabkommen stellt die Zollunion eine Form der wirtschaftlichen Integration dar, die ein gemeinsames Zollgebiet vorsieht, in

---
[1] Der Zwischenstaatliche Rat der EURASEC besteht aus den Staatsoberhäuptern und Regierungschefs der Mitgliedstaaten.
[2] http://www.tsouz.ru/AboutETS/Pages/default.aspx
[3] Entscheidung der Kommission N 130 (vom 27. November 2009).

dessen Grenzen im gegenseitigen Handel keine Zölle und Abgaben gleicher Wirkung außer Schutz-, Antidumping- und Ausgleichsmaßnahmen erhoben werden. Diese Definition der Zollunion entspricht im Großen und Ganzen den Anforderungen des GATT (Art. XXIV Territoriale Anwendung – Grenzverkehr – Zollunion und Freihandelszonen). Das WTO-Recht verlangt für das Vorliegen einer Zollunion, dass zwei oder mehrere Zollgebiete durch ein einziges Zollgebiet ersetzt werden, und zwar in der Weise:

a) dass die Zölle und die anderen den Außenhandel einschränkenden Bestimmungen (ausgenommen einige erforderliche Beschränkungen) für den Hauptteil des Außenhandels zwischen den Mitgliedstaaten der Union oder zumindest für den Hauptteil des Außenhandels mit den aus diesen Ländern stammenden Erzeugnissen beseitigt werden; sowie

b) dass, im Wesentlichen gleiche Tarife und sonstige Bestimmungen von jedem Mitglied der Union im Handelsverkehr mit Gebieten, die dieser nicht angehören, angewendet werden.

Gem. Art. 6 Gründungsabkommen sind Streitigkeiten bezüglich der Auslegung und Anwendung der Vertragsbestimmungen mittels Konsultationen und Verhandlungen beizulegen. Sofern keine Einigung erzielt werden kann, wird der Fall dem Gerichtshof der EURASEC vorgelegt.

In der Entscheidung des Zwischenstaatlichen Rats der EURASEC N 18 (vom 27. November 2009) wurde festgelegt, dass folgende Rechtsakte seit dem 1. Januar 2010 auf dem Zollgebiet der Zollunion in Kraft treten: Das Abkommen über die einheitliche zolltarifliche Regulierung vom 25. Januar 2008, das Abkommen über die Bedingungen und den Mechanismus der Anwendung von tarifären Quoten vom 12. Dezember 2008; das Protokoll über die Bedingungen und das Verfahren der ausnahmsweisen Anwendung von Einfuhrzollsätzen, die sich von den Zollsätzen des Einheitlichen Zolltarifs unterscheiden, vom 12. Dezember 2008; das Protokoll über die Gewährleistung von Zollvergünstigungen vom 12. Dezember 2008; das Protokoll über das einheitliche System der Zollpräferenzen der Zollunion vom 12. Dezember 2008.

Ebenfalls wurden mit dieser Entscheidung folgende grundlegende Rechtsakte der zolltariflichen Regulierung gebilligt:

– die Einheitliche Warennomenklatur der Außenwirtschaftstätigkeit der Zollunion;

– der Einheitliche Zolltarif der Zollunion;

– Verzeichnis der Entwicklungsländer – als Nutznießer des Systems der tarifären Präferenzen;

– Verzeichnis der am wenigsten entwickelten Länder – als Nutznießer des Systems der tarifären Präferenzen;

- Verzeichnis der Waren aus den Entwicklungsländern und den am wenigsten entwickelten Ländern, bei deren Einfuhr tarifäre Präferenzen gewährt werden;
- Verzeichnis der Waren, auf die innerhalb der Übergangsperiode andere Zollsätze als die des Einheitlichen Zolltarifs Anwendung finden;
- Verzeichnis der sensiblen Waren.

Das Abkommen über die Ausfuhrzölle in Bezug auf Drittländer vom 25. Januar 2008 ist noch nicht in Kraft getreten.

B. Die Bedeutung und Ausgestaltung des Einheitlichen Zolltarifs

Die Präambel des Abkommens über die einheitliche zolltarifliche Regulierung betont unter anderem die Bedeutung des EZT für die wirtschaftliche Integration der Parteien und seine Übereinstimmung mit dem Welthandelsrecht. Laut diesem Abkommen stellt der Einheitliche Zolltarif ein Instrument der Handelspolitik der Zollunion dar. Dessen wichtigste Ziele sind:

1. die Rationalisierung der Struktur der Wareneinfuhr in der Zollunion;
2. die Aufrechterhaltung des ausgewogenen Verhältnisses der Aus- und Einfuhr der Waren;
3. die Schaffung von Bedingungen für progressive Veränderungen in der Struktur der Produktion und des Verbrauchs der Waren in der Zollunion;
4. der Schutz der Wirtschaft der Zollunion vor ausländischer Konkurrenz;
5. die Förderung einer effizienten und breiteren Eingliederung der Zollunion in die Weltwirtschaft.

Damit unterstreicht das Abkommen die wichtige Rolle des EZT bei der Schaffung progressiver Veränderungen in der Produktions- und Verbrauchsstruktur der Waren nicht nur in Russland, sondern auch in anderen Unionsländern. Die Analyse der genannten Ziele des EZT zeigt einen systematischen Zusammenhang zwischen den Vorschriften des nationalen russischen Zolltarifrechts (Gesetz der Russischen Föderation „Über den Zolltarif" vom 21. Mai 1993) und den supranationalen Normen der Zollunion, die in ihrer Zielsetzung und Festlegung des Zolltarifs als Instrument der Handelspolitik fast identisch sind. Darauf bezieht sich auch die Entscheidung des Zwischenstaatlichen Rats N 18 (vom 27 November 2009), die eine Kollisionsnorm für die Anwendung von EZT-Sätzen im nationalen Recht enthält.

Das Abkommen über die einheitliche zolltarifliche Regulierung enthält wichtige Begriffsbestimmungen (Artikel 2), die ein Ergebnis der rechtlichen Institutionalisierung zolltariflicher Regulierung in der Zollunion darstellen. Aus einer vergleichenden Analyse dieser Bestimmungen mit denjenigen aus dem WTO-Recht lässt sich schließen, dass der Zolltarif der Zollunion im Grunde den Anforderungen des GATT/WTO entspricht und es im Bereich zolltariflicher Regulierung keine formellen Hindernisse für einen Beitritt der Unionsländer zur WTO gibt.

Des Weiteren statuiert das Abkommen über die einheitliche zolltarifliche Regulierung (Art. 3 Abs. 2) ein grundlegendes Prinzip der zolltariflichen Regulierung von Zollunionen, demgemäß die Mitgliedstaaten eine einheitliche Tarifpolitik in Bezug auf Waren, die aus dritten Ländern eingeführt werden, durchführen. Die Einfuhrzollsätze des EZT sind einheitlich und dürfen nicht unabhängig von den verbringenden Personen, Arten von Geschäften und anderen Umständen geändert werden.

Wichtig im Zusammenhang mit der Regulierung des EZT ist das Prinzip der Solidarität in internationalen Wirtschaftsbeziehungen.[4] Dieses Prinzip findet ebenfalls im Abkommen über die einheitliche zolltarifliche Regulierung seinen Ausdruck: Gemäß Art. 4 Abs. 2 des Abkommens *vereinbaren* die Parteien die Prinzipien und das Verfahren der Bildung des EZT, einschließlich der Fristen, der Etappen, der gegenseitigen Abstimmung einer Änderung von Einfuhrzollsätzen, der Bedingungen und des Mechanismus der Anwendung von Tarifquoten. Die Ergebnisse der Verhandlungen werden in Protokollen festgehalten und an die Kommission der Zollunion weitergeleitet. Sind alle Parteien sich einig, kann die Kommission die Basisliste des EZT entwickeln bzw. die in der Basisliste enthaltenen Einfuhrzollsätze ändern. In Ausnahmefällen lässt das Abkommen die Anwendung höherer oder niedrigerer Einfuhrzollsätze durch eine der Parteien zu.

C. Tarifäre Vergünstigungen

Art. 5 des Abkommens über die einheitliche zolltarifliche Regulierung regelt tarifäre Vergünstigungen bei Einfuhr der Waren ins Zollgebiet der Zollunion. Bei den Vergünstigungen handelt es sich entweder um eine Befreiung von der Entrichtung der Einfuhrzölle oder um eine Herabsetzung der Einfuhrzollsätze in Bezug auf Waren,

1. die gemäß dem beantragten Zollverfahren unter der zollamtlichen Überwachung eingeführt werden;
2. die als Einlage eines ausländischen Gründers auf das Grundkapital einer im Gebiet der Zollunion ansässigen Gesellschaft eingeführt werden;

---
[4] Dieses Prinzip ist unter anderem im Vertrag über die Europäische Union enthalten.

oder

3. die im Rahmen der internationalen Zusammenarbeit der Mitgliedstaaten im Bereich Forschung und Nutzung des Weltraums sowie auf Grund von Vereinbarungen über die Dienstleistungen beim Start von Raumschiffen eingeführt werden.

Welche Waren bei der Einfuhr aus Drittstaaten von der Entrichtung der Einfuhrzölle befreit sind, regelt Art. 6 des Abkommens über die einheitliche zolltarifliche Regulierung. Über das Verfahren der Befreiung entscheidet die Kommission.

Zur Förderung der wirtschaftlichen Entwicklung in den Entwicklungsländern und den am wenigsten entwickelten Ländern sieht Art. 7 des Abkommens über die einheitliche zolltarifliche Regulierung die Anwendung des Einheitlichen Systems der tarifären Präferenzen der Zollunion vor. Dieses System entspricht den Empfehlungen der UNO in diesem Bereich und ist auf die Realisierung des humanitären Prinzips internationaler Solidarität gerichtet.[5] In Bezug auf Waren aus Entwicklungsländern werden Einfuhrzollsätze in Höhe von 75 Prozent der EZT-Sätze angewandt; die Waren aus den am wenigsten entwickelten Ländern werden gar nicht verzollt. Auf welche Länder und Waren die genannten Präferenzen Anwendung finden, bestimmt die Kommission der Zollunion.

D. Die institutionellen Grundlagen für die zolltarifliche Politik

Die institutionelle Grundlage für die Durchführung der zolltariflichen Politik bilden die supranationalen Normen über die Kommission der Zollunion, die ihrerseits gemäß dem Vertrag „Über die Kommission der Zollunion" vom 6. Oktober 2007 (Vertrag über die Kommission) das zentrale ständige Regulierungsorgan der Zollunion ist. Die Kommission handelt nach den Regeln und Verfahren, die mit der Entscheidung des Zwischenstaatlichen Rates der EURASEC N 15 (vom 27. November 2009) festgelegt worden sind. Als Organ der supranationalen Regulierung in der Zollunion ist die Kommission befugt, im Rahmen ihrer Zuständigkeit für die Unionsstaaten verbindliche Entscheidungen zu treffen. Das Stimmrecht ist wie folgt verteilt: die Republik

---

5 In diesem Kontext hat das Prinzip der internationalen Solidarität eine axiologische Bedeutung (als einer der Werte der UNO), da seine Durchsetzung die Selbstständigkeit, die Unabhängigkeit, die wirtschaftliche und soziale Freiheit der weniger entwickelten Länder fördert. Die internationale Solidarität als Tätigkeit internationaler Akteure ist auf die Erreichung des Friedens, nachhaltige Entwicklung und die Ausmerzung der Armut gerichtet.

Weißrussland 21,5 Prozent, die Republik Kasachstan 21,5 Prozent, die Russische Föderation 57 Prozent. Die Entscheidungen werden mit 2/3-Mehrheit getroffen (außer Entscheidungen in Bezug auf sog. sensible Waren, die im Konsens beschlossen werden müssen).

Nach Art. 8 des Abkommens über die einheitliche zolltarifliche Regulierung ist die Kommission mit Kompetenzen im Zolltarifrecht der Zollunion ausgestattet, insbesondere:

1. zur Führung der Einheitlichen Warennomenklatur;
2. zur Festlegung der Einfuhrzollsätze;
3. zur Einführung von tarifären Quoten und zur Bestimmung des Verfahrens ihrer Verteilung;
4. zur Festlegung des Einheitlichen Systems der tarifären Präferenzen, einschließlich:

    a) das Verzeichnis der Entwicklungsländer – als Nutznießer des Einheitlichen Systems der tarifären Präferenzen der Zollunion;

    b) das Verzeichnis der am wenigsten entwickelten Länder – als Nutznießer des Einheitlichen Systems der tarifären Präferenzen der Zollunion;

    c) das Verzeichnis der Waren aus den Entwicklungsländern und den am wenigsten entwickelten Ländern, bei deren Einfuhr in das Zollgebiet der Zollunion zolltarifliche Präferenzen gewährt werden;

5. zur Bestimmung des Verfahrens der Anwendung der tarifären Vergünstigungen.

Bei der Ausübung ihrer Befugnisse im Bereich zolltariflicher Regulierung hat die Kommission das stabile Funktionieren und eine weitere Entwicklung der Zollunion sicherzustellen. In Zukunft kann der Kommission der Zollunion eine genauso wichtige Bedeutung bei der Entwicklung der Zollunion zukommen wie der Europäischen Kommission im Gefüge der EU. Dabei sollte sie sich in ihrer Tätigkeit auf das Solidaritätsprinzip stützen.

In den Grundsätzen der zolltariflichen Politik 2010 bis 2012, die von der Regierung der Russischen Föderation erlassen wurden, ist die Durchführung der Maßnahmen der zolltariflichen Politik Russlands in erster Linie mit der Tätigkeit der Kommission der Zollunion verbunden. In diesem Zusammenhang erfolgt die weitere Vervollkommnung der Mechanismen der zolltariflichen Politik der Russischen Föderation auf der Basis einer Evaluation von positiven und negativen Erfahrungen in der Tätigkeit der Kommission. Die angestrebte Perfektionierung der Mechanismen setzt eine einheitliche Umsetzung der Entscheidungen der Kommission in allen Mitgliedstaaten voraus.

Ein weiteres Problem des institutionellen Aufbaus in der Zollunion stellt die Anwendung des EZT durch die Zollverwaltungen der Vertragsparteien des Abkommens über die einheitliche zolltarifliche Regulierung dar. Dies macht den Erlass weiterer Rechtsakte der Kommission erforderlich.[6] In diesem Zusammenhang ist zu bemerken, dass der Zollkodex der Zollunion, der am 1. Juli 2010 in Kraft getreten ist (für Weißrussland am 6. Juli 2010), eine supranationale rechtliche Grundlage der Tätigkeit der Zollverwaltungen bildet. Im Zollkodex wurden die Standards des Internationalen Übereinkommens zur Vereinfachung und Harmonisierung der Zollverfahren in der revidierten Fassung von 1999 (Kyoto-Konvention) verankert. So entsprechen zum großen Teil die Normen des Abschnitts 2 „Zollabgaben" des Zollkodex der Zollunion den Regelungen des Kapitels 4 „Abgaben und Steuern" der Allgemeinen Anlage der Kyoto-Konvention.

E. Die Perspektive des WTO-Beitritts

Viele Rechtsfragen wirft auch ein künftiger Beitritt der Unionsstaaten zur Welthandelsorganisation auf. Die WTO bildet den institutionellen Rahmen für das GATT 1994 und die weiteren Übereinkommen (GATS, TRIPS). Um die Erfüllung der WTO-Anforderungen sicherzustellen, sollten mehrere Rechtakte der Zollunion geändert werden. Dies betrifft unter anderem die Höhe von Zollsätzen im EZT der Zollunion. Ferner erfordert der Beitritt zur WTO eine abgestimmte Politik der gesamten Zollunion und der einzelnen Mitgliedstaaten sowie eine Erarbeitung rechtlicher Instrumente zur Gewährleistung der WTO-Verpflichtungen. Es ist aber derzeit festzustellen, dass noch keine Regelungen zu den mit einem Beitritt verbundenen Fragen existieren. Das gilt ebenso für die Freihandelszone im Rahmen der GUS, die noch sehr weit von ihrer Vollendung entfernt ist.

---

6 So wurden am 20. September 2010 das Kontrollverfahren, das Anmeldeverfahren und das Verfahren der Korrektur des Zollwerts von Waren von der Kommission gebilligt (die beiden letzten Rechtsakte sind am 1. Januar 2011 in Kraft getreten).

Rechtsgrundlagen der Zollanmeldung in der Zollunion

Olga Shishkina,
Russische Zollakademie, Moskau, Russland[1]

Eine der Voraussetzungen des Verbringens von Waren und Beförderungsmitteln über die Zollgrenze der Zollunion ist ihre Zollanmeldung. Die Zollanmeldung ist eine Mitteilung vom Zollmelder an die Zollbehörde, die Angaben über die Waren, das ausgewählte Zollverfahren und (bzw. oder) andere Angaben enthält, die für die Überlassung der Waren oder für andere Zwecke gem. Art. 4 N 28 Zollkodex der Zollunion (ZK) notwendig sind.

A. Die Funktionen der Zollanmeldung

Die Zollanmeldung erfolgt durch die Abgabe einer Zollerklärung bei einer Zollbehörde und hat hauptsächlich folgende Funktionen: Versorgung der Zollbehörden mit den für die Zollzwecke notwendigen Informationen über die zu verbringenden Waren und Transportmittel; Bestätigung der Rechtmäßigkeit der Handlungen des Zollanmelders in Bezug auf Waren und Transportmittel; Kontrolle der Anrechnung und Entrichtung der Zollabgaben. Zudem können die im Rahmen der Zollanmeldung an die Zollbehörden mitgeteilten Informationen für Zwecke der Statistik, der Besteuerung oder des Rechtsschutzes weiterverwendet werden. Die Waren sind gemäß Art. 179 Abs. 1 ZK bei der Überführung in ein Zollverfahren oder in anderen im Zollkodex vorgesehenen Fällen anzumelden.

B. Das Anmeldeverfahren nach dem Zollkodex der Zollunion im Vergleich mit dem Zollkodex der Russischen Föderation

Der Zollkodex der Zollunion führt gegenüber den Bestimmungen des Zollkodex der Russischen Föderation (ZKRF) wichtige Änderungen in die Regulierung des Anmeldeverfahrens ein.

---
[1] Die Verfasserin ist Inhaberin des Lehrstuhls für Organisation der Zollkontrollen an der Russischen Zollakademie, Moskau.

I. Das Ansässigkeitsprinzip

Gemäß Art. 368 ZK (Übergangsbestimmungen) gilt bei der Zollanmeldung bis zum Erlass einer Entscheidung des Zwischenstaatlichen Rates der EURASEC (des höchsten Organs der Zollunion) das Ansässigkeitsprinzip: Entsprechend müssen die Zollerklärungen den Zollbehörden desjenigen Mitgliedstaates vorgelegt werden, in dem der Zollanmelder registriert oder ständig ansässig ist. Das bedeutet, dass juristische Personen sowie Einzelpersonen mit Unternehmensstatus Waren nur bei den Zollbehörden des Ansässigkeitsstaates anmelden können. Der Grund dafür liegt in dem Umstand, dass in der Zollunion im Rahmen der EURASEC nur die Zollgesetzgebung der Mitgliedstaaten vereinheitlicht wurde, während andere Rechtsgebiete von der Integration nicht betroffen sind. Die genannte Übergangbestimmung gilt allerdings nicht für natürliche Personen, die Waren für den persönlichen Ge- und Verbrauch verbringen, sowie für das Versandverfahren.

II. Die Form der Zollanmeldung

Die Zollanmeldung wird vom Zollanmelder bzw. Zollvertreter, der im Namen und im Auftrag des Zollanmelders handelt, in schriftlicher und (bzw. oder) elektronischer Form mit Verwendung einer Zollerklärung abgegeben (Art. 179 Abs. 2,3 ZK). Es ist allerdings anzumerken, dass diese Regelung einer Reihe anderer Bestimmungen des Zollkodex widerspricht. So darf nach Art. 98 Abs. 1 ZK der Zollanmelder den Zollbehörden Unterlagen und Angaben in mündlicher, schriftlicher und (bzw. oder) elektronischer Form übermitteln. Gemäß Art. 357 ZK wird für die Zwecke der Zollanmeldung der Waren für den persönlichen Ge- oder Verbrauch das System der roten und grünen Kanäle verwendet. Daraus folgt, dass es tatsächlich nicht zwei, sondern vier Formen der Zollanmeldung gibt.

III. Die Arten der Zolldeklaration

Neu sind im Zollkodex vier Arten der Zolldeklaration: Warendeklaration, Transitdeklaration, Fahrgastdeklaration sowie Transportmitteldeklaration. Formulare und Anweisungen dazu sind gemäß der Entscheidung der Kommission N 257 (vom 21. Mai 2010) ab dem 1. Januar 2010 im ganzen Zollgebiet der Zollunion verpflichtend geworden. Laut der Entscheidung der Kommission N 263 (vom 20. Mai 2010) können Transport-, Versand- bzw. Geschäftsunterlagen zusammen mit einer schriftlichen Erklärung oder Liste der Waren als Warendeklaration bei der Zollanmeldung vorgelegt werden. Eine schriftliche Erklärung ist z.B. bei Expressfrachten und eine Liste der Waren ist bei solchen Waren, die vorübergehend für religiöse, kulturelle, sportliche und ähnliche Zwecke ein- oder ausgeführt werden, vorzulegen.

Gemäß Art. 180 ZK ist eine schriftliche Deklaration zusammen mit einer elektronischen Kopie vorzulegen, soweit im Zollkodex der Zollunion, in einer Entscheidung der Kommission bzw. in der nationalen Gesetzgebung der Mitgliedstaaten nichts anderes bestimmt ist. Keine elektronische Kopie ist insbesondere für die Fahrgastdeklaration, die Transportmitteldeklaration, die schriftliche Erklärung bzw. die Liste der Waren vorgesehen.

IV. Die für die Zollerklärung erforderlichen Angaben

Der Zollkodex der Zollunion regelt detailliert die Angaben, die in den Zollerklärungen enthalten sein sollen (Art. 180-182 ZK) und listet die benötigten Unterlagen abschließend auf (Art. 183 ZK):

1. Vollmacht;
2. Geschäftsunterlagen;
3. Transport- bzw. Versandunterlagen;
4. Nachweise der Einhaltung von Verboten und Einschränkungen;
5. Nachweise der Einhaltung von Beschränkungen im Zusammenhang mit der Anwendung von Schutz-, Antidumping- und Ausgleichsmaßnahmen;
6. Ursprungsnachweise;
7. Unterlagen, aufgrund deren die Warencodes der Einheitlichen Nomenklatur der Außenhandelstätigkeit der Zollunion angegeben wurden;
8. Nachweise der Abgabenentrichtung;
9. Nachweise für partielle oder vollständige Befreiung von der Abgabenentrichtung bzw. Vergünstigungen bei der Abgabenentrichtung;
10. Nachweise für Friständerung der Abgabenentrichtung;
11. Unterlagen, die den angemeldeten Zollwert und die ausgewählte Methode der Zollwertfeststellung nachweisen;
12. Nachweise der Einhaltung der Währungskontrollanforderungen;
13. Dokument über die Registrierung und nationale Zuordnung des Transportmittels der internationalen Beförderung im Fall des Versandverfahrens.

Diese Liste kann nach der Zollgesetzgebung der Zollunion und der Zollgesetzgebung der Mitgliedstaaten gekürzt werden. Falls die genannten Unterlagen einige in der Zollerklärung enthaltenen Angaben nicht nachweisen, sind zusätzliche Unterlagen, aufgrund deren die Zollerklärung ausgefüllt ist, einzureichen. Bei der Überführung der Waren ins Ausfuhrverfahren ohne Erhebung von Ausfuhrzöllen müssen lediglich die Nr. 1, 2, 5, 8, 9, 13 und, falls vorhanden, Nr. 3 vorgelegt werden. Alle Unterlagen können nach der Maßgabe des Zollkodex in elektronischer Form eingereicht werden; das Verfahren bestimmt sich dabei nach der Zollgesetzgebung der Zollunion.

V. Die Fristen für die Zollanmeldung

Auch die Fristen für die Zollanmeldung werden durch den Zollkodex neu geregelt. Nunmehr muss man eine Zollerklärung für Einfuhrwaren bis zum Ablauf der Frist der vorübergehenden Verwahrung und für Ausfuhrwaren bis zu deren Ausfuhr aus dem Zollgebiet der Zollunion einreichen. Für anmeldepflichtige Waren, die Mittel oder Gegenstand einer Ordnungswidrigkeit bzw. Straftat gewesen sind, gilt eine 30-Tage-Anmeldefrist, die mit demjenigen Tag, an dem das Gerichtsurteil bzw. die Entscheidung der Zollbehörde rechtskräftig geworden ist, zu laufen beginnt.

VI. Der Zollanmelder

Der Begriff „Zollanmelder" wird im Zollkodex ausführlicher geregelt. Zollanmelder können folgende Personen sein:

1. In einem Mitgliedstaat der Zollunion ansässige Personen,
   - die einen außenwirtschaftlichen Vertrag geschlossen haben oder in deren Namen dieser Vertrag geschlossen wurde;
   - die ein Besitz-, Nutzungs- und (bzw. oder) Verfügungsrecht über die Waren haben, ohne einen außenwirtschaftlichen Vertrag zu schließen.
2. Ausländische Personen:
   - Natürliche Personen, die Waren für den persönlichen Ge- und Verbrauch verbringen;
   - Personen, die Zollvergünstigungen genießen;
   - Organisationen, die eine Vertretung in einem Mitgliedstaat der Zollunion haben, bei der Überführung der Waren in die vorübergehende Einfuhr, in das Reexportverfahren bzw. in den freien Verkehr für den eigenen Ge- und Verbrauch;
   - Personen, die zwar Verfügungsrechte über die Waren haben, aber nicht im Rahmen eines Geschäfts, bei dem eine der Parteien eine in einem Mitgliedstaat ansässige Person ist.
3. Im Falle einer Anmeldung der Waren für das Versandverfahren die unter 1. und 2. genannten Personen sowie der Beförderer bzw. Zollbeförderer und der Expeditor, wenn er in einem Mitgliedstaat ansässig ist.

In praktischer Hinsicht sind die neuen Normen über die Verantwortlichkeit des Zollanmelders wichtig. Gemäß Art. 189 ZK trägt der Zollanmelder die

Verantwortung für die Einhaltung sämtlicher Verpflichtungen aus Art. 188 ZK sowie für die Richtigkeit der in der Anmeldung gemachten Angaben. Da die Zollkontrollen in Form von Stichprobenkontrollen erfolgen, trägt der Zollanmelder die Verantwortung unabhängig davon, ob eine Zollbeschau durchgeführt wurde oder nicht.

VII. Die Registrierung der Zolldeklaration

Das Datum und die Zeit der Abgabe der Zolldeklaration, ihrer elektronischen Kopie sowie anderer Unterlagen wird von der Zollbehörde fixiert. Die Zollbehörde registriert oder verweigert die Registrierung der Zolldeklaration innerhalb von nicht mehr als zwei Stunden ab der Abgabe der Zolldeklaration. Das Verfahren wird näher in der Entscheidung der Kommission N 262 (vom 20. Mai 2010) bestimmt.

Die Zollbehörde verweigert die Registrierung der Zolldeklaration, wenn die Zollerklärung bei einer unzuständigen Behörde oder von einer nicht bevollmächtigten Person eingereicht wurde bzw. wenn die Zolldeklaration die nach Art. 180 – 182 ZK erforderlichen Angaben nicht enthält bzw. nicht unterschrieben oder nicht korrekt gefertigt ist bzw. wenn in Bezug auf Waren solche Handlungen, deren Vornahme gemäß Zollkodex vor oder zusammen mit der Zollanmeldung erforderlich ist, nicht vorgenommen wurden.

Hier sieht der Zollkodex der Zollunion wesentliche Neuerungen im Verhältnis zum Zollkodex der Russischen Föderation vor. Die Verweigerung der Registrierung muss schriftlich begründet werden, und die Zolldeklaration muss zusammen mit anderen Unterlagen an den Zollanmelder bzw. Zollvertreter zurückgegeben werden. Zudem gilt eine nicht registrierte Zolldeklaration für die Zollzwecke als nicht eingereicht.

VIII. Die Berichtigung und der Widerruf der Zolldeklaration

Bei der Berichtigung der Zolldeklaration unterscheidet Art. 191 ZK zwischen zwei Tatbeständen: Vor der Überlassung der Waren und nachher. Vor der Überlassung der Waren können die Angaben, die in der Zolldeklaration enthalten sind, auf schriftlichen Antrag des Anmelders mit der Bewilligung der Zollbehörde geändert oder ergänzt werden, wenn die beiden folgenden Bedingungen erfüllt sind, nämlich 1. die vorzunehmenden Änderungen und Ergänzungen die Entscheidung über die Überlassung der Waren nicht beeinflussen können und Angaben über den Zollwert (außer Zollwertkorrekturen) sowie über die Einhaltung der Verbote und Beschränkungen nicht betreffen; 2. zum Zeitpunkt der Anfrage die Zollbehörde den Anmelder über die Zeit und den Ort der Zollbeschau nicht unterrichtet und (bzw. oder) keine anderen Zollkontrollen angeordnet hat. Nach der Überlassung der Waren bestimmt sich das Berichtigungsverfahren nach der Entscheidung der Kommission N 255 (vom 20. Mai 2010).

Das Widerrufsverfahren wurde im Vergleich mit dem Zollkodex der Russischen Föderation geändert. Eine registrierte Zolldeklaration kann auf schriftlichen Antrag des Zollanmelders vor der Überlassung der Waren widerrufen werden. Anders als es im Art. 134 ZKRF vorgesehen wurde, ist es nicht mehr notwendig, die Waren in ein anderes Zollverfahren zu überführen. Beim Widerruf ist eine neue Zolldeklaration innerhalb der Frist der vorübergehenden Verwahrung einzureichen.

Für Zollunionswaren kann eine Zolldeklaration vor dem tatsächlichen Abgang der Waren aus dem Zollgebiet, u.a. nach der Überlassung der Waren, widerrufen werden. Beim Widerruf der Zolldeklaration für Zollunionswaren ist der Ort, an dem sich die Waren befinden, anzugeben. Der Widerruf wird bewilligt, wenn die Zollbehörde zuvor keine Zollbeschau angekündigt hat bzw. keine verwaltungs- oder strafrechtlichen Verstöße gegen die Zollgesetzgebung festgestellt hat. Eine Zolldeklaration kann auch nach der Durchführung einer Zollbeschau widerrufen werden, wenn die Zollbehörde im Rahmen der Zollbeschau keine verwaltungs- oder strafrechtlichen Verstöße gegen die Zollgesetzgebung festgestellt hat.

IX. Die Vorab-Anmeldung

Wie auch der Zollkodex der Russischen Föderation (Art. 130), sieht der Zollkodex der Zollunion in Art. 193 die Möglichkeit der Vorab-Anmeldung vor. Für ausländische Waren kann eine Zolldeklaration vor dem Verbringen ins Zollgebiet der Zollunion eingereicht werden. Falls für die Zollzwecke Versand-, Transport- oder Geschäftsunterlagen übermittelt werden müssen, nimmt die Zollbehörde die vom Anmelder beglaubigten Kopien dieser Unterlagen oder Angaben aus diesen Unterlagen in elektronischer Form an und vergleicht nach der Gestellung der Waren die in den Kopien enthaltenen Angaben mit den Angaben aus den Originalunterlagen.

Im Unterschied zum bisherigen Verfahren können bei der Vorab-Anmeldung diejenigen Angaben fehlen, die ihrem Charakter nach bis zur Einfuhr der Waren in das Zollgebiet der Zollunion und (bzw. oder) ihrer Gestellung dem Anmelder nicht bekannt sein können. Solche Angaben sind vor der Überlassung der Waren gemäß der Entscheidung der Kommission N 256 (vom 20. Mai 2010) in die Zollerklärung einzutragen.

Falls sich solche Merkmale wie der Wert, die Anzahl oder die Masse der angemeldeten Waren im Zeitraum von der Vorab-Anmeldung bis zu ihrer Gestellung ändern, sind Nachweise dafür einzureichen. Außerdem darf der Zollanmelder in diesem Fall die Zolldeklaration widerrufen.

Wenn die Waren der Zollbehörde, die die Zolldeklaration registriert hat, oder einer anderen Zollbehörde nach der Gesetzgebung des Mitgliedstaates innerhalb von 30 Tagen seit dem Tag, an dem die Zolldeklaration registriert wird, nicht gestellt werden oder innerhalb dieser Frist Verbote und Beschränkungen eingeführt werden, setzt die Zollbehörde die Überlassung solcher Waren aus.

X. Besonderheiten der Zollanmeldung

Für bestimmte Waren- und Personenkategorien bestimmt Art. 194 ZK einige Besonderheiten der Zollanmeldung, insbesondere 1. wenn der Zollanmelder über die genauen Angaben, die für die Zollanmeldung erforderlich sind, nicht verfügt; 2. beim regelmäßigen Verbringen von Waren durch ein und dieselbe Person innerhalb einer bestimmten Zeitperiode; 3. beim Verbringen in Rohr- und Starkstromleitungen; 4. beim Verbringen von Waren in auseinandergebautem oder nicht zusammengebautem Zustand innerhalb einer bestimmten Zeitperiode. In diesen Fällen gilt ab dem 29. Dezember 2010 das Gesetz der Russischen Föderation N 311-FS „Über die Zollregulierung" (ZollRG).

Verfügt der Zollanmelder selbst nicht über alle Informationen, die für die Ausfüllung der Zolldeklaration erforderlich sind, so ist eine unvollständige Zolldeklaration einzureichen. Eine unvollständige Zolldeklaration sollte allerdings folgende Mindestangaben enthalten: Angaben, die für die Überlassung der Waren erforderlich sind; Angaben, die die Einhaltung der Verbote und Beschränkungen nachweisen; Angaben, die für die Anrechnung und Entrichtung von Zollabgaben erforderlich sind; Angaben, die die Einhaltung der Beschränkungen gemäß der Gesetzgebung der Russischen Föderation über die staatliche Regulierung der Außenhandelstätigkeit bestätigen; Angaben, die es erlauben, Waren zu identifizieren.

Somit versteht man unter der unvollständigen Zollanmeldung die Einreichung einer Zolldeklaration für ausländische und russische Waren unter der Verpflichtung, die fehlenden Angaben der Zollbehörde zu einem späteren Zeitpunkt nachzureichen. Bei der unvollständigen Zollanmeldung verpflichtet sich der Anmelder in schriftlicher Form, fehlende Angaben innerhalb der von der Zollbehörde festgesetzten Frist nachzureichen. Für ausländische Waren darf diese Frist 45 Tage nicht überschreiten. Bei der Festsetzung der Frist für russische Waren werden Transport-, Navigations- und andere Bedingungen berücksichtigt; die Frist darf allerdings auch dann acht Monate nicht überschreiten.

Beim regelmäßigen Verbringen über die Zollgrenze von ein und derselben Ware durch ein und dieselbe Person ist die Abgabe einer periodischen Zolldeklaration innerhalb einer Zeitperiode, die 30 Kalendertage nicht überschreitet, erlaubt (Art. 213 ZollRG). Diese Art der Zollanmeldung ist sowohl für

Wirtschaftsbeteiligte als auch für Zollbehörden attraktiv. Für die Wirtschaftsbeteiligten bedeutet dieses vereinfachte Verfahren eine wesentliche Beschleunigung bei der Überlassung der Waren sowie der Erledigung anderer Formalitäten. Außerdem erlaubt die periodische Zollanmeldung den Zollbehörden, vorhandene Ressourcen rational einzusetzen und gezielt Kontrollen durchzuführen.

Art. 214 ZollRG führt die vorläufige periodische Zollanmeldung von Ausfuhrwaren ein. Werden aus dem Zollgebiet der Zollunion solche Waren ausgeführt, über deren Anzahl und (bzw. oder) Zollwert keine genauen Angaben gemacht werden können, so ist ihre vorläufige periodische Zollanmeldung mittels der Abgabe einer vorläufigen Zollerklärung zulässig.

Des Weiteren sieht Art. 215 ZollRG vor, dass Waren, die im auseinandergebauten oder nicht zusammengebauten Zustand innerhalb einer bestimmten Zeitperiode in mehreren Partien ein- oder ausgeführt werden, vom Anmelder unter Angabe eines Warencodes angemeldet werden können. Aus Rücksicht auf Zeit- und Finanzressourcen ist die Anmeldung mehrerer Güterpartien, die aus unterschiedlichen Waren bestehen, im Normalverfahren für die Wirtschaftsteilnehmer sehr belastend und aus staatlicher Sicht nicht gerechtfertigt. Daher führt das Gesetz die Anmeldung solcher Waren unter einer Tarifcodenummer ein. Damit wird das Anmeldeverfahren wesentlich erleichtert und beschleunigt. Die Angaben über die Warenbezeichnung und die Anzahl aller Waren in einer Güterpartie werden in Form einer Liste eingereicht, die ein wesentlicher Bestandteil der Zolldeklaration ist. Falls auf einige Waren aus einer Güterpartie Beschränkungen gemäß der Gesetzgebung über die staatliche Regulierung der Außenhandelstätigkeit Anwendung finden, befreit die Zollanmeldung unter einem Warencode den Anmelder nicht von der Einhaltung solcher Beschränkungen. Im diesem Fall kann die Zollbehörde genauere Angaben über einige Waren verlangen.

Schließlich ist zu bemerken, dass die Besonderheiten der verschiedenen Formen der Zollanmeldung und deren praktischen Anwendung es den Zollorganen erlauben, ihre Ressourcen bei der Durchführung der Zollkontrollen wirksamer einzusetzen. Das wird die Philosophie der Zollverwaltung verändern.

Frei- und Sonderwirtschaftszonen in der Zollunion am Beispiel der Sonderwirtschaftszone im Kaliningrader Gebiet der Russischen Föderation

*Dmitriy Savkin,
Nordwestliche Akademie für Staatsdienst,
Filiale Kaliningrad, Russland /
Dmitriy Chemakin,
Kaliningrader Handels- und Industriekammer, Russland*

A. Einleitung

Eine Untersuchung der rechtlichen Regelungen über Frei-, Sonder-, Spezial- oder Zollzonen, die zurzeit in der Russischen Föderation, der Republik Weißrussland und der Republik Kasachstan[1] existieren, lässt die Schlussfolgerung zu, dass die Gesetzgebung, welche die Bildung, das Funktionieren und die Auflösung dieser Zonen bestimmt, in allen drei Ländern unterschiedlich ist.

Nach der 1973 erfolgten Unterzeichnung der Kyoto-Konvention, welche die Freizone als eine Art von Außenhandelsenklave definierte, in der die sich dort befindenden Waren als außerhalb des nationalen Zollgebiets befindlich gelten, hat die weltweite Praxis von Freizonen eine bemerkenswerte Entwicklung genommen. Die „Familie" der Freizonen wurde durch eine Gruppe von Zonen ergänzt, die weder den Zollexterritorialitätsstatus noch eine außenwirtschaftliche Spezialisierung aufweisen. Der Begriff „Freizone" vereinigt heutzutage ein breites Spektrum an institutionellen Erscheinungen, deren gemeinsames Merkmal Präferenzen sind. Sie werden vom Staat in der Regel im Kontext einer selektiven Liberalisierung des Investitionsklimas verwendet, um bestimmte Wirtschaftsaktivitäten zu fördern.

B. Die rechtliche und wirtschaftliche Entwicklung des Kaliningrader Gebiets

Das Kaliningrader Gebiet ist das einzige Subjekt der Russischen Föderation, das vom übrigen Staatsgebiet durch das Territorium ausländischer Staaten

---
1 Analytischer Bericht über Sonderwirtschaftszonen Weißrusslands und Kasachstans der Kaliningrader Handels- und Industriekammer: www.kaliningrad–cci.ru.

und internationale Gewässer vollständig abgetrennt ist. Dies hatte Anfang der 1990er Jahre zur Folge, dass die wirtschaftliche Entwicklung des Gebietes im Vergleich zum übrigen Hoheitsgebiet Russlands deutlich rückständig war (Produktionsrückgang, Preisanstieg, Senkung der Außenhandelsaktivitäten etc.). Die spezifische geographische Lage und die Notwendigkeit der Sicherstellung von politischen (u.a. Verteidigungs-) Interessen in der Region sowie der Entwicklung der Außenwirtschaftsbeziehungen und der Wirtschaft des Gebietes waren die Rahmenbedingungen für eine eigenartige Beziehung zentraler Regierungsorgane zu diesem Gebiet. Dies hat in folgenden Rechtsakten Ausdruck gefunden:

1. Die Verordnung des Obersten Sowjets der RSFSR N 106-1 „Über die Bildung der Zone des freien Unternehmertums" (vom 14. Juli 1990);

2. die Verfügung des Präsidenten des Obersten Sowjets der RSFSR N 1356-1 „Über den wirtschaftlich-rechtlichen Status der Freiwirtschaftszone im Kaliningrader Gebiet" (vom 3. Juli 1991);

3. der Erlass des Präsidenten der Russischen Föderation N 1625 „Über die Gewährleistung der außenwirtschaftlichen Bedingungen für die Entwicklung des Kaliningrader Gebiets" (vom 23. Dezember 1992);

4. der Erlass des Präsidenten der Russischen Föderation N 2117 „Über das Kaliningrader Gebiet" (vom 7. Dezember 1993).

Wenn Anfang der 1990er Jahre der Rückgang der Produktion in der Region dreimal so groß wie im übrigen Russland war, so wurde mit der Bildung der Freiwirtschaftszone der Produktionsrückgang um mehr als den Faktor 2,5 verringert. Die Tendenz der Veränderung des Bruttonationaleinkommens im Kaliningrader Gebiet wird im folgenden Diagramm veranschaulicht. Mit 100 Prozent wird der Betrag des Bruttoregionaleinkommens im Jahre 1994 angesetzt.

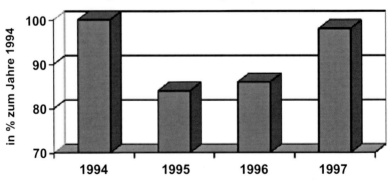

Änderungen des Bruttoregionaleinkommens

Mit dem Erlass des Präsidenten der Russischen Föderation N 244 (vom 6. März 1995) wurden bestehende Zollvergünstigungen für das Kaliningrader Gebiet aufgehoben. Dies hatte einen heftigen Preisanstieg zur Folge. Der Außenhandelsverkehr sank schon im zweiten und dritten Quartal 1995 um 15 Prozent im Vergleich zum ersten Quartal (also bis unmittelbar vor Aufhebung der Zollvergünstigungen), während die Preise für Einfuhrwaren schon im Juli 1995 um 24 Prozent anstiegen. Im August 1995 sank die Einfuhr einiger Warengruppen um 20 bis 30 Prozent, darunter Treibstoff um den Faktor 1,2, Butter um den Faktor 8,8, Hühnerfleisch um den Faktor 5,6. Das hatte katastrophale Auswirkungen für das Gebiet, denn infolge der Besonderheiten der föderalen Arbeitsaufteilung zwischen den Subjekten der Russischen Föderation importierte das Kaliningrader Gebiet bis dahin 90 Prozent der Rohstoffe und der Zulieferungsprodukte für die regionalen industriellen Unternehmen und exportierte 70 Prozent der dort hergestellten Produktion.

Auch die Politik der Grenzstaaten Weißrussland und Litauen in Bezug auf den Transit von Warenlieferungen und Energie über ihre Territorien verschlechterte die Situation des Kaliningrader Gebiets. Litauen übte einen starken wirtschaftlichen Druck auf das Gebiet aus. So führte es direkte und indirekte Zuschläge sowie Sicherheitsleistungspflichten für den Gütertransit ein, beschränkte militärische Frachtströme und forderte eine obligatorische Polizeibegleitung der Transporte über sein Territorium. Dies alles hat dazu geführt, dass der Preis der Ein- und Ausfuhrwaren um sieben Prozent stieg und viele Investitionsprojekte nicht durchgeführt werden konnten. Insgesamt hat das Gebiet im Jahre 1995 etwa 40 Mio. Dollar Investitionsverlust erlitten.

Um die Lage in der Region zu verbessern, wurde der Entwurf eines Gesetzes „Über die Sonderwirtschaftszone im Kaliningrader Gebiet"[2] ausgearbeitet. Der Gesetzentwurf wurde angenommen, und das Gesetz trat im Jahre 1996 in Kraft. Welche Auswirkungen hatte es für die Wirtschaft des Kaliningrader

---

2 Das Föderale Gesetz N 13-FS „Über die Sonderwirtschaftszone im Kaliningrader Gebiet" vom 26. Januar 1996.

Gebiets? Erstens erlaubte das Gesetz, das Wirtschaftspotenzial der letzten 45 Jahre aufrechtzuerhalten. Zweitens wurden abgebrochene Wirtschaftsbeziehungen zwischen den Unternehmen aus dem Kaliningrader Gebiet und aus dem restlichen Russland sowie den ehemaligen Sowjetrepubliken durch den Import der Waren wiederbelebt. Drittens sank die Arbeitslosigkeit in der Region, da viele kleine Unternehmen ihre „Nische" in der Außenwirtschaft fanden.

Mit dem Inkrafttreten des Gesetzes wuchs die Zahl der in der Region abgegebenen Zollerklärungen sowie der Export-Import-Aktivitäten in den beiden nachfolgenden Jahren. Auch die Folgen der Finanzkrise 1998 wurden dadurch gemildert: Während das Importvolumen in Russland 1999 im Vergleich mit dem vorherigen Jahr insgesamt um 30,2 Prozent sank, wuchs das Einfuhrvolumen im Kaliningrader Gebiet um das 1,56fache (auch dies machte allerdings nur 67,42 Prozent des Importvolumens des Jahres 1997 aus).

Bis zum Jahre 2005 war das genannte Gesetz einer von zwei Rechtsakten,[3] welche die Sonderwirtschaftszonen (SWZ) in Russland regelten. Im Zollgesetzbuch der Russischen Föderation aus dem Jahre 2003 gab es diesbezüglich nur eine Verweisungsnorm: Gemäß Art. 2 Zollgesetzbuch dürfen sich auf dem Territorium der Russischen Föderation Sonderwirtschaftszonen befinden, die einen Teil des Zollgebiets der Russischen Föderation darstellen.

Im Jahre 2005 wurde das Gesetz „Über Sonderwirtschaftszonen in der Russischen Föderation"[4] verabschiedet, das heutzutage die wichtigste Rechtsgrundlage für die Gründung, das Funktionieren und die Auflösung der Sonderwirtschaftszonen in Russland ist. Das Gesetz bestimmt Typen von Sonderwirtschaftszonen (industriell-produzierende und technisch-einführende) sowie deren zulässige Größe (bis zwanzig bzw. bis zwei Quadratkilometer). Die Größe der Sonderwirtschaftszone im Kaliningrader Gebiet ist mit der Größe des Gebiets identisch.

Die neue Fassung des Gesetzes über die SWZ im Kaliningrader Gebiet wurde im Jahre 2006 angenommen. Zurzeit sind in der SWZ faktisch 47 Unternehmen tätig, davon 18 mit einer hundertprozentigen ausländischen Beteiligung. In der Zeit von 2005 bis 2009 wurden von den SWZ-Inländern insgesamt Abgaben in Höhe von etwa 4,6 Mrd. Rubel zugunsten der Staatskasse entrichtet. Der Wert der verladenen Waren sowie der erbrachten Dienstleistungen und Arbeiten von SWZ-Inländern lag im Jahre 2009 unter einer Milliarde Dollar (27,7 Mrd. Rubel). Dank Investoren wurden mehr als fünftausend Arbeits-

---

3 Ein weiteres Gesetz regelt die Sonderwirtschaftszone im Magadaner Gebiet (Föderales Gesetz N 104-FS vom 31. Mai 1999).
4 Föderales Gesetz N 116-FS vom 22. Juli 2005.

plätze geschaffen. Jedoch ist diese Zahl sogar für die Stadt Kaliningrad mit rund 500.000 Einwohnern für sich genommen zu gering.[5]

C. Änderungen infolge der Gründung der Zollunion

Die exportorientierte Wirtschaft des Kaliningrader Gebiets erlebte somit bis zum Zeitpunkt der Bildung der Zollunion Russlands, Weißrusslands und Kasachstans aufgrund der instabilen Gesetzgebung viele Erschütterungen. Das Abkommen „Über die Fragen der Frei- und Sonderwirtschaftszonen im Zollgebiet der Zollunion und des Zollverfahrens der Freizollzone", das im Rahmen der Zollunion am 18. Juni 2010 angenommen wurde, führte wieder neue Regeln ein.

Die Überführung von ausländischen Waren in das Zollverfahren der Freizollzone auf dem Territorium der Kaliningrader SWZ erfolgt nach den Regelungen des Zollkodex der Zollunion und des genannten Abkommens; das Gesetz über die Kaliningrader SWZ sowie andere nationale Rechtsakte gelten ergänzend. Das Abkommen stellt fest, dass man im Rahmen des Zollverfahrens der Freizollzone Waren, die aus ausländischen Waren hergestellt und nicht außerhalb des Zollgebiets der Zollunion ausgeführt werden, in das Zollverfahren Reimport bzw. in den freien Verkehr überführen kann. Als Dokument, das den Status der Zollunionwaren bestätigt, gelten vorübergehend Ursprungszertifikate der Kaliningrader Industrie- und Handelskammer.

Das Inkrafttreten des Zollkodex der Zollunion und die Annahme des Abkommens verschlechterten am Anfang die Rechtslage der Wirtschaftsbeteiligten im Kaliningrader Gebiet. Der größte Teil der Probleme hängt mit der ungenügenden Vorbereitung der normativen Rechtsakte zusammen. Über einige Rechtsakte, wie z. B. das Abkommen über den Warentransit, wird im Rahmen der Zollunion noch verhandelt.

Manche Probleme wurden bereits von der föderalen bzw. regionalen Regierung unter Beteiligung von Vertretern aus Wissenschaft und Wirtschaft gelöst. Zugleich wurden viele exportorientierte Projekte wegen der faktischen Aufhebung der Exportzollvergünstigungen eingestellt. Die einzige Ausnahme stellt der Export von Raps dar. Die regionale Regierung hat für das Jahr 2010 geplant, bis zu 80 Prozent dieser in der Region am meisten verbreiteten Kulturpflanze nach außerhalb der Zollunion zu exportieren.[6]

Die Sonderwirtschaftszone im Kaliningrader Gebiet wurde auf dem Territorium eines Subjektes der Russischen Föderation – des Kaliningrader Gebiets

---

5 http://www.gazeta.ru/financial/2010/05/17/3369351.shtml.
6 http://www.rg.ru/2010/08/03/torgovlya.html.

– geschaffen. Die seit dem Jahre 1991 gesammelten Erfahrungen dieser Sonderwirtschaftszone sind gerade auch für die zollrechtliche Perspektive von Bedeutung. Sie betreffen die Organisation von Kontrollen über die Rechtmäßigkeit der Ausfuhr von Waren aus der Kaliningrader Enklave in das übrige Territorium der Russischen Föderation. Auch nach der Gründung der Zollunion bleibt das Kaliningrader Gebiet eine Enklave, allerdings nicht nur für die Russische Föderation, sondern auch für die gesamte Zollunion, und erfordert nach wie vor eine besondere Regulierung.

Rechtliche Aspekte der Informationszusammenarbeit der Zollbehörden der Mitgliedstaaten der Zollunion im Bereich der Devisenkontrolle

Dr. Vladislav Ponamorenko,[1]/Dr. Denis Korovyakovskiy,[2]
Russische neue Universität, Moskau, Russland

A. Regelungsbedarf im Bereich der Devisenpolitik

Die Entwicklung einer einheitlichen Währungspolitik bekommt mit dem Inkrafttreten des Zollkodex der Zollunion und der Schaffung eines gemeinsamen Zollgebiets Russlands, Weißrusslands und Kasachstans neue Impulse. Notwendig wird eine Konvergenz sowohl der Zoll- als auch der Währungsgesetzgebung im Rahmen der Zollunion. In erster Linie sollten in dieser Hinsicht folgende Fragen rechtlich geregelt werden:

- Repatriierung des Devisenerlöses von Deviseninländern der Mitgliedstaaten;
- Vereinheitlichung der Verfahren und Standardisierung der dokumentarischen Grundlage der zollamtlichen Devisenkontrolle;
- Informationsaustausch der Zollbehörden untereinander und mit den nationalen Banken der Mitgliedsländer;
- einheitliche Herangehensweise im Bereich der Verwaltungs- und Strafverantwortlichkeit für Verstöße gegen die Devisengesetzgebung.

Die rechtliche Sicherstellung der Informationszusammenarbeit stellt eine wichtige Komponente der Devisenkontrolle dar, die neben anderen Faktoren zu einer effizienten Kontrolle beiträgt. Insbesondere ermöglicht die Informationszusammenarbeit im Bereich der Devisenkontrolle, Entscheidungsverfahren zu beschleunigen und die Effektivität der Kontrollmaßnahmen zu

---

[1] Der Verfasser ist stellvertretender Dekan der Juristischen Fakultät der Russischen neuen Universität, Moskau, und Leiter der Arbeitsgruppe zur Untersuchung der rechtlichen Regulierung der Integrationsverhältnisse im postsowjetischen Raum im Rahmen der Forschungsförderung des Ministeriums für Wissenschaft und Bildung der Russischen Föderation.

[2] Der Verfasser ist Inhaber des Lehrstuhls für Zollwesen der Juristischen Fakultät der Russischen neuen Universität, Moskau, und Leiter der Arbeitsgruppe zur Untersuchung der rechtlichen Regulierung der Integrationsverhältnisse im postsowjetischen Raum im Rahmen der Forschungsförderung des Ministeriums für Wissenschaft und Bildung der Russischen Föderation.

steigern. Die sinnlose Verdoppelung bereits bestehender Befugnisse von Behörden und Agenten der Devisenkontrolle wird damit entbehrlich.

Bei der Entwicklung des Informationsaustausches im Rahmen der Zollunion sollte allerdings die Tatsache berücksichtigt werden, dass die Zusammenarbeit der Zollbehörden mit anderen Institutionen sogar innerhalb des einheimischen Systems der Devisenkontrolle überhaupt erst vor kurzem schärfere Konturen bekommen hat. Es ist offensichtlich, dass den Rechts- und Informationssystemen der drei Staaten erhebliche Schwierigkeiten bevorstehen. Daher ist es von besonderer Bedeutung, dass die institutionellen Grundlagen in Gestalt von koordinierenden supranationalen Organen der Devisenregulierung und Devisenkontrolle sowie in Form der Zusammenarbeit zwischen den nationalen und supranationalen Organen gewährleisten, dass die inneren und äußeren Devisenkontrollen in der Zollunion näher ausgestaltet werden

B. Die Informationszusammenarbeit im Rahmen der Zollunion

Erforderlich ist, die Zusammenarbeit der Subjekte der Devisenkontrolle im Kontext des allgemeinen Zollunion-Informationssystems sowie die allgemeinen Mechanismen der Zusammenarbeit der Zollbehörden untereinander zu betrachten.

Am 27. November 2009 hat der Zwischenstaatliche Rat der EURASEC das Integrierte Informationssystem des Außen- und Binnenhandels der Zollunion gebilligt. Das Integrierte Informationssystem wird entwickelt, um eine wirksame Regulierung des Außen- und Binnenhandels im Zollgebiet der Zollunion sowie die Durchführung von Zoll-, Steuer-, Transport- und anderen Staatskontrollen unter Ausnutzung der Informations- und Telekommunikationstechnologien beim Verbringen von Waren und Beförderungsmitteln über die Zollgrenze sicherzustellen.

Zur Erfüllung dieses Ziels wurden folgende Aufgaben festgelegt:

– Bildung und Führung des einheitlichen Informationssystems des Außen- und Binnenhandels der Zollunion;

– Bildung einer integrierten Informationsstruktur des zwischenstaatlichen Datenaustausches im Zollgebiet der Zollunion;

– Bildung gemeinsamer Informationsressourcen;

– Organisation der Informationszusammenarbeit der Organe der Mitgliedstaaten, um die vollständige Entrichtung von Zöllen, Steuern und Abgaben sicherzustellen;

- Informationsgewinnung für die Überwachung des internationalen Zolltransits;
- Sicherstellung der Vorab-Anmeldung sowie der elektronischen Zollanmeldung;
- Informationszusammenarbeit der Kontrollorgane (im Bereich der phytosanitären, tierärztlichen, sanitären und anderer Kontrollen) im Zollgebiet der Zollunion;
- Informationszusammenarbeit auf Grund der zwischenstaatlichen und zwischenbehördlichen Abkommen;
- Versorgung der Kontrollorgane bei der Durchführung aller staatlichen Kontrollen beim Verbringen der Waren über die Zollgrenze der Zollunion mit notwendigen und ausreichenden Informationen;
- Personenidentifizierung und Zugangsabgrenzung in Bezug auf Informationen;
- Gewährleistung des Zugangs zu Rechtsakten der Mitgliedstaaten im Außen- und Binnenhandel.

Wie schon bemerkt wurde, stützt sich die Informationszusammenarbeit der Mitgliedsländer der Zollunion im Bereich der Devisenkontrolle auf das System und die Technologie der Zusammenarbeit zwischen den Zollbehörden der drei Länder. Mit der Entscheidung der Kommission N 218 (vom 16. April 2010) wurde die Provisorische Technologie der Zusammenarbeit der Zollbehörden der Mitgliedstaaten bei der Kontrolle der Warenbeförderung im Rahmen des Versandverfahrens im Zollgebiet der Zollunion angenommen. Unserer Meinung nach kann diese Technologie als ein Modell für die Zusammenarbeit der Zollbehörden auch in anderen Bereichen ihrer Kontrolltätigkeit dienen.

Laut der Dienstordnung des Informationsaustausches zwischen den Zollbehörden der Mitgliedstaaten der Zollunion wird die bei den Zollbehörden vorhandene Information in gemeinsame Datenbanken aufgenommen, die allerdings für einige regionale Staatsorgane noch unzugänglich sind. Ein Anschluss der Zollbehörden an das einheitliche Informationssystem wird den direkten Zugriff auf die Datenbanken der Zollunion aus beliebigen Subjekten der Russischen Föderation ermöglichen und dadurch die Effizienz und Wirksamkeit der alltäglichen Zusammenarbeit der Zollbehörden und anderer Staatsorgane erhöhen.

Auf diese Weise würde die Zusammenarbeit der Unionsstaaten in ihren institutionellen, rechtlichen und technischen Aspekten vertieft und verfeinert werden. Das wäre die Basis für die Informationszusammenarbeit der Zollorgane der drei Länder auch im Bereich der Devisenkontrolle.

C. Die Perspektive einer einheitlichen Devisenpolitik

Parallel dazu wird versucht, eine einheitliche Devisenpolitik festzulegen sowie die Devisengesetzgebung Russlands, Kasachstans und Weißrusslands zu harmonisieren. Bei der Kommission der Zollunion wurde die Expertengruppe „Devisenregulierung und Devisenkontrolle" geschaffen, die sich auf regelmäßigen Tagungen mit aktuellen Fragen der Devisenpolitik in den Unionsstaaten beschäftigt und Vorschläge zu einer einheitlichen Devisenregulierung und Devisenkontrolle im Rahmen der Zollunion erarbeitet. Die Expertengruppe diskutiert die Vorschläge und legt der Kommission ihre Empfehlungen zu folgenden Fragen vor:

– Einheitliches Verfahren des Verbringens von Bargeld und Geldinstrumenten von natürlichen Personen über die Zollgrenze der Zollunion;

– abgestimmte Anforderungen der Mitgliedstaaten der Zollunion im Bereich der Devisenkontrolle der Außenhandelsoperationen mit Drittstaaten sowie die Vorbereitung eines entsprechenden normativen Rechtsakts;

– Verfahren der Informationszusammenarbeit der zuständigen Staatsorgane der Mitgliedstaaten im Bereich Erfassung und Kontrolle derjenigen Devisenoperationen, die mit der Abwicklungen von Außenhandelsgeschäften verbunden sind;

– andere Vorschläge zur Kontrolle der internationalen Devisenoperationen.

Somit werden parallel zu der rechtlichen und institutionellen Gestaltung der Zollunion die ersten Schritte in Richtung einer Transformation der Zollunion in eine Währungsunion – der höchsten Stufe der zwischenstaatlichen Integration – gemacht.

Grundfragen der indirekten Besteuerung in der Zollunion

*Prof. Dr. Danil Vinnitskiy,
Direktor des Eurasischen Forschungszentrums
für vergleichendes und internationales Steuerrecht,
Jekaterinburg, Russland*

A. Einleitung

Der Handel der Russischen Föderation mit den näheren Nachbarn – der Republik Kasachstan, Weißrussland, der Kirgisischen Republik und der Republik Tadschikistan – macht einen wesentlichen Anteil des russischen Wirtschaftsverkehrs aus. Der Anteil der Russischen Föderation am Außenhandel der genannten Staaten ist noch bedeutsamer (und überschreitet manchmal 50 Prozent). Außer diesen wirtschaftlichen Realitäten bilden die geschichtlichen Gemeinsamkeiten, die kulturellen, ethnischen, sozialen und die politischen Beziehungen sowie die durch Verkehr und Migration sich ergebenden Verflechtungen auf natürliche Weise eine stabile Grundlage für eine enge Zusammenarbeit der genannten Staaten in ganz verschiedenen Bereichen: in erster Linie in der Bildung eines gemeinsamen Marktes der Waren und bei der Beseitigung unnötiger Zollhindernisse. Außerdem haben die EU-Staaten und die großen Volkswirtschaften Südostasiens ein Interesse an der Transparenz derjenigen Regeln, die für den gemeinsamen Markt ihrer Nachbarn festgelegt werden.

Heutzutage ist eines der wichtigsten Themen für die Zusammenarbeit der oben genannten Mitgliedstaaten der EURASEC die Harmonisierung der indirekten Besteuerung, wobei das abzustimmende Rechtsregime über die Erhebung von Mehrwert- und Verbrauchsteuern im gegenseitigen Handel auf ein völkerrechtliches Niveau festgelegt werden soll. Es ist dabei bemerkenswert, dass, *einerseits*, Fragen der indirekten Besteuerung als ein Teil des allgemeinen Problems – der Bildung der Zollunion – auftreten, *andererseits*, diesen Fragen eine selbstständige Bedeutung zukommt, insofern ihre Regelung einen erheblichen Einfluss auf das gesamte Wirtschaftsleben, die Bestimmtheit (namentlich die Widerspruchslosigkeit) der Besteuerung und den Schutz der subjektiven Rechte der Steuerzahler hat.

Im Folgenden versuchen wir, einige Faktoren für die indirekte Besteuerung in der Zollunion der EURASEC zu beleuchten.

B. Faktoren für die besondere Bedeutung der indirekten Besteuerung in der Zollunion

Im betrachteten Kontext ist es unserer Auffassung nach wichtig, einige Gemeinsamkeiten der Steuersysteme der Mitgliedstaaten der EURASEC zu beachten, welche die Probleme der indirekten Besteuerung in der Zollunion so aktuell machen:

Erstens treten in allen Staaten der EURASEC Mehrwert- und Verbrauchsteuern als die wichtigsten gesamtstaatlichen Steuern auf.[1]

Zweitens bilden Mehrwert- und Verbrauchsteuern den größten Anteil an den Haushaltseinnahmen in allen Mitgliedstaaten, deren Summe in der Regel höher als die der direkten Steuern (einschließlich der Ertragsteuer für juristische Personen) sind.

Drittens wird die wirtschaftliche Wechselwirkung zwischen den Mitgliedstaaten der EURASEC nicht durch Investitionen (insbesondere infolge der ungenügenden Entwicklung des Fondsmarktes), sondern hauptsächlich im Rahmen des Warenhandels gewährleistet. Dementsprechend kommt indirekten Steuern (indirect taxes) auf Waren- und Dienstleistungslieferungen (supplies of goods and services) im Kontext des grenzüberschreitenden Handels mehr Bedeutung als direkten Steuern (direct taxes) auf Dividenden (dividends), Zinsen (interest) oder Gewinnen einer Betriebsstätte (profits attributable to a permanent establishment) zu.

Viertens sind Fragen der Bestimmung des Orts der Lieferung oder Dienstleistung (place of supply of goods or services) im grenzüberschreitenden Waren- und Dienstleistungsverkehr sowie Probleme der Besteuerung mit einem Steuersatz von 0 Prozent beim Export von Waren (sowie einiger Dienstleistungen, die mit dem Warenexport verbunden sind) heutzutage nicht hinreichend auf nationalem Niveau, d.h. auf dem Niveau der Steuerkodizes der Mitgliedstaaten der EURASEC, geregelt.[2]

So wird vor den russischen Gerichten in vielen Fällen um die Besteuerung mit einem Steuersatz von 0 Prozent beim Export von Waren gestritten; nicht selten kommt es dabei zu Missbräuchen seitens der Exporteure (ähnliche Probleme existieren in den Rechtsordnungen der Mitgliedstaaten der EU). Widersprüche zwischen den nationalen Regelungen der Mitgliedstaaten der

---

1 In den Staaten, wo neben der Mehrwertsteuer auch die Umsatzsteuer erhoben wird, kommt der letzteren viel weniger Bedeutung zu.
2 Die Steuergesetzgebung in der Russischen Föderation, der Republik Weißrussland, der Republik Kasachstan, der Kirgisischen Republik und der Republik Tadschikistan ist jeweils kodifiziert. Die Erhebung der Mehrwertsteuer wird in diesen Staaten in den entsprechenden Kapiteln der Steuerkodizes geregelt.

EURASEC in Bezug auf die Bestimmung des für die Besteuerung maßgeblichen Orts einiger Dienstleistungen sind ebenfalls nicht ausgeschlossen.

Angesichts des vorstehend beschriebenen Hintergrunds sowie der praktischen Probleme bei der Auslegung und Anwendung der nationalen (innerstaatlichen) Steuergesetzgebungen gewinnt die völkerrechtliche Regulierung der grenzüberschreitenden Mehrwert- und Verbrauchsteuern an Bedeutung.

Im Folgenden gehen wir näher auf *den Prozess* der Bildung einer völkerrechtlichen Basis für die Erhebung indirekter Steuern in der Zollunion und dessen gegenwärtigen Umsetzungsstand ein.

C. Die Bildung einer völkerrechtlichen Basis für die Erhebung indirekter Steuern in der Zollunion

Die ersten (rechtlichen) Versuche der Schaffung eines gemeinsamen Zollraums der Russischen Föderation, der Republik Kasachstan, der Republik Weißrussland, der Kirgisischen Republik und der Republik Tadschikistan datieren in den Jahren 1995 und 1996.[3] Gleichzeitig wurde eine Vervollkommnung in Fragen der indirekten Besteuerung, und zwar der Mehrwertsteuer (value added tax) sowie der Verbrauchsteuer (excises), die in grenzüberschreitenden(cross-border) Situationen erhoben werden, angestrebt.

Jedoch ergab sich eine klare Konzeption für eine solche Vervollkommnung der indirekten Besteuerung nur aus dem Vertrag über die Zollunion und den Einheitlichen Wirtschaftsraum vom 26. Februar 1999.[4] Im Folgenden wurde aufgrund der durchgeführten Wirtschaftsanalyse am 10. Oktober 2000 (infolge der Verhandlungen und auf Grund der vorherigen internationalen Abkommen aus den Jahren 1994 bis 1999) der Vertrag über die Gründung der Eurasischen Wirtschaftsgemeinschaft (EURASEC) in Astana unterschrieben. Gemäß dem Vertrag vom 10. Oktober 2000 wird die Eurasische Wirtschaftsgemeinschaft als eine internationale Organisation mit dem Ziel der Förde-

---

3 Übrigens schon ab dem Jahre 1992, d.h. sofort nach dem Zerfall der UdSSR, wurden verschiedene rechtliche Projekte vorgeschlagen, die darauf ausgerichtet waren, die positiven Elemente in der wirtschaftlichen Zusammenarbeit der ehemaligen Republik UdSSR beizubehalten. Zu den Aufgaben dieser Arbeit gehört aber nicht die Analyse oder sogar die Aufzählung der rechtlichen Dokumente, die in diesem Zusammenhang im Rahmen der Gemeinschaft Unabhängiger Staaten (GUS) erlassen wurden.

4 Diesem Übereinkommen vorausgegangen war der Abschluss des Abkommens zwischen der Russischen Föderation und der Republik Belarus vom 6. Januar 1995, des Abkommens über die Zollunion vom 20. Januar 1995 sowie des Vertrags über die Vertiefung der Integration in wirtschaftlichen und humanitären Bereichen vom 29. März 1996. Alle genannten Abkommen und Verträge haben im Nachhinein die rechtliche Basis der Eurasischen Wirtschaftsgemeinschaft gebildet.

rung der Bildung einer Zollunion und eines Einheitlichen Wirtschaftsraums geschaffen. Der Gründungsvertrag wurde von den fünf genannten Staaten unterschrieben und ratifiziert.

Der Gründungsvertrag enthält eine unmittelbare Verweisung auf den schon erwähnten Vertrag über die Zollunion und den Einheitlichen Wirtschaftsraum. Zusätzlich stellt Art. 2 des Gründungsvertrags vom 10. Oktober 2000 fest, dass die EURASEC gegründet wird für eine effiziente Förderung der Bildung der Zollunion und des Einheitlichen Wirtschaftsraums sowie zur Verwirklichung anderer Ziele und Aufgaben, die in den Abkommen über die Zollunion, im Vertrag über die Vertiefung der Integration in wirtschaftlichen und humanitären Bereichen und im Vertrag über die Zollunion und den Einheitlichen Wirtschaftsraum genannt sind. Dabei sollen die in den angegebenen Dokumenten geplanten Etappen eingehalten werden.

Der Vertrag über die Zollunion und den Einheitlichen Wirtschaftsraum vom 26. Februar 1999, zur Verwirklichung von dessen Zielen die EURASEC als eine selbstständige internationale Organisation gegründet wurde, sieht in Art. 16 (Abschnitt 2 „Regulierung des Außenhandels mit Waren") vor:

„Die Vertragsparteien wenden das einheitliche System der Erhebung der indirekten Steuern im Handel mit dritten Ländern an. Die Sätze der indirekten Steuern auf die zu exportierenden und importierenden Waren überschreiten die vergleichbaren Sätze für die Waren der nationalen Produktion nicht. Im Handel mit dritten Ländern gehen die Vertragsparteien zu einer Erhebung der indirekten Steuern nach dem Bestimmungslandprinzip über."

Art. 28 dieses Vertrags (Abschnitt 4 „Gemeinsame Wirtschaftspolitik und Entwicklung der Infrastruktur") legt fest:

„Die Vertragsparteien werden das einheitliche System der Erhebung der indirekten Steuern im gegenseitigen Handel nach dem Bestimmungslandprinzip anwenden, wofür ein entsprechendes Abkommen abgeschlossen wird. Die Sätze der indirekten Steuern auf die zu importierenden Waren im gegenseitigen Handel sollen die Steuersätze für die vergleichbaren Waren der inneren Produktion nicht überschreiten."

Im Übrigen wirft die Erläuterung dieser sehr kurz gefassten Bestimmungen des internationalen Vertrags gewisse Fragen auf. In diesem Zusammenhang ist es aus praktischer Sicht wichtig, dass im Laufe der Jahre 2007 bis 2009 ein zusätzliches Paket an Dokumenten zur Vollendung einer Zollunion zwischen drei Staaten der EURASEC – nämlich der Russischen Föderation, Weißrussland und der Republik Kasachstan[5] – vereinbart und unterschrieben wurde:

---

5 Es wird angenommen, dass sich zwei andere Mitgliedstaaten der EURASEC (die Kirgisische Republik und die Republik Tadschikistan) der Zollunion später anschließen werden.

1) Vertrag über die Bildung des einheitlichen Zollgebiets und die Gründung der Zollunion vom 6. Oktober 2007;

2) Vertrag über die Kommission der Zollunion der EURASEC vom 6. Oktober 2007;

3) Protokoll über das Inkrafttreten der völkerrechtlichen Verträge der Zollunion, den Austritt aus und den Beitritt zu diesen vom 6. Oktober 2007;

4) Abkommen über die einheitliche zolltarifliche Regulierung vom 25. Januar 2008;

5) Abkommen über die Einfuhrzölle in Bezug auf dritte Länder vom 25. Januar 2008;

6) Abkommen über die einheitlichen Regeln der Bestimmung des Ursprungslandes von Waren vom 25. Januar 2008;

7) Abkommen über die einheitlichen Maßnahmen der nichttarifären Regulierung in Bezug auf dritte Länder vom 25. Januar 2008;

8) Abkommen über die Durchführung der abgestimmten Politik im Bereich der technischen Regulierung, sanitären und pflanzensanitären Maßnahmen vom 25. Januar 2008;

9) Abkommen über die Anwendung der Schutz-, Antidumping- und Ausgleichsmaßnahmen in Bezug auf dritte Länder vom 25. Januar 2008;

10) Abkommen über die Ermittlung des Zollwerts der über die Zollgrenze zu verbringenden Waren vom 25. Januar 2008;

11) Abkommen über die Führung der Zollstatistik des Außenhandels und des gegenseitigen Handels mit Zollunionswaren vom 25. Januar 2008;

12) Abkommen über die Prinzipien der Erhebung der indirekten Steuern beim Ex- und Import der Waren, Ausführung von Arbeiten, Erbringung der Dienstleistungen in der Zollunion vom 25. Januar 2008.[6]

Das letzte Abkommen spielt die wichtigste Rolle bei der Regulierung der Mehrwert- und Verbrauchsteuern in der Zollunion. Das Abkommen über die Prinzipien der Erhebung der indirekten Steuern beim Ex- und Import der Waren, Ausführung von Arbeiten, Erbringung der Dienstleistungen in der Zollunion vom 25. Januar 2008 wurde mit dem Protokoll vom 11. Dezember 2009 um redaktionell-technische Präzisierungen ergänzt.

Dieses Abkommen führt ein vereinfachtes Regime der Erhebung der Mehrwert- und Verbrauchsteuern in der Zollunion ein, in der keine Zollkontrollen an den inneren Grenzen in der Zollunion (zum Beispiel bei Waren- und Dienstleistungslieferungen zwischen Steuerzahlern Russlands, Weißruss-

---
6 Außerdem wurde der Zollkodex der Zollunion erlassen.

lands und Kasachstans) vorgesehen sind. Der Vertrag beschränkt durchaus nicht die Möglichkeit der Anwendung dieses Regimes auf Tochtergesellschaften, die von Devisenausländern gegründet wurden oder auf andere Weise aus dritten Ländern kontrolliert werden.

Man kann folgende Grundprinzipien dieses Regimes nennen (die insbesondere im Protokoll über das Erhebungsverfahren der indirekten Steuern beim Im- und Export der Waren aus der und in die Zollunion vom 11. Dezember 2009 sowie im Protokoll über das Erhebungsverfahren der indirekten Steuern bei der Erbringung der Dienstleistungen und Ausführung von Arbeiten in der Zollunion vom 11. Dezember 2009 statuiert werden):

1. Bei der Erhebung der indirekten Steuern wird die Verwirklichung des Bestimmungslandprinzips sichergestellt, d.h. die Mehrwert- und Verbrauchsteuern werden im Staat des Endverbrauchs der Lieferung oder Leistung erhoben.

2. Die Befugnisse zur Erhebung der indirekten Steuern im grenzüberschreitenden Waren- und Dienstleistungsverkehr im Rahmen der Zollunion gehen von den Zollbehörden auf die Steuerbehörden an demjenigen Ort über, an dem der Importeur der Waren bzw. Auftraggeber/Auftragnehmer angemeldet ist.

3. Zur Beseitigung der Doppelbesteuerung beim Export und Import der Waren im Rahmen der Zollunion wird der Steuersatz von 0 Prozent angewandt (auch Leasing wird als grenzüberschreitender Warenverkehr und nicht als Dienstleistungsverkehr angesehen).

4. Zur Beseitigung der Doppelbesteuerung von Dienstleistungen werden im Protokoll über das Erhebungsverfahren der indirekten Steuern bei der Erbringung von Dienstleistungen und Ausführung von Arbeiten in der Zollunion vereinheitlichte Regeln der Bestimmung des Erbringungs- bzw. Ausführungsorts für die drei Unionsstaaten vorgesehen.

5. Für die Bestätigung des Rechts auf die Anwendung des Satzes von 0 Prozent beim Warenexport reichen die Steuerzahler Unterlagen ein. Welche Unterlagen dies sein müssen und welche Anforderungen an sie gestellt werden, ergibt sich aus dem Protokoll über das Erhebungsverfahren der indirekten Steuern beim Im- und Export der Waren aus der und in die Zollunion vom 11. Dezember 2009.

Obwohl das vorliegende Protokoll zulässt, dass die nationale Gesetzgebung der Mitgliedstaaten der Zollunion zusätzliche Anforderungen an die einzureichenden Unterlagen stellen kann, legt es ziemlich harte Orientierungspunkte für die Harmonisierung des Verfahrens zur Anwendung des Satzes von 0 Prozent in allen drei Staaten fest.

D. Indirekte Besteuerung in der Zollunion und Interessen der Investoren aus Drittländern

Wie bekannt, ist die Mehrwertsteuer derzeit die am meisten verbreitete Form der Steuer auf den Verbrauch. Laut Angaben der Analyse von *PricewaterhouseCoopers*[7] werden die Mehrwertsteuer oder ihr ähnliche Steuern in mehr als 145 Ländern der Welt erhoben. In diesem Zusammenhang ist zu bemerken, dass die indirekte Besteuerung (vor allem Mehrwertsteuer) in der Zollunion sich entsprechend dem weltweiten Trend entwickelt.

Abgesehen von der Tatsache, dass nach den jüngsten Ergebnissen der Global VAT/GST Conference in Rust (Österreich) vom 9. bis 11. September 2010 ("The future of indirect taxation: recent trends in VAT and GST systems around the world – a global comparison") wesentliche Unterschiede in der Berechnung und Erhebung der Mehrwertsteuer in verschiedenen Rechtsordnungen bleiben, finden im Großen und Ganzen die Grundprinzipien und Methoden der indirekten Besteuerung allgemeine Anerkennung. Aus dieser Sicht setzt das Regime der indirekten Besteuerung in der Zollunion keine prinzipiellen Neuerungen voraus und nähert sich dem Modell der Erhebung der Mehrwertsteuer in der Europäischen Union an.

Die Gegenüberstellung der rechtlichen Grundlagen der Zollunion mit dem WTO-Recht gehört nicht zu den Aufgaben der vorliegenden Arbeit. Allerdings sprechen die Grundprinzipien der völkerrechtlichen Abkommen über die indirekte Besteuerung wie z.B. das Nichtdiskriminierungsgebot, das Verbot der Abgaben zollgleicher Wirkung und einige andere für eine Übereinstimmung der Regulierungsansätze des internationalen Handels in der Zollunion mit denen der globalen Perspektive.

Zum Schluss gehen wir auf einige prinzipielle Bestimmungen ein, die den Schutz der Wirtschaftsinteressen der Investoren aus dritten Ländern bei der Einführung des internationalen Regimes der indirekten Besteuerung in der Zollunion garantieren.

1. Das Abkommen über die Prinzipien der Erhebung der indirekten Steuern beim Export und Import von Waren, bei der Ausführung von Arbeiten, bei der Erbringung von Dienstleistungen in der Zollunion vom 25. Januar 2008 (sowie die Zusatzprotokolle) stellt keine subjektbezogenen Beschränkungen auf und schafft ein Besteuerungsregime, das für Unternehmen aus dritten Ländern grundsätzlich gleichermaßen gilt. Es ist bemerkenswert, dass das Abkommen in Artikel 1 anlässlich der Bestimmung des Begriffes „die Steuerzahler" auf die nationale Gesetzgebung der Mitgliedstaaten der Zollunion verweist. Auf

---

[7] Vgl. The Impact of VAT compliance on business, PricewaterhouseCoopers, 2010 (http://www.pwc.com/gx/en/paying-taxes).

diese Weise geraten die Tochtergesellschaften, die von Investoren aus dritten Ländern gegründet werden und auf dem Markt der Zollunion Handel treiben, in gleicher Weise in den Geltungsbereich des Abkommens.

2. Das Nichtdiskriminierungsgebot und insbesondere das Verbot der erhöhten Steuersätze auf Importwaren aus dritten Ländern (siehe den Vertrag über die Zollunion und den Einheitlichen Wirtschaftsraum vom 26. Februar 1999) stellen klare Garantien für Lieferanten aus dritten Ländern dar, insbesondere wird deutlich, dass ihre Wirtschaftsinteressen nicht durch Maßnahmen der Steuerregulierung unbegründet beeinträchtigt werden dürfen.

3. Das eingeführte Rechtsregime der indirekten Besteuerung im Rahmen der Zollunion fördert die Transparenz und die Stabilität der rechtlichen Regulierung dadurch, dass die grundlegenden Prinzipien der grenzüberschreitenden Besteuerung auf dem Niveau der völkerrechtlichen Verträge festgelegt werden

4. Für die Zukunft kann eine Senkung der Befolgungskosten (compliance costs) wegen der Vereinheitlichung und der Harmonisierung der einzelnen Bestimmungen, die die rechtliche Regulierung der indirekten Steuern sicherstellen, erwartet werden.

5. Es gibt viele Gründe, für die Zukunft zusätzliche internationale Rechtsbehelfe für Steuerzahler gegen Verstöße gegen das Abkommen über die Prinzipien der Erhebung der indirekten Steuern beim Export und Import der Waren, die Ausführung von Arbeiten, die Erbringung der Dienstleistungen in der Zollunion vom 25. Januar 2008 (sowie der begleitenden Protokolle) bzw. zum Schutze gegen eine falsche Auslegung seiner Normen durch Steuerbehörden oder Gerichte zu erwarten. Hier meinen wir vor allem den Gerichtshof der EURASEC, dessen Funktionen derzeit vom Wirtschaftsgerichtshof der GUS erfüllt werden.

Letzteres scheint sowohl in wissenschaftlicher als auch in praktischer Hinsicht von Interesse zu sein. Vor kurzem wurde das Statut des Gerichtshofes der EURASEC durch die Entscheidung № 502 (vom 5. Juli 2010) des Zwischenstaatlichen Rats der EURASEC (gleichzeitig das oberste Organ der Zollunion) geändert. Gemäß Art. 13 N 4 des Statuts ist der Gerichtshof der EURASEC insbesondere für die Auslegung der völkerrechtlichen Verträge, für Klagen gegen Entscheidungen der Organe der Zollunion sowie für einige andere Streitsachen zuständig.

Nach Art. 14 N 2 Statut kann der Gerichtshof nur von den Mitgliedstaaten und Organen der Zollunion angerufen werden. In Zukunft soll auch den Wirtschaftsbeteiligten auf Grund eines völkerrechtlichen Abkommens dieses Recht eingeräumt werden. Diese Klausel hat prinzipielle Bedeutung für Unternehmen, die von Investoren mit Sitz in Drittstaaten gegründet werden:

Wenn diejenigen Staaten, die nicht Mitglied der Zollunion sind, selbst kein Recht haben, Fälle vor den Gerichtshof zu bringen, ist damit zu rechnen, dass Unternehmen aus diesen Staaten ihre wirtschaftlichen und rechtlichen Interessen (auch bezüglich steuerrechtlicher Fragen) selbstständig durch die supranationale gerichtliche Instanz der EURASEC schützen können werden.

Falls die beschriebenen Vorhaben ins Leben gerufen werden, scheint eine Koordination der Rechtsprechung des Gerichtshofes der EURASEC mit einigen bewährten Linien der Rechtsprechung des Europäischen Gerichtshofes unerlässlich. Eine Vereinheitlichung dieser Ansätze zum Schutz der grundlegenden Wirtschaftsfreiheiten könnte ein harmonisiertes Regime der Wirtschaftstätigkeit auf dem riesigen Territorium vom Atlantik bis zum Fernen Osten gewährleisten, zusätzliche Konkurrenzvorteile für alle betroffenen Volkswirtschaften schaffen und – das Wichtigste – zum wirksamen Schutz der Rechte der Wirtschaftsbeteiligten beitragen. Dabei schließen die jeweilige Autonomie und die absolute gegenseitige Unabhängigkeit dieser Gerichtshöfe keinesfalls die Möglichkeit einer Harmonisierung der Grundprinzipien der Rechtsregulierung aus. In diesem Zusammenhang sind einige innovative Vorschläge zur Entwicklung der Konzeption des sogenannten Verfassungspluralismus (*Constitutional Pluralism*)[8] für die weitere Diskussion von Interesse.

---

[8] Matej Avbelj/Jan Komárek (Hrsg.), Four Visions of Constitutional Pluralism, European University Institute, EUI Working Papers, Law 2008/21.

Satzung des Zentrums für Außenwirtschaftsrecht e. V.

§ 1 Name, Sitz

(1) Der Verein führt den Namen „Zentrum für Außenwirtschaftsrecht e. V." (ZAR).

(2) Der Verein hat seinen Sitz in Münster.

§ 2 Zweck, Gemeinnützigkeit

(1) Zweck des Vereins ist die Förderung von Wissenschaft und Forschung auf dem Gebiet des öffentlichen Rechts an der Rechtswissenschaftlichen Fakultät der Westfälischen Wilhelms-Universität Münster, insbesondere des Außenwirtschaftsrechts einschließlich des Zollrechts, sowie der Beziehungen zwischen Wissenschaft und Praxis auf diesem Gebiet. Der Verein verfolgt dieses Ziel in wissenschaftlicher Unabhängigkeit insbesondere durch

– die Ausrichtung und Förderung von Tagungen, Seminaren und Konferenzen und die Förderung und Teilnahme an diesen Veranstaltungen,

– die Intensivierung der Kontakte zwischen Wissenschaft und Praxis,

– die Herausgabe oder Förderung wissenschaftlicher Veröffentlichungen,

– die Unterstützung der Lehr- und Forschungstätigkeit auf dem Gebiet des öffentlichen Rechts an der Rechtswissenschaftlichen Fakultät der Westfälischen Wilhelms-Universität Münster,

– die Unterstützung der Bibliotheken der Rechtswissenschaftlichen Fakultät der Westfälischen Wilhelms-Universität Münster, insbesondere des Instituts für öffentliches Wirtschaftsrecht,

– die Pflege internationaler Beziehungen auf dem Gebiet des öffentlichen Rechts.

(2) Der Verein verfolgt ausschließlich und unmittelbar gemeinnützige Zwecke im Sinne des Abschnitts „Steuerbegünstigte Zwecke" der Abgabenordnung. Der Verein ist selbstlos tätig; er verfolgt nicht in erster Linie eigenwirtschaftliche Zwecke. Mittel des Vereins dürfen nur für die sat-

zungsmäßigen Zwecke verwendet werden. Die Mitglieder erhalten keine Zuwendungen aus Mitteln des Vereins. Es darf keine Person durch Ausgaben, die dem Zweck des Vereins fremd sind, oder durch unverhältnismäßig hohe Vergütungen begünstigt werden.

(3) Die Änderung des Vereinszwecks bedarf der Mehrheit von 2/3 aller Vereinsmitglieder. Schriftliche Zustimmung ist ausreichend.

(4) Bei Wegfall des steuerbegünstigten Zwecks oder der Auflösung des Vereins ist sein Vermögen unmittelbar und ausschließlich zu steuerbegünstigten Zwecken im Sinne des § 2 Abs. 1 zu verwenden. Der Beschluß hierüber bedarf vor seiner Ausführung der Zustimmung des zuständigen Finanzamts.

§ 3 Geschäftsjahr

Geschäftsjahr des Vereins ist das Kalenderjahr. Das erste Rumpfgeschäftsjahr endet am 31.12.1998.

§ 4 Mitgliedschaft

(1) Der Verein kann persönliche Mitglieder und sonstige Mitglieder haben. Persönliche Mitglieder sind natürliche Personen, sonstige Mitglieder juristische Personen des privaten und öffentlichen Rechts sowie rechtlich unselbständige Personenverbände.

(2) Die Mitgliedschaft steht nur Personen offen, die sich in Theorie oder Praxis mit dem Außenwirtschaftsrecht befassen und dem Institut für öffentliches Wirtschaftsrecht verbunden sind.

(3) Die Aufnahme ist schriftlich beim Vorstand zu beantragen, der hierüber entscheidet. Über Ausnahmen im Sinne des Absatzes 1 entscheidet die Mitgliederversammlung. Die Mitgliedschaft wird erworben durch Aufnahme in die Mitgliederliste.

(4) Die Mitgliedschaft endet

   a) mit dem Ableben oder der Auflösung eines Mitglieds;

   b) durch schriftliche Austrittserklärung, wobei der Austritt nur zum Schluß des Kalenderjahres zulässig ist;

   c) durch Ausschluß aus dem Verein;

   d) durch Streichung aus der Mitgliederliste.

(5) Ein Mitglied, das in erheblichem Maße gegen die Vereinsinteressen verstoßen hat, kann durch Beschluß des Vorstands aus dem Verein ausgeschlossen werden. Vor dem Ausschluß ist das betroffene Mitglied zu hören. Die Entscheidung über den Ausschluß ist schriftlich zu begründen und dem Mitglied mit Einschreiben gegen Rückschein zuzustellen. Das Mitglied kann innerhalb einer Frist von einem Monat ab Zugang schriftlich Berufung beim Vorstand einlegen. Über die Berufung entscheidet die Mitgliederversammlung mit einfacher Mehrheit der abgegebenen Stimmen. Macht das Mitglied vom Recht der Berufung innerhalb der Frist keinen Gebrauch, unterwirft es sich dem Ausschließungsbeschluß.

(6) Die Streichung des Mitglieds aus der Mitgliederliste erfolgt durch den Vorstand, wenn das Mitglied mit zwei Jahresbeiträgen in Verzug ist und diesen Beitrag auch nach schriftlicher Mahnung durch den Vorstand nicht innerhalb von drei Monaten von der Absendung der Mahnung an die letztbekannte Anschrift des Mitglieds voll entrichtet. Die Mahnung muß auf die bevorstehende Streichung der Mitgliedschaft hinweisen.

§ 5 Organe des Vereins

Die Organe des Vereins sind:
1. der Vorstand,
2. die Mitgliederversammlung,
3. der Beirat.

§ 6 Vorstand

(1) Der Vorstand besteht aus mindestens drei Mitgliedern. Dies sind der Vorsitzende, der stellvertretende Vorsitzende und der Geschäftsführer des Vereins. Zwei Mitglieder des Vorstandes sollen Universitätsprofessoren aus dem Kreis der Rechtswissenschaftlichen Fakultät der Westfälischen Wilhelms-Universität Münster sein.

(2) Die Vorstandsmitglieder werden von der Mitgliederversammlung für die Dauer von drei Jahren gewählt. Wiederwahl ist möglich. Sie bleiben solange im Amt, bis eine Neuwahl erfolgt. Scheidet ein Vorstandsmitglied während der Amtsperiode aus, ist eine Selbstergänzung zulässig.

(3) Eine vorzeitige Abberufung des Vorstands ist nur aus wichtigem Grund möglich.

(4) Der Vorstand leitet den Verein im Rahmen dieser Satzung gemäß den von der Mitgliederversammlung gefaßten Beschlüssen. Er entscheidet in allen Angelegenheiten, die nicht der Beschlußfassung der Mitgliederversammlung unterliegen. Die Vorstandsmitglieder teilen die Geschäfte untereinander nach eigenem Ermessen ein.

(5) Der Vorstand vertritt den Verein gerichtlich und außergerichtlich; er hat die Stellung eines gesetzlichen Vertreters. Jedes Vorstandsmitglied kann den Verein allein vertreten.

(6) Vorstandsbeschlüsse bedürfen der Einstimmigkeit. Bei Stimmengleichheit gibt die Stimme des Vorsitzenden den Ausschlag.

§ 7 Mitgliederversammlung

(1) Die ordentliche Mitgliederversammlung ist jährlich vom Vorstand unter Einhaltung einer Ladungsfrist von mindestens zwei Wochen schriftlich einzuberufen. Den Ort der Zusammenkunft bestimmt der Vorstand. Mit der Einladung zur Mitgliederversammlung ist die vom Vorstand festgesetzte Tagesordnung mitzuteilen. Eine außerordentliche Mitgliederversammlung ist innerhalb von sechs Wochen schriftlich einzuberufen, wenn das Vereinsinteresse es erfordert oder wenn ein Drittel der Mitglieder dies schriftlich und unter Angabe des Zwecks und der Gründe gegenüber dem Vorstand beantragt.

(2) Der Vorsitzende des Vorstands berichtet der Mitgliederversammlung über die Tätigkeit des Vereins während des Zeitraums seit der letzten Mitgliederversammlung.

(3) Die Mitgliederversammlung hat insbesondere folgende Aufgaben:

a) Genehmigung des Haushaltsplans für das kommende Geschäftsjahr,

b) Entgegennahme des Rechenschaftsberichts des Vorstands und des Prüfungsberichts des Kassenprüfers,

c) Entlastung des Vorstands,

d) Wahl und Abberufung des Vorstands und des Kassenprüfers,

e) Festsetzung der Höhe des Mitgliedsbeitrags,

f) Beschlußfassung über Satzungsänderungen und Vereinsauflösung,

g) Beschlußfassung über die Berufung eines Mitglieds gegen seinen Ausschluß.

h) Beschlußfassung über die ihr vom Vorstand vorgelegten Fragen.

(4) Jedes Mitglied hat eine Stimme.

(5) Die Mitgliederversammlung wird vom 1. Vorsitzenden, bei dessen Verhinderung vom 2. Vorsitzenden, geleitet. Sie ist beschlußfähig, wenn mindestens sieben Mitglieder anwesend sind. Sie beschließt mit der einfachen Mehrheit der abgegebenen Stimmen, sofern die Satzung nichts anderes bestimmt. Bei Stimmengleichheit gilt der Antrag als abgelehnt, im Falle von Wahlen der Betreffende als nicht gewählt.

(6) Über die Beschlüsse der Mitgliederversammlung ist ein Protokoll aufzunehmen, das von dem Versammlungsleiter und dem Protokollführer zu unterzeichnen ist.

§ 8 Mitgliedsbeiträge, Finanzierung

(1) Die notwendigen Mittel zur Durchführung der Aufgaben des Vereins werden durch Beiträge der Mitglieder, Geld- und Sachspenden sowie sonstige Einnahmen aufgebracht. Etwaige Überschüsse aus der Veranstaltung eines Außenwirtschaftsrechtstages fallen dem Verein zu.

(2) Die Mitgliedschaft verpflichtet zur Zahlung eines Beitrags. Der Mindestbeitrag wird durch Beschluß der Mitgliederversammlung festgesetzt. Über Ausnahmen von der Beitragspflicht entscheidet der Vorstand. Vorstandsmitglieder werden wegen ihres ehrenamtlichen Einsatzes von der Beitragspflicht befreit.

(3) Der Mitgliedsbeitrag ist zu Beginn eines jeden Jahres fällig. Er ist für das ganze Jahr zu entrichten, auch wenn in diesem Jahr die Mitgliedschaft begonnen oder geendet hat.

(4) Der Verein darf neben den zur Deckung seiner Aufgaben erforderlichen Mittel Rücklagen ansammeln, die die Erfüllung seiner satzungsgemäßen Aufgaben absichern sollen.

§ 9 Rechnungslegung, Kassenprüfer

Auf jeder ordentlichen Mitgliederversammlung wird ein Kassenprüfer gewählt, welcher der nächsten Mitgliederversammlung Bericht über die Kassenprüfung und Finanzlage des Vereins erstattet. Eine Kassenprüfung hat mindestens einmal im Jahr zu erfolgen.

§ 10 Beirat

(1) Der Beirat besteht aus Persönlichkeiten aus Wissenschaft und Praxis. Diese werden für die Dauer von drei Jahren durch den Vorstand bestellt. Wiederbestellung ist zulässig.

(2) Der Beirat unterstützt den Vorstand, der an den Sitzungen des Beirates teilnehmen kann, bei der Erfüllung seiner Aufgaben. Er pflegt den Kontakt zwischen dem Verein und der Praxis und gibt Anregungen für die Vereinstätigkeit.

§ 11 Satzungsänderung

Diese Satzung kann durch die Mitgliederversammlung mit einer Mehrheit von zwei Dritteln der abgegebenen Stimmen geändert werden.

§ 12 Auflösung

Der Verein kann durch Beschluß der Mitgliederversammlung aufgelöst werden. Der Auflösungsbeschluß bedarf der Mehrheit von drei Vierteln der abgegebenen Stimmen.

Die vorstehende Satzung wurde in der Gründungsversammlung am 28. Mai 1998 in Münster beschlossen und durch Abstimmung der Mitglieder am 10. Dezember 2010 geändert.

Stichwortverzeichnis

A
Allgemeines Zoll- und Handelsabkommen 1994 (GATT 1994) 21, 45 ff., 62 ff., 189
Amtssprache 22, 128, 133
Ansässigkeitsprinzip 19, 90, 124, 126, 192
Antidumpingmaßnahmen 27, 144, 153 f., 171 ff.
Antidumpingzölle 171 ff.
Armenien 1, 24
Aserbaidschan 23 f.
Assoziationsabkommen 2
Ausfuhrverbot 151, 158
Ausgleichsmaßnahmen 15, 100, 151, 153 f., 172 f., 193, 213
Ausnahmen vom einheitlichen Zollgebiet der Zollunion 91, 95, 104, 129, 152, 153, 175, 180 f.
Außenhandelsmonopol, staatliches 37
Automobilindustrie 59, 103, 145

B
Belarus s. Weißrussland
Besteuerung, indirekte 209 ff.
Bestimmungslandprinzip 212, 214
Bevollmächtigter Wirtschaftsoperator 18, 98

C
Chinesisch Taipeh 62
Committee on Regional Trade Agreements (CRTA) 52 ff.

D
Daseinsvorsorge 119
Deutsch-Russische Auslandshandelskammer 4, 20

Devisenkontrolle 179, 205 ff.
Devisenpolitik 205 ff.
Devisenregelungen 179, 205 ff.
Dienstleistungsfreiheit 73, 147, 215
Doha-Verhandlungsrunde 48

E
Einfuhr
– von Kraftfahrzeugen 53, 83, 89, 93, 103, 145
– von Rohöl und Ölprodukten 151 f.
– von Waren für den persönlichen Gebrauch 82 ff., 103
– von Waren im Rohrleitungstransport und über Starkstromleitungen 84
Einheitlicher Wirtschaftsraum 18, 148, 154
Energiechartavertrag 34
Energiepolitik 30, 34, 85
Energieressourcen 85 f.
Erdöl und Erdölprodukte 1, 10, 30, 85, 86, 95, 105, 122
Estland 22
Eurasische Wirtschaftsgemeinschaft (EURASEC, EAWG) 4, 9, 26 ff., 75 ff., 97 ff., 147 ff., 183 ff., 192, 209 ff.
Eurasische Zollunion
– Aufbau 65, 187
– Gerichtsbarkeit 12, 29, 44, 65, 184, 187, 216
– Geschichte 1, 9 ff.
– Rechtsquellen 3, 13 f.
– Rechtsschutz 89, 124, 128, 132, 216
– Subjektive Rechte 132

– Supranationaler Charakter 4, 11, 28, 37
Europäische Gemeinschaften (EG) 10, 63, 67
Europäische Gemeinschaft für Kohle und Stahl (EGKS) 10
Europäische Union (EU) 3, 9, 46, 51, 63
Europäische Wirtschaftsgemeinschaft (EWG) 10, 147

F
Finanzstrategie 117
Finanztaktik 117
Finanzverfassungsrecht 111 ff.
Flugzeugindustrie 59
Föderaler Zolldienst der Russischen Föderation 34, 78, 123, 125 f., 177
Freihandelszone 2, 23, 38, 88, 109

G
Gas 1, 24, 30, 73, 86, 94
Gemeinschaft Unabhängiger Staaten (GUS) 9, 22, 93, 97, 148
Georgien 23 f., 70
Gerichtshof der Eurasischen Wirtschaftsgemeinschaft 29, 184, 216
Gerichtshof der Eurasischen Zollunion 4, 44
Gesetz „Über die Zollregulierung in der Russischen Föderation" V, 123, 197
Gesondertes Zollgebiet 62
Gesetzmäßigkeit, Prinzip der 137, 139, 141, 145
Grenzkontrollen 13 ff., 80 ff., 101, 145, 156 f., 163 ff., 182
Grundrechtekatalog 115 f.
GUAM 23

H
Handelshemmnisse,
– nichttarifäre 7, 12, 139, 154 ff., 173 f., 213
– tarifäre 141, 147, 150 ff.
Havanna-Charta 47
Hygienische Maßnahmen 156 f., 162, 164

I
Indirekte Besteuerung 209 f., 215 ff.
Informationsaustausch 15, 78, 87, 125 f., 166, 205
Informationssysteme 86, 205
Informationstechnologie 86
Informationszusammenarbeit 86 f., 205 ff.
Integration im postsowjetischen Raum 9, 21 ff.
Integrationskomitee 4, 28, 105
Intergouvernementaler Rat s. zwischenstaatlicher Rat
Interimsabkommen 52 f.
Interparlamentarische Versammlung 4
Inverkehrbringen 30, 162, 166
Investitionen 73, 102, 122, 170, 177, 199 ff., 215 ff.
Investitionsklima 102, 122, 170, 177, 199

K
Kaliningrader Gebiet 79, 199 ff.
Kaliningrader Transit 79
Kapitalverkehrsfreiheit 1, 10, 148
Kasachstan 97 ff.
Kirgisien s. Kirgisistan
Kirgisistan 1, 9, 22 ff., 107, 147 ff., 209 ff.
Kommission der Eurasischen Wirtschaftsgemeinschaft 105
Kompensationsverhandlungen 54 ff.

Korruption 126 f., 180
Körperschaftssteuer 102
Kriminalitätsbekämpfung 89
Kurzzeitzolllager 18
Kyoto-Konvention 121, 177, 189, 199

L
Lettland 22
Liberalisierung 50, 138, 199
Litauen 22, 30, 201

M
Mehrwertsteuer 7 f., 82, 100, 102 ff., 122, 211, 215
Meistbegünstigung, Prinzip der 45 f., 49 f., 55, 64, 73
Migration 122, 209
Moldau 23 f., 27, 31
Multilaterale Handelsübereinkommen 57, 62 f.
Multilateralismus 8, 46

N
Nabucco 31, 34 f.
non bis in idem, Prinzip des 144
Notifizierungsverfahren 49, 52 ff.

O
Ordnungswidrigkeitenrecht 124, 144
Organleihe 4

P
Personenverkehrsfreiheit 1, 10, 147
Pflanzenquarantäne 157, 162, 164, 169
Phytosanitäre Maßnahmen 157 f., 161, 164 ff., 207
Prinzipien des Rechts 135 ff.
Produktsicherheit 161 ff.
Produktsicherheitskontrolle 161 ff.

Q
Quellen des Zollrechts 177

R
Rat der Zolldienstleiter 89, 105
Rechtsprinzipien 115, 135 ff.
Rechtsschutz 6, 89, 124, 128, 132
Rechtsschutzorgane 89, 124
Rechtswissenschaft, Aufgabe der 37, 44
Regionalismus 8, 46
Republik Belarus s. Weißrussland
Republik Weißrussland s. Weißrussland
Risikomanagement 79, 101, 142

S
Sanitär-epidemiologische Maßnahmen 156 f., 162 ff.
Schmuggel 29 f., 89
Schutzmaßnahmen 59, 91, 143, 151 ff., 172 ff.
Sicherheitsleistung 3 f., 77, 79, 83, 130, 143, 201
Single Undertaking Approach 73
Sonderwirtschaftszone 140, 199 ff.
Sonderwirtschaftszone im Kaliningrader Gebiet 199 ff.
Souveränität 11, 93, 106 f., 112 ff., 132, 183
Sozialabgaben 102
Standard zur Sicherung und Erleichterung des Welthandels (SAFE-Rahmens) 121
Steuerrecht 102, 116, 199
Strafrecht 118, 144, 196
Supranationales Recht 4, 37 ff., 72 ff., 114, 174, 180, 185 ff.

T
Tadschikistan 1, 9, 23 f., 107, 147 ff., 209 ff.
Technische Reglements/Regulierung 7, 154, 168

227

Transparenz, Prinzip der   143, 180, 209, 216
Transparenzmechanismus   48 f., 53
Transports Internationaux Routiers (TIR)   79, 90, 182
Turkmenistan   24
Türkei-Textilien-Verfahren   50, 55

U

Übereinkommen über Subventionen und Ausgleichsmaßnahmen (SCM-Abkommen)   58
Übereinkommen über technische Handelshemmnisse (TBT-Abkommen)   58
Übergangsfristen   181
Übergangstarife   153
Ukraine   1, 21, 23 f., 27, 30 f., 91, 171 f.
Umsatzsteuer   210
Umweltrecht   118 f.
Unionsstaat Russland und Weißrussland   1, 4, 25, 90
Ursprungsnachweis s. Zoll
Uruguay-Runde   48 ff., 69
Usbekistan   1, 9, 21, 23 ff., 26 f., 107, 149

V

Valutaregulierung   18
Verfassungspluralismus   217
Verwaltungshilfe   14, 76, 81 f., 101
Verweisungstechnik   123
Veterinäre Maßnahmen   157 f., 162, 168
Vetorecht   11
Völkerrechtssubjektivität   9
Vorläufige Maßnahmen nichtwirtschaftlicher Art   158 f.

W

Warenüberlassung   81, 98 f., 130, 180, 191, 195 ff.

Warenursprung   76, 88, 129
Warenverkehrsfreiheit   1 f., 21, 60, 145
Weißrussland   75 ff., 93 ff.
Welthandelsorganisation (WTO)   7, 23, 25, 29, 45 ff., 57 ff., 69 ff., 71 ff., 109 f., 138, 149, 176, 186
Weltzollrat (WCO)   138
Wirtschaftsbeteiligte   2, 6, 18 f., 80, 90, 103, 121 ff., 141, 177, 198, 216 f.
Wirtschaftsgericht der GUS   4, 29 f., 132, 216
WTO-Beitritt   26, 57 ff., 69 ff., 72 ff., 110, 149, 189
WTO-Beitrittsarbeitsgruppe   58 ff.

Z

Zentralasiatische Union   23
Zoll
– Antidumpingzölle   171 ff.
– Ausfuhrzölle   13, 28, 60, 81, 85 f., 100, 104, 122, 146, 175, 180, 186 f., 213
– Ausnahmen vom Einheitlichen Zolltarif   41, 104 f., 129, 180 f.
– Einfuhrzölle   13, 45, 54, 66, 87, 100, 104, 122, 146, 175, 180, 186 f., 213
– Einheitlicher Zolltarif   10, 12, 15, 17 f., 27, 41, 51, 59, 66, 83, 91, 104, 146, 153, 161, 180, 183 ff., 213
– Präferenzen   12, 41, 182, 184 f., 187 f., 199
– Ursprungsnachweis   88, 193
– Vergünstigungen   6, 12, 29, 41, 73, 82, 98, 99, 127, 184, 186, 194, 201, 203
– Wareneinreihung   34, 89
– Warennomenklatur   12, 27, 41, 63, 89, 129, 140, 182, 183 ff., 188, 193

Zollabgaben 13, 28, 76, 122, 130, 145, 189, 191
– Entrichtung 13, 76, 122, 191, 197
– Vollstreckung 122, 145
Zollanmeldung 13, 20, 85, 91, 99 ff., 125 f., 129, 133, 179, 191 ff.
– Elektronisches Verfahren 2, 20, 28, 99, 125 f., 207
Zollbeförderer 97 f., 100, 105, 194
Zolldeklaration 192 f., 195 ff.
Zollerklärung 19, 81, 85, 98 ff., 125 f., 179, 191 ff.
– Berichtigung der 195 f.
– Registrierung der 81, 179, 195
– Widerruf der 195 f.
Zollgebühren 2, 6, 13, 18 f., 100
Zollkontrollen 13, 15, 18 f., 26, 28, 77 f., 79., 91 94, 97, 101
Zollverfahren 2, 14, 28, 75, 80 ff., 85, 97 f., 99 f., 121, 124, 128, 177, 186, 191, 203
Zollvertreter 90, 97, 99 f., 121, 124, 128, 177, 186, 191, 203
Zollwert 20, 75 f., 87 f., 139, 193, 195, 198, 213
Zollgesetzbuch s. Zollkodex

Zollkodex
– der Russischen Föderation 2, 34, 43, 123, 142, 145 f., 191 ff.
– der Zollunion 1 ff., 13 ff., 17 ff., 30, 34, 38 ff., 66 f., 76ff., 97 ff., 121 ff., 131 ff., 150 ff., 161 ff., 171 ff., 177 ff., 191 ff., 205 ff.
– Kasachstans 97 ff.
– Weißrusslands 80, 83 f., 161
Zollkooperation, internationale 137
Zollregime 124
Zollregulierung
– Grundsätze der 37 ff., 135 ff.
Zollverfahren
– Amtliche Sprache 128
– Fristen 80 f., 129, 194
– Transiterklärung 99
– Versandverfahren 77, 79, 83, 87, 90, 98 f., 192 f., 207
– Vorab-Anmeldung 98, 196, 207
Zugelassener Wirtschaftsbeteiligter 13 f., 18, 98, 130
Zwischenstaatlicher Koordinierungsrat 4
Zwischenstaatlicher Rat 4, 11 f., 17, 41 ff., 75 f., 90, 107, 124

Hohe Praxisrelevanz!

INHALT

Tagungsband zum 14. Außenwirtschaftsrechtstag: Energierecht unter außenwirtschaftsrechtlichem Blickwinkel
- Nationale/europäische Energiepolitik
- Energiecharta-Vertrag
- Liberalisierung/Regulierung von Energiedienstleistungen auf multi- und bilateraler Ebene
- Energiekartelle im Lichte des WTO-Rechts
- Subventionierung von erneuerbaren Energieträgern im Spannungsfeld von WTO- und EU-Beihilfenrecht
- Ostseepipeline
- Nachhaltigkeitsstandards
- Ökonomische Bewertung der Instrumente des Klimaschutzes
- Emissionsrechtehandel in Europa und mit Entwicklungsländern

HERAUSGEBER
- Prof. Dr. **Dirk Ehlers**, Professur für Öffentl. Recht, insb. Öffentl. Wirtschaftsrecht, Universität Münster; Prof. Dr. **Hans-Michael Wolffgang**, Professor für Öffentl. Recht im Nebenfach und Professor am Institut für Steuerrecht, Universität Münster; Dr. **Ulrich Jan Schröder**, Akademischer Rat am Institut für Öffentl. Wirtschaftsrecht, Münster, und Geschäftsführer des Zentrums für Außenwirtschaftsrecht e. V. (ZAR).

ZIELGRUPPEN
- Rechtswissenschaftler mit Schwerpunkt europäisches und internationales Wirtschaftsrecht, Experten im Energie- und Umweltrecht, Rechtsanwälte und Justitiare in diesen Bereichen, Ökonomen

Schriften zum Außenwirtschaftsrecht, 2010, XIV, 180 Seiten, Kt., 86,–
ISBN: 978-3-8005-1521-9

Verlag Recht und Wirtschaft
Frankfurt am Main
www.ruw.de
buchverlag@ruw.de

Investitionsschutz im Ausland!

INHALT
- Tagungsband zum 13. Außenwirtschaftsrechtstag:
  - Wirtschaftliche Bedeutung internationaler Investitionen.
  - Völkerrechtlicher Enteignungsschutz.
  - Multilateraler Investitionsschutz.
  - Inhaltliche Regelungen des Investitionsschutzrechts.
  - Verhältnis von staatlicher Regulierung und Investitionsschutz.
  - Versicherbarkeit von Investitionen.
- 3 weitere Referate zum Thema „Bilaterale und regionale Handelsabkommen als Kernstück der neuen EG-Handelspolitik".

HERAUSGEBER
- Prof. Dr. **Dirk Ehlers**, Professur für öffentl. Recht, insb. öffentl. Wirtschaftsrecht, Universität Münster; Prof. Dr. **Hans-Michael Wolffgang**, Professor für Öffentl. Recht im Nebenfach und Professor am Institut für Steuerrecht, Universität Münster; Dr. **Ulrich Jan Schröder**, Akademischer Rat am Institut für öffentl. Wirtschaftsrecht, Münster, und Geschäftsführer des Zentrums für Außenwirtschaftsrecht e. V. (ZAR).

ZIELGRUPPEN
- Unternehmen, IHKs, Rechtsanwälte, Lehrende und Studierende mit diesem Schwerpunktbereich.

Schriften zum Außenwirtschaftsrecht, 2009,
XIX, 301 Seiten, Kt. 89,–
ISBN: 978-3-8005-1504-2

Verlag Recht und Wirtschaft
Frankfurt am Main

www.ruw.de
wagner@betriebs-berater.de